専修大学社会科学研究所　社会科学研究叢書 20

# 映像の可能性を探る

―― ドキュメンタリーからフィクションまで

土屋昌明 編

専修大学出版局

# まえがき

　本書は，専修大学社会科学研究所特別研究助成のグループ研究「方法としてのドキュメンタリーの生成とアジアにおける発展」(2013〜2015年度) の研究成果としてまとめられた。本グループ研究のメンバーは，土屋昌明 (代表者)・鈴木健郎 (会計)・上原正博 (2014・2015年度)・川上隆志・下澤和義 (2013・2015年度)・根岸徹郎・三田村圭子 (所外研究員)・森瑞枝 (所外研究員)・劉文兵 (所外研究員) の合計 9 名である。

　本研究は，20世紀後半，映像による視覚文化が発展するプロセスで，映像 (とくにドキュメンタリー映画) がどのような作用を及ぼすものとして扱われてきたか，つまり，いかなる方法として映像ないしドキュメンタリーが存在してきたかを考えようとした。

　以下に，研究例会の開催状況と本書の内容を記す。

## 1．本研究による研究例会の開催状況 (肩書きは当時)

2013年度
第 1 回
テーマ：中国インディペンデント・ドキュメンタリーへの展望
日時：2013年 7 月30日 (火) 16時35分〜18時05分
場所：本学生田974教室
話者：土屋昌明

第 2 回
テーマ：中国低層社会とインディペンデント映画
日時：2013年12月 9 日 (月) 18時30分〜21時

iv

場所：本学神田204教室

話者：徐童（映画監督・北京在住）

通訳：中山大樹（映画プロデューサー・北京在住）


第3回

テーマ：胡傑監督作品上映と討論—中国現代史とドキュメンタリーの可能性

日時：2013年12月14日（土）13時〜18時

場所：本学神田202教室

上映：胡傑監督『私が死んでも』・同『林昭の魂を探して』

話者：胡傑（映画監督・南京在住）

通訳：土屋昌明


2014年度

第1回

テーマ：中国のセクシュアリティーの変容を撮る

日時：2014年5月31日（土）14時〜16時

場所：本学神田731教室

展示：菊地智子さんの写真作品（木村伊兵衛写真賞受賞作）

話者：菊地智子（フリーカメラマン・北京在住）


第2回

テーマ：アラン・レネ追悼—ドキュメンタリー映画と「現実」

日時：2014年6月14日（土）14時35分〜18時

場所：本学神田225教室

上映：アラン・レネ監督『24時間の情事』

話者：古賀弘幸（大東文化大学書道研究所客員研究員）

第 3 回

テーマ：放射能の存在と人間の生活

日時：2014年 7 月12日（土）14時50分〜18時

場所：本学神田221教室

上映：舩橋淳監督『放射能』のスピンオフ作品

話者：舩橋淳（映画監督）

コメント：渡名喜庸哲（慶應義塾大学）


第 4 回

テーマ：西洋と東洋の邂逅―主体の問題

日時：2014年12月 4 日（木）18時30分〜20時

場所：本学神田第 7 会議室

話者：上原正博


第 5 回

テーマ：映像歴史学としての中国インディペンデント・ドキュメンタリー

日時：2015年 1 月25日（日）16時〜18時

場所：本学神田204教室

話者：土屋昌明


第 6 回

テーマ：中国知識人の地下活動と映像歴史学

1 部

日時：2015年 3 月13日（金）　19時〜20時30分

場所：本学神田204教室

2 部

日時：2015年 3 月14日（土）　15時〜18時

場所：本学神田104教室

上映（1部2部とも）：胡傑監督『星火』

話者：土屋昌明

コメント（2部）：佐藤賢（首都大学東京）

2015年度研究会

第1回

テーマ：中国におけるインディペンデント映画とドキュメンタリー

日時：2015年5月2日（土）15時～18時

場所：本学神田204教室

話者：中山大樹（映画プロデューサー）

第2回

テーマ：ドキュメンタリー『ある精肉店のはなし』製作の背景と作品の社会
　　　　的反響について

日時：2015年5月22日（金）18時15分～19時45分

場所：本学生田10209教室

上映：纐纈あや監督『ある精肉店のはなし』（16時35分～18時15分）

話者：纐纈あや（映画監督）

第3回

テーマ：習近平と文革―現代に落とす文化大革命の影

日時：2015年5月28日（木）18時45分～20時30分

場所：本学神田72教室

話者：矢吹晋（横浜市立大学名誉教授）

第4回

テーマ：我々の問題としてのフクシマ

日時：2015年6月27日（土）14時50分～18時30分

場所：本学神田204教室

上映：舩橋淳監督「フタバから遠く離れて　第二部」

話者：舩橋淳（映画監督）

コメント：大矢根淳（専修大学）


第5回

テーマ：パリの同時多発テロをめぐって―どのように捉え，どのように向き
　　　　合うか

日時：2015年12月1日（火）　16時35分〜18時

場所：本学神田208教室

話者：田浪亜央江（成蹊大学アジア太平洋研究センター主任研究員）
　　　下澤和義


第6回

テーマ：中国インディペンデント・ドキュメンタリー『マダム』の上映と邱
　　　　炯炯監督との討論

日時：2015年12月12日（土）16時00分〜19時

場所：本学神田204教室

上映：邱炯炯監督『マダム』

話者：邱炯炯（映画監督・北京在住）
　　　張渭濤（前橋国際大学）


第7回

テーマ：劉智海監督の新作に対する合評

日時：2016年1月27日（水）18時05分〜19時45分

場所：本学神田51教室

話者：劉智海（中国美術学院・杭州在住）

通訳：土屋昌明

viii

第8回

テーマ：中国映画にみえる日本人の表象

日時：2016年2月28日（日）17時〜18時30分

場所：本学神田771教室

話者：劉文兵

第9回

テーマ：班忠義監督ドキュメンタリー作品『太陽がほしい』上映と討論

日時：2016年3月4日（金）14時30分〜18時10分

場所：本学神田102教室

上映：班忠義監督『太陽がほしい』

話者：班忠義（映画監督）

　以上の研究例会では，本グループ以外の方にも講師をお願いし，ご協力をいただいた。とくに纐纈あや監督にはその後の執筆依頼でご迷惑をおかけしたことをお詫びしたい。また，学外から研究例会に参加してフロアから貴重な意見をくださった方も少なくない。記して謝意を表したい。

## 2．本書の内容

　本研究は，以上の研究例会とメンバー各自の調査・研究にもとづき，ドキュメンタリー映画を中心とする映像がどのような作用を及ぼすものとして扱われてきたかを考えようとしてきた。本書は，この問題について，いくつかの側面から検討した論文を収めている。以下，その諸側面について紹介する。

　第1に，ドキュメンタリー映画と事実記録の問題についてである。ドキュメンタリー映画は，記録映像，記録映画ともいわれるように，事実を記録することに特徴がある。それゆえ，演出や演技を加えない，ありのままの映像を作品化したものとされる。映画史的にみると，ドキュメンタリーの歴史は映画とともに始まった。リュミエール兄弟による最初の映画『工場の出口』

（1895年）は，工場の出口から従業員らが出てくる様子をワンショットで撮影したものである。映画史ではその直後，カメラの前で演技をするドラマ（劇映画）が作られた。ドラマが創作・フィクションであると認識されると，その逆にドキュメンタリーは事実を記録しているという認識が強化された。

　もちろん，ドキュメンタリーとドラマ（フィクション）に関するこうした認識は，そのまま認めるわけにはいかない。しかし，この両者の関係を考えることには創造性があり，これをめぐって多くの創作や議論が可能である。本書では，下澤・上原・根岸・土屋の論文でこの第1の側面が議論される。

　下澤論文（第1章）では，ジャン＝マリー・ストローブとダニエル・ユイレの監督による『アンナ・マグダレーナ・バッハの年代記』（1968年6月）と，同年公開のジャン＝リュック・ゴダール監督『ワン・プラス・ワン』（1968年11月）のふたつの作品をめぐって，ドキュメンタリーとフィクションの「交差配列（キアスム）」が，映像と音楽の交錯として実践される点に注目して論じる。この議論では，ドキュメンタリーとフィクションの問題系に音楽が導入される点に注意すべきである。

　上原論文（第2章）では，ドキュメンタリーがフィクションとしての性質を持つことをふまえると，逆にフィクション（ドラマ）の映像にも真実性があることがみえてくることを，ジョシュア・オッペンハイマー監督らのドキュメンタリー『アクト・オブ・キリング』（2012年）と，エイドリアン・ライン監督のドラマ『ジェイコブズ・ラダー』（1990年）を素材にして論じる。ドキュメンタリーとフィクションの問題系において，ドキュメンタリーに軸足を置いてしまう無意識を逆転させる。

　根岸論文（第3章）では，議論の素材がドキュメンタリーではなく，フォト・ジャーナリストの撮った写真であるが，image（イマージュ）である点では映像と同様である。モロッコ出身のフォト・ジャーナリストであるバルベイが1969年2月から1971年2月まで，4回にわたってパレスチナを撮った写真と，ジャン・ジュネがそれに与えた文字テクストとの関わりを議論する。写真は「客観的なひとりの証言者」のものであり，文学テクストは「あ

る主義主張に沿った，主観的な意見を述べた」ものとなるのか。この議論で注意すべきは，写真と文字テクストの両者が，ひとつの雑誌に並列されていること，つまりそこには受け手の問題があることだ。その記事を構成する写真と言葉によるテクストのあいだに，読者はどれほどの差異と共通性を見るべきなのか，という問題も議論される。

受け手の問題は，ドキュメンタリーと事実記録の解釈に戻ってくる。土屋論文（第4章）では，胡傑監督のインディペンデント・ドキュメンタリー『林昭の魂を探して』（1999〜2005年）を通して，中国の受け手においては，ドキュメンタリーは事実を記録するという認識が親しまれ，それにもとづいて，ドキュメンタリーが歴史事実を探索する作用を持ちうるとされる点を論じる。本論については，素材が政治的な体制から逸脱した空間で制作された「インディペンデント・ドキュメンタリー（独立記録）」である点に注意すべきである。

この点に起因しつつ，この胡傑作品をめぐっては，ドキュメンタリー映画と事実記録の問題として，もう一歩進んで，次のような問題も考えられる。

ある時間経験を分析することが歴史叙述だとすると，その分析には，ある特定の方法，つまり現在の大学の歴史学教授たちがおこなっているような，文献や実物資料による事実の考証という方法しかないのだろうか。そんなはずはない。たとえば紀元前100年ころに書かれた司馬遷『史記』の分析方法は，今日の歴史叙述にくらべて厳密さが足りないから，それは歴史叙述ではない，とはいえない。また，現代史においても，文献や実物資料が存在しない，ないし参照不可能な場合，オーラル・ヒストリーによる分析は，歴史叙述ではない，とはいえない。さらに，現在一般に観念されているような「事実の考証をする論文」ではなく，文学や他のメディアを使った分析は歴史叙述ではない，ともいえない。ある時間経験の分析，つまり歴史叙述は，多くの分析方法とメディアによる可能性があるはずなのである。

そのように考えると，ドキュメンタリー映画にも歴史叙述の可能性があることになる。この問題を土屋論文では，「映像歴史学」という語で扱ってい

る。この場合，ドキュメンタリー映画と事実記録の問題は，上述とは別の観点から超えられてしまう。つまり，その作品が撮っている対象が事実だとしても，それによって描かれた歴史を事実記録だとすることはできない。ヘイドン・ホワイトの議論をあげるまでもなく，歴史ナラティブが文学（フィクション）であるのと同様に，歴史を考察するドキュメンタリーはフィクションなのである。しかしそれは，政治的な実践としての意味を持つ。とくに中国のような全体主義的国家における場合，歴史を考察しようとするドキュメンタリーは，体制の正当性を証明する歴史とは異なった歴史を叙述する実践となり，現在に続く過去を見直し，体制的な歴史が現在に当然のごとく被せている，無意識にまで至る枠組みから逃れることを可能にするような歴史的基盤を提供する。このような歴史叙述が，大学で考証論文を書く歴史学教授たちではなく，ドキュメンタリストによってなされているのである。

　第2に，映画のプロパガンダ能力の問題についてである。ドキュメンタリーは，国家の政治宣伝を目的として利用されてきた。周知のように，この好例はナチス・ドイツのレニ・リーフェンシュタール監督『意志の勝利』（1935年）であるが，彼女の創りだした美の世界とその宣伝力は，のちのドキュメンタリー制作で換骨奪胎されつつ大きな影響を与えた。ナチのプロパガンダは，日本の戦争プロパガンダや中国の革命プロパガンダへとつながる。中国のプロパガンダのドキュメンタリーについて，土屋論文は2点を論じる。ひとつは，革命プロパガンダが長期間続いた中国では，その美学から脱出しようとする際に，プロパガンダのドキュメンタリーで使われている作法の再発見があったことである。具体的には，ヨリス・イヴェンス監督らが中国の映画界に直接影響を与え，そのダイレクト・シネマやシネマ・ヴェリテの作法が引き継がれた。もうひとつは，革命プロパガンダの美感から脱出しようとする一方で，その美学を利用して，その美学によって築かれた歴史の過去とは異なる過去を呼び戻そうとすることである。これは，上述の映像歴史学に通じる問題でもある。

　第3に，ドキュメンタリーが，文化人類学のフィールドワークに利用され

たことについてである。かつてアメリカのロバート・フラハーティが『極北のナヌーク』（1922年）を発表したが，これは酷寒のなかで長期間，イヌイットの生活を撮っており，ドキュメンタリーが生成の段階で人類学的視点を持っていた例である。この動向は，映像人類学といわれる分野となった。映画史的にいえば，マーガレット・ミードとグレゴリー・ベイトソンが1930年代にバリ島の家族内コミュニケーションの記録に映像を利用したことが始まりであった。人類学者のマルセル・モースに師事したジャン・ルーシュは，映像人類学の手法を人間一般に応用した。社会学者のエドガール・モランと共同監督した『ある夏の記録』（1960年）は，そののちドキュメンタリーの一般的な作法となったシネマ・ヴェリテの先駆となり，ヌーヴェル・ヴァーグ，とくにジャン＝リュック・ゴダール監督，ジャック・リヴェット監督らに影響を与えた。

このような人類学的視点のドキュメンタリーは，アジアでもおこなわれた。戦後の中国では，民族問題を考えるために現地の少数民族の生活が多く撮られ，その素材を使ったプロパガンダ映像も作られた。それとはべつに，外国人研究者が宗教研究のために撮った映像もある。そのなかで，あたかもヨリス・イヴェンス監督が中国映画界に直接影響したのに似て，フランスのパトリス・ファヴァ監督が，中国の映像人類学に対して直接的な影響を与えてきた。この問題について三田村論文（第5章）では，1977年から中国人の宗教生活を撮ってきたファヴァ監督について，『閩西客家遊記』（1997年）と『韓信の復讐』（2005年）のふたつの作品を中心に，その特徴とドキュメンタリー創作論をまとめる。ファヴァ監督の創作論は，他者の異なる文化にどのようにむきあうべきか，という映像人類学のジレンマともいうべき課題について，中国古典の文学理論である「性霊説」を援用している点を三田村論文が指摘しているのに注意すべきである。

第4に，映像が他者へのまなざしを導くものであるとすれば，文化理解や文化交流の方法として扱われることが議論されるべきであろう。上述のように，ドキュメンタリーは早い時期に，撮影者とはべつの文化を持つ人々への

まなざしの映像化となり，その映像を見る者たちのまなざしを代表していた（『極北のナヌーク』において，イヌイットにまなざしをむけるフラハーティ監督）。映像は普通，対象の文化や性質をうつしだす力を備えていると考えられている。それゆえ，映像は文化理解に役立ち，これを一歩進めれば，相互の映像を通して文化交流が可能である。劉文兵論文（第6章）は，この問題をめぐって，日本と中国のあいだ，とくに日本において中国の映画がどのように受け取られ，どのような作用を及ぼしたかを述べる。劉が論じる，1980年代から始まる日中文化交流としての映画は，本書で中国に関する論文を書いている三田村と土屋の問題意識の底流に再帰する議論であるだけでなく，多くの日本の中国研究者が映像から受けている心理的影響に再帰するだろう。

　以上のように，本書に収めた諸論文は，観点を共有しつつ，かなり緩やかなかたちで各自の持ち味を生かしたアプローチで作成されたものである。

　また本研究の着想の一部は，これ以前の共同研究「フランスと東アジア諸地域における近現代学芸の共同主観性に関する研究」（専修大学社会科学研究所特別研究助成，2009〜2011年度，代表者：鈴木健郎）に由来する。その研究報告書である『学芸の還流—東-西をめぐる翻訳・映像・思想』（鈴木健郎・根岸徹郎・厳基珠編，専修大学出版局，2014年3月）の軸のひとつが映画であった。映画は複数性や流通性，それに映画に関わる人的な流動性が問題とされる。その報告書の第6章「無味の帝国の夷狄たち—ロラン・バルトとミケランジェロ・アントニオーニ」（下澤和義）は，本書の土屋論文に啓発を与えており，第7章「中国のハリウッド，ハリウッドの中国—中国におけるアメリカ映画の受容史」（劉文兵）は，本書の同一著者の論文と対照して読むとさらに興味深いはずである。

　最後に，貴重な共同研究の機会を与えて下さった専修大学社会科学研究所の所長はじめ，関係各位に感謝申し上げたい。また，出版まで忍耐強くお力添えを下さった専修大学出版局の真下恵美子さんに感謝申し上げたい。

　　　　　　　　　　　　　　　研究グループを代表して，土屋昌明

# 目 次

まえがき

## 第1章 ストローブ＝ユイレ・プラス・ゴダール
──音楽を映像に記録するとはどういうことか

..........................下澤 和義　1

1．はじめに　1

2．アドルノの憂鬱　4

3．『アンナ・マグダレーナ・バッハの年代記』　10

4．『ワン・プラス・ワン』　18

## 第2章 ドキュメンタリーとフィクションのはざまで
──『アクト・オブ・キリング』と『ジェイコブズ・ラダー』におけるリアリティ

......................上原 正博　33

1．はじめに　33

2．映像記録のフィクション性とリアリズムの問題　34

3．『アクト・オブ・キリング（*The Act of Killing*）』（2012年）　40

4．『ジェイコブズ・ラダー（*Jacob's Ladder*）』（1990年）　45

5．結び　55

# 第3章 写真とことばと「不在」へのまなざし
## ——ジャン・ジュネ「の」パレスチナに向けて
............................ 根岸 徹郎 61

1. はじめに——問題の所在　61

2. ジュネとイマージュ＝映像の問題——演劇性と虚構性　63

3.「パレスチナ人たち」——写真とテクスト　68

4. 写真と向き合うテクスト
——「わたし」と「あなたたち」から「わたしたち」へ　90

5. 結びに代えて——『カラマーゾフの兄弟』を読むジュネ　96

# 第4章 中国映像歴史学の挑戦
## ——胡傑監督『林昭の魂を探して』について
............................ 土屋 昌明 103

1. はじめに　103

2. 戦後中国のドキュメンタリー　106

3. 新ドキュメンタリーの生成　113

4.『林昭の魂を探して』の特徴　120

5.『林昭の魂を探して』以降の諸問題　139

6. 結論　143

7. 付記——本グループ研究後における胡傑作品の上映　145

8. 胡傑フィルモグラフィー　147

# 第5章 中国宗教儀礼における映像人類学
................... 三田村 圭子 153

1. はじめに　153

2. 中国における映像人類学　154

3．監督パトリス・ファヴァ　156

4．対話から──新しい視点が生み出されるまで　158

5．『閩西客家遊記』と『韓信の復讐』に通底する新しい視点　161

6．『韓信の復讐』　北京大学の講演から　169

7．おわりに　174


## 第6章　日本における中国映画の受容史
### ──徳間康快主催の「中国映画祭」を中心に
…………………… **劉　文兵**　189

1．アンバランスな日中映画交流──研究の背景と問題提起　189

　1.1　日本における中国映画上映の歴史　191

2．徳間康快と中国　195

　2.1　評伝に描かれた徳間康快　195

　2.2　徳間康快の文革体験　196

　2.3　なぜ白羽の矢が徳間康快に立ったのか　198

3．「中国映画祭」の開催と運営　200

　3.1　森繁と田村祥子の功績　200

　3.2　コスト・版権・上映館　202

　3.3　ショッキングな日本体験　204

4．中国映画ブームの到来　207

　4.1　『黄色い大地』と『紅いコーリャン』の衝撃　207

　4.2　画期的な『菊豆　チュイトウ』　210

　4.3　ターニングポイントとなった『青い凧』　211

　4.4　徳間後の中国映画の上映　212

　4.5　徳間が残したものとは　214

## 第1章

# ストローブ゠ユイレ・プラス・ゴダール
## ──音楽を映像に記録するとはどういうことか

## 下澤 和義

### 1．はじめに

　ジャン゠リュック・ゴダールは，リュミエール兄弟とジョルジュ・メリエスの仕事について，1966年にこう語っている。「ふつうはリュミエールはドキュメンタリーで，メリエスは幻想ものだとされています。でも，われわれが今日から彼らの映画を見るとき，そこに何が見られるでしょうか。メリエスはユーゴスラヴィア国王がフランス共和国大統領に出迎えられるところを撮っています。つまり，それはニュース映画です。また一方，リュミエールは身内の者たちがカード遊びをしているところを『ブヴァールとペキュシェ』のスタイルで撮っています。つまり，それはフィクションなのです」[1]。
　映画史の起源にさえ，ドキュメンタリーとフィクションの交差配列<sub>キアスム</sub>を見出そうというのは，いかにもゴダールらしいが，いま引いた一節にフィクションの例として挙げられているのは，ギュスターヴ・フローベールの小説である。ここで思い出すべきことは，19世紀の写実主義の文学として語られることの多いこの作家もまた，ヤヌスの両面のように2つの芸術観をあわせ持っていたということだろう。彼は『ボヴァリー夫人』や『感情教育』の作者であると同時に，『聖アントワーヌの誘惑』の絢爛たるエクリチュールを彫琢することにとり憑かれた書き手でもあったからである。
　批評家のマルト・ロベールは，フローベールが「物語に実質的内容を供給

すること，あるがままの世界の証人であり，その動乱と連帯する」[2]という理想だけでなく，「それ自体に還元された散文，言い換えれば破壊された古代の神殿の壁のように，それが言っていることとは独立に美しい散文」[3]という理想とのあいだで両極間に引き裂かれていた小説家だと語っている。フロイトのいう幼児の「家族小説（ファミリー・ロマンス）」[4]の理論にもとづいて，近代の散文による物語の二大傾向を区別する彼女のタームを使えば，前者は「捨子」としての作者，後者は「私生児」としての作者ということになるだろう。

　誤解のないように念を押しておくと，芸術の双極をなすこれらの態度は，同一の作者のなかにおいて共存し，混在しうる成分である。「二つの可能な小説的態度は，明確に区別された規定のなかに入ることはなく，事実上は程度が多少違うだけであって，その結果，明確に分かれた視点を正当化しながらも，二つは同一の作者の作品のなかで入れかわることもあるし，同一の物語のなかでたがいに補い合ったり，衝突しあったり，微妙に違ったり，はては双方が対等に組み合わされて，あらゆる理論を反駁するためにつくられているようにみえる，あの雑種的形態を産み出したりもする」[5]。

　確かに，マルト・ロベールのいう「捨子」も「私生児」も，散文による虚構の物語を念頭に置いてのことであり，それらのカテゴリーが狭義のフィクションとノンフィクションにそのまま該当するというわけではない。とはいえ，轟音とともに蒸気を吐いて駅に滑り込む現実の機関車と，それをシネマトグラフィによって撮影した『列車の到着』という白黒のサイレントフィルムとでは，その鋼鉄の車輛が迫りくる映像が観客の身をひるがえさせたという創世期の「神話」がいかにまことしやかにささやかれようとも，やはり両者間の位相を無視するわけにはゆくまい。ことに，ルイ・リュミエールの「家族」がその母親，妻，娘といった「女」にかぎって，その場面に登場しているのだから，映画の起源における「神話」が「捨子」であると同時に「私生児」であったとしても，いささかも不自然なことはないはずである。

　実際のところ，精神分析的な解釈に深入りせずとも，「ソニマージュ」son-image のシネアストとしてのゴダールが，そうしたドキュメンタリーと

フィクションの交差配列（キアスム）を，彼自身の映画のなかでしばしば，映像と音楽の交錯として実践していることは確かである。そのフィルモグラフィのなかからすぐに思い出されるのは，『男性・女性』におけるシャンタル・ゴヤのレコーディングの場面，『ワン・プラス・ワン』で「悪魔を憐れむ歌」を吹き込むためのセッションを続けるローリング・ストーンズ，『カルメンという名の女』でベートーヴェンの後期弦楽四重奏を弾くプラ・クァルテット，『右側に気をつけろ』におけるレ・リタ・ミツコのスタジオ作業である。

　『右側に気をつけろ』が公開されたおりに，ゴダールは「この視線は失われてしまった」というタイトルのインタビューにおいて，ミュージシャンたちをドキュメンタリー的な視線で見つめることが，彼らの仕事からフィクションを思い描くことを可能にしたと語っているが，そのドキュメンタリー的視線というのは，ゴダールにとって文学，絵画，音楽に対する映画という領域に固有の表現可能性に直結している。「ぼくはかつてこう言っていたものだ，『映画は，ドストエフスキーにもセザンヌにもバッハにもできなかったことをやってのけた』と。ぼくがそのとき念頭に置いていたのはドキュメンタリーのことだ」[6]。

　だが，ゴダールは，今日の状況においては，「この視線は完全に失われてしまった」とも語っている。「映画の草創期から，ドキュメンタリーとフィクションは互いに対をなしてきた。ところが，ものごとについて語る前に，ものごとを見ることの必要性というものが消滅してしまったんだ。そして，フィクションが貧弱なものになりつつある」[7]。この指摘から，私たちはたとえば今日のフランス語で，「それは映画だ」の直訳にあたる表現を連想せずにはいられない。その "C'est du cinéma" という定型句には，かつてリュミエール兄弟がメリエスと分かちもっていたドキュメンタリーという概念はいささかもふくまれていないからである。この言いまわしは，「それは小説だ」（C'est du roman）と同じく，「それは作り事だ」「そいつは出鱈目だ」という非現実性に対する否定的なサンクションになっているのだ。

　現代のメディア社会で何らかの出来事や物語が「シネマ」や「ロマン」に

たとえられるとき，虚構性が喚起されやすいのは，それと対比的に，テレビのリアルな生中継が念頭に置かれているからだろうか。たとえば，有名な1960年代の「エド・サリヴァン・ショー」へのザ・ビートルズ出演などに象徴されるように，戦後のテレビ放送における音楽番組は，ミュージシャンによる演奏の生放送をメディア的な前提としていたし，ヴィデオテープによる録画技術が普及してからも，テレビはニュースにせよスポーツにせよ「ライヴ」を中継するメディアだという信仰はいまなお残っており，その根強さはディスク・ジョッキーのような番組文化が発達したラジオ放送とは対照的かもしれない。むろん，ヴィデオ録画されたコンサートが現実のパフォーマンスとは異質な存在論的ステイタスに属するものだということは，あえて「リテラシー」などという語を持ち出さずとも，冷戦前期のオーディエンスでさえ知っていたはずである。だが，ライヴの中継放送を主体としていたテレビのもとに遅れてやってきたこの複製技術は，あたかも「嫡出子」しか知らない「父」のもとに遅れて現れた「捨子」と「私生児」のように，1960年代のオーディエンス——とりわけフランクフルト学派の哲学者にしてアルバン・ベルクの音楽的な弟子であるテオドル・W・アドルノ——にとっては，ある種のいかがわしさを身に纏わざるをえなくなるのである。

## 2．アドルノの憂鬱

この節では，『シュピーゲル』誌がテレビの音楽番組というテーマで晩年のアドルノに行ったインタビューから出発して，MTV登場前の文化産業批判の文脈において提出されている基本的な諸問題をいったん整理しておくことにしよう。その対話の冒頭では，音楽とは一般的に聴くために存在するものであり，見るためのものではないという命題が確認されており，以下に続くメディア文化批判は，いくつかの異なる観点にまとめることができるように思われる。

第1に，アドルノが問題視しているのは，テレビが観客の注意を本質的な

ものから本質的でないものへそらすことである。音楽作品における本質的な
ものとは，冒頭で確認されているとおり，聴覚的な側面であるはずだが，テ
レビではその画面に映し出される「単に弾かれ，吹奏され，擦弦されるその
様子」[8]にばかり観客の注意が向けられてしまう。非本質的なものにすぎな
かったはずの「視覚的な側面」だけが注目されてしまうというこの「はぐら
かし」（Verschiebung）[9]が深刻な問題であるのは，「本来目的としてある音
楽が手段に転じる」[10]という転倒を起こしてしまうからである。

　第2に，テレビにかぎらず，マスメディア全般に見られる傾向としてアド
ルノが批判しているのは，「ラジオ放送や多くのレコード録音においても，
いわゆる主声部，メロディーなるものが，構成体としての音楽全体と何の関
係もなく強調される傾向」[11]である。テレビでは大衆的な人気の高い楽曲や，
スター指揮者ばかりが選択されやすいのだが，それだけではない。30本近い
テレビ・コンサートを視聴したという『シュピーゲル』誌側が例示している
のは，たとえば，歌手がアリアをうまく歌おうとして相貌をゆがめる光景が
アップにされたり，カラヤンのような人気のある指揮者の「マエストロの閉
じられた目」[12]が何度も映し出されたりするという具体的なカメラワークで
ある。

　アドルノはその原因を，技術畑出身の収録技師たちの音楽的知識が乏しい
せいで，聴衆の趣味に迎合した見方をしてしまうことに求めている。収録技
師たちは時代遅れの音楽的慣習に盲従しているため，その結果出てくるもの
は，「響きを美食家好みに仕立てるようなやり方であり，そこでは音楽の一
切の構造的要素は犠牲にされてしまいます」[13]。

　ところで，そうしたミュージシャン以外の被写体が画面に映し出される場
合も，第3の批判の対象とされている。たとえば，『シュピーゲル』誌は，
カラヤンとメニューインのコンサートの舞台装置に使われたウィーン風サロ
ンの華美な装飾や蠟燭といった小道具，あるいは，バッハの受難曲などの収
録場所に選ばれたバロック式の教会堂などの例を挙げて，「……するとカメ
ラはほっぺの膨らんだ天使像を，そして聖母像を，愛撫するかのように掠め

通り過ぎていく。このようなものは許されてよいのでしょうか」[14]とアドルノに質問している。これに対し哲学者は，そのような演出は「幻想にとらわれたこのまがいもの（キッチュ）」[15]であるとして，そうした通俗的な不純物からメディアを浄化することが焦眉の課題だと答えている。

　この問題に関しては，もう少し対談が進んでから，『シュピーゲル』誌がさらにブラームスの『ドイツ・レクイエム』の放映例を出して，「そこでは木々や森，湖や原野，それにさまざまな記念碑や墓地といった映像が，音楽の流れている間に映し出されていました」[16]と，対談相手に水を向けている。すると，アドルノは，「愚の骨頂ですよ。それらが果たしている役割はちょうど，商業映画で映し出される自然の風景が果たしている，あの規格化された役割と同じものです」[17]という批判をしている。演奏行為に隣接した空間の諸要素が映像化されるのが，一種の換喩的な発想によるものなら，歌詞や曲想によって表象される内容が，このように作者や演奏者や楽器以外の自然の風景のような代替物によって映像化されるのは，隠喩的な発想によるものだと言えるが，アドルノはそのいずれをも通俗的で余分な修辞として告発しているわけである。

　しかし，第4の批判として，アドルノの舌鋒が最も鋭くなるのは，テレビ放送が「複製技術」であるということ，すなわち，媒体としてのメディアの非直接性に対してであるように思われる。「捨子」であろうが「私生児」であろうが，複製は作者＝「父」の嫡出子とは認められないのだ。彼によれば，テレビの音楽番組には，さきほどのキッチュな幻想とともに，もうひとつの幻想が忍び寄ってくる。「言うなれば，どこかの聖地においてただ一度だけ執り行われる祭祀，その一期一会の体験に立ち会っているかのように考えてしまう，そのような幻想のことです。まったく同じものが無数の場で，無数の画面上に現れるという，大勢に向けて大量にというのが身上である複製再生産に，これは本来まったく適合しない観念です」[18]。

　では，ザルツブルクやバイロイトのような，権威として確立された音楽祭がレコードになったり，テレビで放映されるとき，正確にはいったい何が起

きているのか。「それらが複製再生産されるとき，それはあたかも『お客様のためでしたら私どもは何なりといたしますよ。さあ，これでお客様もこれらのイヴェントのおこぼれに与る（parasitär）ことができます』と言わんばかりです。ここに潜んでいるのは，支配的に振る舞う文化産業に対しての，根深い体制順応的な態度です」[19]。それは文化産業だけの問題ではなく，共犯関係にある大衆の問題でもあるのだ。「テレビに映る『フィガロ』は，もはや『フィガロ』ではない」[20]し，単なる「常套句と化した作品」にすぎないにもかかわらず，大衆はそれを各家庭で観ながら，「ああ自分たちもこうして文化に参加しているのだ，という幻想を抱くわけです」[21]。

　アドルノはこうした複製技術時代の音楽演奏のありかたを，ラファエロの『椅子の聖母』の複製画が，小市民の家の各寝室にかかっている例にたとえて説明しているが，彼の複製文化論は，おそらくヴァルター・ベンヤミンの1930年代の論考の受け売りであろう。このインタビューに対する読者の反発を受けて，アドルノは再反論のためのエッセイを約2カ月後に同誌へ寄稿しているが，実際そのなかでは『複製技術時代の芸術作品』の題名を挙げて，ベンヤミンの一節を引用さえしているからである。

　また，アドルノは，聴覚的側面に視覚的側面を付加すること自体がそもそも「はぐらかし」である，という前提に立っていたが，その理由は，エッセイに反論対象として引かれている，ヨアヒム＝エルンスト・ベーレントの投書をみれば明確になるだろう。そのジャズ評論家によれば，音楽はかつては「人間のまるごと全体に関わる一個の全的な現象」[22]だったのであり，「音響的なものと視覚的なものを分ける近代のやり方は，冷血なる小賢しさが持つあらゆる特徴を具えている」とされている[23]。これに対して，「音楽が音楽として純化されゆく」[24]ことこそが必要であると説くアドルノは，現代では視覚的なものとの混合のせいで，音楽の純化が消滅の危機にあるとして，「これは一つの退化現象であるように私には思われる」[25]と主張する。演奏者の身体的な可視性に束縛されない可聴性こそが音楽の本質なのであり，それは透明なイデアとして理念化されるべき存在なのだ。

複製技術に対するこのアドルノの立場が緩和されるのは唯一，アルバン・ベルクが構想していたというオペラ『ヴォツェック』の映画化の企画に関して言及しているときだけである。最初の1968年のインタビューで，アドルノは視覚的な操作が音楽にとってある種の利点をもたらすという点まで否定するつもりはないと述べており，「撮影を通じてであれば，通常のオペラ上演の場合よりも，音楽の上で起こるすべての出来事を，いわばより立体的に提示できるのではないか，彼はそう考えていたのです」[26]というように，今は亡き師の意図を擁護しているからである。構想段階だったとはいえ，こうした映画の例をおそらくは念頭に置きつつアドルノは，テレビに関して，私たちが要求しうることは何かという問いを投げかけている。

　　　まずは，テレビジョンという形態に固有の音楽が，あるいは音楽やオペラ作品を扱う際のテレビジョン固有の方法が考えられるのかどうか，この問題についてテレビジョン側がとにかく一度徹底的に考えてみることですね。催し物の様子をただ写真機を向けるように馬鹿丁寧に映し出し，現実の単なる二重写しを作ってそれで満足するような，そうしたまるで間違った不適切なやり方を捨てて，それをやってみることです[27]。

　この問題提起に対して，インタビューでは『シュピーゲル』誌側が，ズーターマイスターやブリテンによるテレビジョン・オペラの仕事を例に引いて，テレビジョンに固有の音楽の可能性を具体的に示唆しうる例をたずねている。たとえば，前者は『カンタヴィルの亡霊』のような作品を作曲していたし，後者はBBCの依頼を受けて，当時は『オーウェン・ウィングレイヴ』に着手している状況だったからである。これに対してアドルノは，「自律した絶対音楽（absolute Musik）でもあり，同時に視覚的なものを不可欠とするような音楽というものが存在しうるかどうか。それは私にも分かりません。今のところは，そういうものの可能性に関してむしろ大きな疑念を抱いていると言わねばなりません」[28]という見解を表明している。

「絶対音楽」というのは，19世紀にエドゥアルト・ハンスリックが「音楽的概念以外，いかなるものも形成することは不可能で，それ自身のためにそれ自身のなかで理解され楽しまれるもの」[29] と定義していた音楽である。では，さきにみたような純粋主義的な前提——「音楽が音楽として純化されゆく」ことを理想とする立場——においては，「絶対音楽」が「標題音楽」(Programmusik) に優先する以上，音楽の映像化は，もともと非視覚的なものである「絶対音楽」を視覚化するという原理的な次元での袋小路に陥らざるをえないのだろうか。

このアドルノ的なアポリアに対しては，たとえば，その翌春にグレン・グールドが発表した「《きっと何かほかにある》」というエッセイを，先鋭的な音楽家の立場がよく現れた例として取り上げることができると思われる。その数年前からライヴ・コンサートを止めていたピアニストによれば，コンサートホールが死にかけているのは，テレビがその役割を奪ったからではなく，演奏会場でのライヴという古典的な形式が，「もはや二十世紀における音楽需要にふさわしい供給をしていないから」[30] である。テレビというメディアには独自の映像表現の可能性があり，とくにネオ・ドキュメンタリー的な冷静なカメラ・アングルは，ベルイマンからゴダールまで，映画界のすべての監督たちに影響を与えてきたと，彼は主張している。

ところが，音楽番組に関してはなかなかその可能性が開拓されていない。グールドはその理由を，スポンサーや音響技術やカメラワークといった要素に求めるのではなく，当の音楽家たち自身が，「音楽はコンサートによって代表されるもので，改善も侵害もされてはならないという観念から離れられないでいる」[31] ことこそ真の原因なのだと指摘している。続けて彼は，聴覚と視覚の相互作用について再考することの重要性を説いているが，音楽にも映像にもそれぞれ通約不可能な固有の領域があることを認めている。すなわち，一方では，「音楽にはいかなる画面をもってしても適切に表現したり説明したりすることのできないほどきわめてすぐれた瞬間がある」[32] ため，それを映像化するには抽象度の高い映像が必要である。だが他方では，「視覚

的要素もたしかにある程度まで音を伴わない瞬間が可能」[33]であるのだから，「視聴双方の力がこれまでむりやり従わされてきた無理な一体化を拒否することによって，よりいっそう意味深い協調関係が許されるようになるであろう」[34]。ただ，そのようなマルチモダリティー的な相互触発の理念は誰もが抱懐していながら，現実にそれを実現化した者がいない，というのが60年代末にグールドが与えた判断である。

　ところで，私たちは，このアドルノとグールドの視聴覚論と時を同じくしてあいついで公開された２本の映画を知っている。1968年６月にベルリン映画祭でプレミア公開されたジャン＝マリー・ストローブとダニエル・ユイレの監督による『アンナ・マグダレーナ・バッハの年代記』（以下，『年代記』と略記する）と，同年11月にイギリスで公開されたジャン＝リュック・ゴダールの監督による『ワン・プラス・ワン』である。この彼らの同時代的な実践には，スクリーンの側からの応答可能性を探ることができるように思われる。ゴダール的な「交差配列」に関しては，すでに第１節でもごく簡単にふれておいたが，次節ではまず，『年代記』が新たに提示した音楽と映像の関係を検討することにしよう。

## ３．『アンナ・マグダレーナ・バッハの年代記』

　このフィルムは，従来のカテゴリーで言えば，狭義のドキュメンタリーというよりは，音楽家の伝記映画というジャンルに分類されるだろう。とはいえ，あらかじめ確認しておかなければならないことがある。それはこの映画が依拠していると思われがちなテクスト，つまり，妻が回想した偉大なる音楽家の夫の伝記としてしばしば語られてきたテクストが，エスター・メネル（Esther Meynell, 1878〜1955）というイギリスの女流作家による1925年の創作にほかならないということである[35]。わが国などでは小林秀雄以来，メネルによる偽の自伝をいまだに本物と受けとめる傾向が強く，講談社学術文庫に入っている『バッハの思い出』の著者名が，現時点でも「アンナ・マ

第1章　ストローブ＝ユイレ・プラス・ゴダール　11

グダレーナ・バッハ」本人とされているのはその典型であろう[36]。

　この点に関してはストローブが，1966年のインタビューにおいて，「私たちのデクパージュはもっぱら，バッハの諸テクスト，およびカール・フィーリプ・エマーヌエルがバッハの亡くなった年に書いた『故人略伝』から抜粋された文章だけに基づいています」[37]と明言していることをおさえておきたい。『アンナ・マグダレーナ・バッハの年代記』という題名がつけられているという意味では，この映画は一見したところドキュメンタリーと思われやすいが，フィクションとしてのメネルによる創作と，映画の『年代記』が共有しているのは，もっぱらアンナという外部の視点に仮託してバッハを描くという形式だけなのである。

　実際のところ，主演のグスタフ・レオンハルトは，私たちが肖像画などで知っているバッハの相貌にいささかも似てはいない。また，この映画では，アンナが音楽家と結婚してから彼が亡くなるまでの約30年間を描いているのだが，撮影当時35歳前後であったレオンハルトは，作品の後半になってもいささかなりとも年老いた様子を見せてはいない。

　　　周知のようにバッハは遠い昔に亡くなっています。私がバッハを死から蘇らせたという幻想を与えるつもりはありません。というのも，私はグスタフ・レオンハルトという名の人物を起用しますが，彼は必ずしもバッハには似ておらず，多くの人々が想像するような太り気味だとか，その他もろもろの特徴を備えたバッハとはまったく異なる，すらりとした男性だからです[38]。

　このストローブの言葉が示しているように，伝記的な人物像の外観上の再現は，『年代記』の演出において至上命題とはされていない。それどころかストローブは，バッハが30歳の時の肖像画（ヨーハン・エルンスト・レンチュ作の通称『エアフルトの肖像画』）で，「贋作だということが証明されている」[39]作品があるが，レオンハルトがその偽のバッハ像に驚くほど似てい

る，とまで語っているのである。コピーに似ているコピー，それはもはやシミュラクルなのではあるまいか。だから，これは「非嫡出子」に似ている「非嫡出子」の映画なのだ。

　そのような本作の特徴となっているのは，何と言ってもショット数の少なさである。言い換えれば，90分間にわたる上映時間のうち，総数106のショットによって描き出されているのは，ワンショットごとに長回しで撮影された演奏行為そのものなのだ。映画における音楽的パフォーマンス一般について言えば，歌手の画面は1時間以上でも連続することがありえるが，器楽演奏の持続は極端に許容時間が短くなる傾向がある。この点について，映画音楽研究者のミシェル・シオンはつぎのように述べている。

　　映画は持続している歌唱を見せるには非常に適しており，それはまったく自然なことのように思われる。だがその一方で，映画には，持続している楽器演奏それ自体を，断固として撮影し続けることはできない。まるで楽器の演奏が奇妙にも撮影不可能だと言わんばかりである。重要なのは，音の出る場所を撮影することである。楽器やオーケストラを撮影するときは，あたかも居るべき場所に〔カメラが〕決して位置していないかのように，撮影をカットしたり，アングルを切り替えたりすることへの誘惑が常に存在している。この誘惑に対しては，たとえばジャン＝マリー・ストローブとダニエル・ユイレの『アンナ・マグダレーナ・バッハの年代記』（1968年）におけるように，多大なる自立心が必要だと言われることだろう[40]。

ストローブは自分たちのデクパージュの方針について，「さまざまな表現の誘惑を打ち砕くこと」[41]が大切であると語っている。それゆえ，いまシオンが指摘していたような器楽演奏の撮影におけるカットやパンへの誘惑に屈することは，この映画では極力排されている。「私のすべき作業は，あるデクパージュを書くとき，完全に空っぽになるであろうフレームを見出すこと

です。そこには，もはやまったくいかなる意図もないと私が確信できるように，撮影するとき，もはやいかなる意図も持てないようにするためです。私はつねにあらゆる意図，表現の意志を排除しつつあります」[42]。

　『年代記』においてとりわけ禁欲的な配慮がなされているように思われるのは，表現の「意図」や「表現の意志」が集中しやすい主役の「顔」の映像化である。たとえば，冒頭のクレジットが1分経過した時点で，チェンバロの演奏が何の予告もなしに開始されるが，クレジットの画面が切り替わって，本編の最初のショットになっても，宮廷風のかつらをつけた奏者の顔は映されない。楽譜と鍵盤と運指は，画面のほぼ中央にはっきり捉えられているが，カメラは右後ろから背中を捉えるアングルのまま，この男が誰かを明かそうとはしない。

　「ブランデンブルク協奏曲第5番」（BWV1050）第1楽章の第147小節から始められたチェンバロによる独奏が，やがてカデンツァによる独壇場をむかえると，この楽章の冒頭の主題がふたたびトゥッティで奏でられる。そのとき初めて，演出はロングで引くというカメラワークを行うが，それはあくまでも「発音源」としての演奏者たち全員をフレームに収めるためでしかない。室内楽の他のメンバーたち数人の顔は観客に見えるにもかかわらず，最初のソリストの顔だけは可視化されないという意味で，ストローブとユイレの一貫した原理が保全されている。その間，時間にして約3分30秒──観客はこの映画の主役にあたるはずの存在が，伝記的な意味での「顔」を持たない身体であることを，この最初のショットからすでに明示されたかたちになる。それは徹頭徹尾，鍵盤楽器に向かい合う主体の身体なのである。

　この『年代記』の徹底したカメラワークの原理は，前述のアドルノ的メディア批判のターゲットとされていた，歌手や指揮者の表情（「マエストロの閉じられた目」！）の特権化という演出，すなわち，「音楽の一切の構造的要素」（アドルノ）を犠牲にするような映像化とはまったく異質なものである。ライプツィヒ大学の一室で世俗カンタータ第205番を弾いているバッハ役のグスタフ・レオンハルトが，初めてその横顔を観客に見せるのは，映

画開始から20分を経過した時点のバストショットにおいてである。さらに18分後には自宅の書斎で抗議の手紙を執筆している彼の横顔が撮影されているが、これもバストショットであり、それを柱の陰から見つめるヒロインの顔のようなクローズアップにまでは至っていない。

実のところ、歌手や弦楽奏者とは違って、チェンバロや教会堂のオルガンといった鍵盤を奏する身体をカメラが正面から撮影することは構造的に困難なのだ。レオンハルトが顔の半分以上をカメラに向けるのは、食堂で合唱隊の生徒のひとりを叱責するショットである。また、彼がようやくカメラに正対するポーズを取るのは、『マタイ受難曲』第41曲を立ったまま弾き、和声に関する講義をするショットであるが、ここまでにじつに映画の約3分の2が終わってしまっている。この映画のアングルは、バロック時代の音楽家を19世紀的な「天才」神話に沿って偶像化してしまいがちな今日の視点とはまったく別のものなのだと言わねばなるまい。

なるほど、『年代記』の登場人物たちは時代衣裳やかつらを身に着けているし、古楽器だけでなく撮影場所や室内の調度品も、時代考証によって配慮されている。「しかし、この映画が観客に、『これがバッハだ』というつもりは必ずしもありません。この映画はむしろレオンハルト氏についての映画だと言うことができます」43)とストローブは語っている。この発言によるかぎり、『年代記』は「私生児」というよりは「捨子」に傾いた映画のように見えるかもしれない。だが同時に、その画面に固定アングルで映し出されるのは、しばしばコンサート・フィルムと見まがうような演奏する身体（たち）の光景であり、なによりもモノクロの画面に浮き出る鍵盤上の「手」の躍動である。

多層化した虚構と現実のなかで、「顔」のほうが明白に可視化されてくるのは、開始から1時間14分が経過した場面である。自宅の音楽室で『ゴルトベルク変奏曲』第25変奏をチェンバロで演奏する彼の手を、カメラは右横から撮影し、徐々に上昇しながら、その上半身から頭部にかけてを画面に大写しにするに至っている。アングルはそのまま3分近く固定されているが、そ

の間の演奏者の表情には，たとえば19世紀ロマン主義のような音楽観から期待されがちな劇的な変化が見られたりするわけではない。彼の静謐な相貌を瞑想的と形容することもできないわけではないが，教会音楽とは異なってこの変奏曲には宗教的な意図がこめられているわけではない。

　この変奏曲は，バッハが同時期に取り組んでいた『フーガの技法』とともに，クラヴィーアによる対位法の集大成の一環として，絶対音楽に接近している作品とみるべきだろう。ちなみに，30曲の変奏のうちでもこの第25変奏は，通常の演奏時間が格段に長い大曲であり，抒情性の豊かさから「黒真珠」と通称されていることは指摘しておきたい。この演奏のショットは，映画全体における諸速度の多様性ないしはバリエーション（変奏）を提示しているのであり，ここに記録されているのは，独特の「遅さ」として現れた身体の多彩なる変様なのだ。

　さきほどの「レオンハルト氏についての映画」という監督の言葉に立ち返れば，『年代記』とは古楽運動の支持者でありピリオド楽器にも造詣の深いミュージシャンがバッハの役を演じながらしだいに「顔」を獲得していくドキュメンタリーであるとみなす視点が提起できる。その視点から見えるのは，バッハの音楽を産出しつつある一人の音楽家のライヴの光景である。ここで「ライヴ」という言葉を使うのが決して誇張ではない理由は，「私たちが提示するそれぞれの楽曲は現実にキャメラの前で演奏され，同時録音され，（ほぼ唯一の例外を除き）単一のショット内に撮影されるでしょう」[44]というように，監督がその方法論的意識を明確にしているからである。

　レオンハルトの顔が言葉の正確な意味でクローズアップになるのは，1時間22分が経過した辺りである。「1747年　ベルリン」におけるそのショットは，おそらくプロイセン王に招かれてポツダムの宮廷に向かう馬車の座席であるから，伝記的にはむしろ脱中心化された瞬間である。だが，鍵盤を弾くときも指揮をするときもレンズに向けたことのないその顔を，右斜めのいくぶん下から仰角ぎみにとうとうアップでとらえた後，カメラはまるでその使命を果たし，視力を消尽したかのようにいったん暗転している。映画そのも

のが視力を失ったかのような暗転である。

　とはいえ，現実のバッハを眼疾が襲うのは，この場面よりもう少し先の最晩年に，最後の大フーガを執筆しているときのことになるだろう。まもなくカメラは，光に包まれた歌劇場の天井を眺めるバッハの横顔のショットにおいてふたたび視力をとりもどす。その間に起きたはずの，伝記的にも音楽史的にも重要とされるフリードリヒ２世への謁見や，『音楽の捧げもの』のリチェルカーレの主題を賜るという挿話は，この映画では描かれていない。だが，この暗転が音楽家の伝記ドラマにおける心理的演出といったものでないとすれば，この暗転からの明転は，むしろ映画をつうじて，観客に見えるものと聴こえるものがいかなる関係を演じうるか，という問いを投げかけるようなデクパージュとして受けとめることができよう。

　さて，このように，『年代記』の視聴覚はつねに厳格に「同時録音」の原理に従って統禦されているわけだが，音楽が「同時録音」されていないケースに関しても，監督たちはこの方法論を自覚している。ダニエル・ユイレが後から付した脚注において，「オルガン・トリオのラルゴ，空にかぶさるソプラノ・バスの二重唱，『フーガの技法』の最後のフーガの抜粋，オルガン・コラール『汝の御座の前に，われ今進み出て』は，グスタフ・レオンハルトによって，オルガンないしはチェンバロで演奏され，指揮された」[45]というように，こと細かく例外を列挙しているからである。

　そのなかでも，特に私たちの関心を引くのは，「ソプラノ・バスの二重唱」が森の上の空に雲が漂っている映像に重なるケースである。ここで使われている曲は，カンタータ第140番『目覚めよ，とわれらに呼ばわる物見らの声』（BWV140）の第３曲（ハ短調）であり，そのタイトルは歌詞の第１行に現れるソプラノからの呼びかけ，「いつ来ますや，わが救いのきみ？」（Wann kommst du, mein Heil?）に由来する。では，その雲と森の映像は，アドルノが批判していた『ドイツ・レクイエム』の演出と同じく，「商業映画で映し出される自然の風景が果たしている，あの規格化された役割」を果たしていることになってしまうのだろうか。

第1章　ストローブ＝ユイレ・プラス・ゴダール　　17

　実際には，この風景のショットは，誰が見ているのか特定できないため，前後のショットから遊離しているという不思議なデクパージュになっている。その直前に高熱で床に伏せるアンナのシーンがあるせいで，観客側はヒロインの病状の回復や，旅先の夫の心情などといったものを暗示する「表現の意図」を想定したくなる誘惑にかられる。というのも，「いつ来ますや，わが救いのきみ？」は，まさしく男女混声の二重唱だからである。

　その歌詞は，ソプラノは天に召されようとする「魂」を，バスは救い主の「イエス」を歌う構成になっている。霊化された天上の愛を歌う標題音楽としてのこのカンタータのなかで，ソプラノとバスを，直前のシーンとの連想からアンナとその夫にあてはめる解釈が浮かぶかもしれない。だが，映画ではソプラノのパートをベルンハルト・ヴェーレ（Bernhard Wehle），バスをカール＝ハインツ・クラインが担当しており，じつは両者とも男性なのだ。なるほど，ヴェーレのボーイ・ソプラノはすこぶる透明感のある歌声なので，女性の声と錯覚されやすいのだが，このショットにはもう一点，音楽と映像とのあいだのずれが生じている。それは，アンナが大病を患った年代と，このカンタータが作曲された年代とのずれである。

　カンタータのシーンの直前で語られていたアンナ自身の突然の病気は，夫の留守中の出来事である。彼女のナレーションによれば，エマニュエルを訪ねてベルリンに旅行に行っていたバッハに一刻も早く帰宅するよう，病床にあった彼女の代わりに繰り返し書簡で知らせてくれたのは，従兄弟のヨハン・エリアス・バッハであったという。この出来事が起きたのは1741年夏のことである[46]。ところが，カンタータ全7曲が作曲されたのは1731年11月なので，ここには10年以上の時間が開いていることになるのだ。

　このカンタータのシーンの後に楽譜の表紙がアップにされると，「帰宅したセバスチャンは2段鍵盤用のクラヴィチェンバロのための30の変奏曲付きアリアを，新しいクラヴィーア変奏曲として出版しました」というナレーションが重ねられる。『ゴルトベルク変奏曲』はニュルンベルクの出版社から1741年10月に出版されているので，アンナの大病のシーンとは時間的に途

切れることなくほぼ連続していると考えてよい。

　これに対して，おそらくアドルノが批判していた映像は，演奏時間の長い『ドイツ・レクイエム』の演奏光景の単調さを緩和するために挿入されるとともに，標題音楽的な曲想を可視化して観客に作品を明快に解説するという役割を担っていたものと考えられる。「商業映画で映し出される自然の風景」が果たしているとされる機能もまた，登場人物の不可視の内面を象徴するイマージュを，せりふの代理手段としてドラマに挿入することにより，観客に一種の映像言語による隠喩的な説明を行うのであろう。

　だが，ストローブ的なショットの役割は，そのいずれとも違っている。「もはやいかなる意図も持てないようにするため」というのが，あの非人称的な音像の役割だからである。なるほど，そこでは音楽生産の主体であるはずのふたりの（男性）歌手，すなわち発音源として可視化されるはずの身体が不可視になっている。しかし，音楽と映像の結合は，前後の文脈において一種の真空状態をつくりださざるをえない。そのショットは，「デクパージュを書くとき，完全に空っぽになるであろうフレームを見出すこと」と言われていたように，映画の語りに対して自律しており，流れゆく雲と二重奏の同時性はそれ自体が目的であるかのような強度をたたえている。ジャンルとしては宗教音楽という標題音楽でありながら，このショット自体が絶対的なショットとなっているのはそのためなのである。


## 4．『ワン・プラス・ワン』

　独・仏・英で展開されたマルチモダリティーの接点となる同時代性において言えば，『ワン・プラス・ワン』のクランクインは，『年代記』の公開時期とほとんど踵を接している。ローリング・ストーンズによる「悪魔を憐れむ歌」の録音作業は1968年6月4日から始まり，オーバーダビングまで含めて約1週間続いたが，ゴダールはそのフッテージとブラックパンサーをモデルにした黒人解放運動の一連の映像とのモンタージュを企てたわけである。と

はいえ，この映画のなかで登場人物たちによって朗読されるリロイ・ジョーンズや，エルドリッジ・クリーヴァーのテクストが，新曲の歌詞の各要素と，具体的に対応した関連を保っているわけではない。むしろ，そこには絶え間ないずれや，亀裂，ときには衝突さえ起きている。

　本作でのゴダールが，同時代の若者文化で流行していた大規模のコンサートを撮影したドキュメンタリーとは違い，観客不在の演奏としてのレコーディング作業を選んだことの意義は決して小さくない。当時は，大規模なロック・フェスティヴァルとコンサート・フィルムの相乗的な効果が顕著になった時代であった。D・A・ペネベイカー監督の『アット・ザ・モントレー・ポップ・フェスティヴァル』における67年のジミー・ヘンドリックス，マイケル・ウォドレー監督の『ウッドストック』における40万人が参加した記念碑的な69年の野外音楽祭，ソール・スイマー監督の『バングラデシュのコンサート』で71年にマディソン・スクエア・ガーデンに集まったジョージ・ハリソン，リンゴ・スター，ラヴィ・シャンカール，エリック・クラプトン，ボブ・ディランといったスターたちの演奏光景は，手を振り歓声を上げる大観衆の映像としばしばモンタージュされることによって，ミュージシャンと会場の一体感を演出するというスタイルを定着させたのである。

　前節でとりあげたインタビューのなかで，ストローブは「この映画のひとつの魅力は，音楽を作りだしつつある人々を提示しつつ，キャメラの前で現実に或る仕事を達成する人々を提示するという点にあります」[47]と語っていた。もっとも，『年代記』には作曲以外の演奏の場面だけではなく，学校での仕事や同僚との会話，さらにバッハ家での日常生活（書簡を書いたり，従兄弟から葡萄酒がとどけられるなど）のように，さまざまな場面がふくまれている。これに対してゴダールは，ローリング・ストーンズのメンバーを，各自がパーティションで仕切られ，ヘッドフォンの返しを頼りに孤独な録音作業を行う労働者として撮影しているという意味において，ストローブ的な理念をさらに先鋭化，過激化していると考えられる。

音楽活動としてのレコーディングの重視という点からすれば、さきほど言及したG・グールドが1964年4月の演奏会を最後にスタジオ活動に専念することになったり、ザ・ビートルズが65年のサンフランシスコ公演以降は『サージェント・ペパーズ・ロンリー・ハーツ・クラブ・バンド』のようなスタジオワーク中心の活動形式にシフトしていったのもこの時期のことである。グールドは1966年の論文で開口一番に、「われわれが今日知っているような公開コンサートは、一世紀も経てばもはや姿を消してしまっているだろう」[48]と宣言していたし、そのようなスタジオ活動を積んだ晩年には、ジム・エイキンによるインタビューに答えて、「次第に、私はレコーディングを映画のプロセスと同じように考えるようになってきました」[49]と語ることになるだろう。いわゆる「通し」とか「一発録り」と呼ばれているような方式ではなく、断片的に収録されたテープのモンタージュから作品を組み立てる創造的な可能性のほうが、ライヴ録音の連続性よりも重要になるのである。

オリンピック・スタジオで撮影された「悪魔を憐れむ歌」のフッテージのほかに、ゴダールが映画のなかで映像的なリミックスの素材として使っているのは、やはりロンドンで撮影されたつぎの4つの系列である。

(a) 鉄橋のたもとで廃車場をアジトにしている黒人たち革命集団の活動

(b) 森の中を歩きながらインタビューを受ける、東欧風の農民服を着たアンヌ・ヴィアゼムスキー

(c) 扇情的なグラビア雑誌の書店の店員と客たち

(d) 都市のさまざまな場所に政治的なメッセージを落書してまわるアンヌ・ヴィアゼムスキー

これらの映像は個別に撮影されており、レコーディング・スタジオのミキシングのように、原則として互いに交わることのない一種のマルチ・トラック化が試みられている。さらに、これらすべての系列に遍在するオフ・ヴォイスがあることを忘れてはならない。歴史上の政治家とおなじ名前を持った登場人物たちが活躍する、ポルノグラフィックな通俗冒険小説を、ショーン・リンチがページ数とともに朗読するナレーションのことである。だが、

そのナレーターにしたところで，映画全体の主導権を握っているわけではなく，ラストシーンになると自らの朗読していた「政治的西部劇」にうんざりしてきたと言い出し，浜辺のロケを傍観しながら，「あのクレイジーな連中は何をしているのか，映画を撮っているのか？」と自問するのである。

　一方，その浜辺には，アンヌ・ヴィアゼムスキーを追いかけて黒人の過激派たちが登場するので，さきほどの (a) と (b) の 2 系列がラストシーンにおいてミックスダウンされたかたちになっている。ヴィアゼムスキーは (b) 森の中でインタビューを受けていたとき，自らの名が「イヴ」，姓が「デモクラシー」であることを告げているが，彼女が2015年に発表した小説『一年後』によると，このネーミングには監督の明確な意図があったことがわかる。

　　　わたしが彼〔ゴダール〕に，飛行機のなかで，これは何についての映画
　　　なのとたずねると，彼は前にも私に言ったことのあるこんな言葉で答え
　　　た，「デモクラシーっていうのは，ゆっくりと死ぬことなのさ」，そして
　　　こう付け加えた，「きみはアレゴリーを演じることになるんだ，イヴ・
　　　デモクラシーっていう役をね」[50]。

「イヴ」は共和国における「マリアンヌ」のような擬人化の次元に属しており，ストーンズの歌詞のなかで "Hope you guess my name"（「わたしの名前を御存じか」）と繰り返す男性の悪魔——人々を堕落させ，争いの種をまき，民主主義の象徴であった米大統領一家に死をもたらした——と対になる寓意的な存在である。彼女はアイロニカルにも「ゆっくりと死ぬこと」を宿命づけられているが，その最期は映画史的にあまりにも有名だろう。銃弾に倒れて血を流しているヒロインは撮影用のクレーンに載せられ，青空のなかに高々と掲げられるのだ。ちなみに，このとき初夏の浜辺でレインコートを着て，彼女に駆け寄ってくる人物が，監督のゴダール本人である。「ラストで，連中はイヴ・デモクラシーを処刑した。ジャン＝リュック自身もカメラの視野に入ってきた，そして，もうずっと手放さなくなっていた帽子をか

ぶったまま，わたしに血糊をかけた」[51]とかつての女優は書いている。

　ゴダールのカメオ出演は，映画への自らの身体を使った署名にひとしい行為だろう。アントワーヌ・ド・ベックによれば，こうした身体的刻印は，「ヌーヴェル・ヴァーグを形成している批評家たちの主要な理論的発想，つまり，『作家主義』を体現しようとする欲望に属している」[52]。そして，この政治的トラックへの署名行為と独立して拮抗しているのが，その直前に置かれていたスタジオ収録の最終シーンであり，そこでのミュージシャンたちのいわば熱量の無償の高揚とでもいうべきものであったはずだ。約8分間のそのシークエンス・ショットでは，車座になった5人が，もはやモニターのためのヘッドフォンもつけず，ひたすらE／E／A7／B／A7／Bという循環コードのセッションを反復しながら，「歌」のないジャム・セッションを続けている。これは彼らが映画の冒頭の「歌」のあるテイクから通過してきた，音楽生産の終わりなき過程のひとつなのだ。

　しかし，クランクアップした映画のプレミア公開が68年11月29日に行われたとき，会場のロンドン・ナショナル・フィルム・シアターで上映されたのは，プロデューサーのイアン・クオリアーが独自に編集したヴァージョンであった。彼は映画のタイトルまで『シンパシー・フォー・ザ・デヴィル』と改題しており，激怒したゴダールが会場で「ファシストめ！」と叫び，入場料を回収してエルドリッジ・クリーヴァー基金に募金するよう言ったという顛末が，メイキング・フィルムの冒頭で紹介されている。リチャード・モーダントはその『ヴォイシズ』(*Voices*, 1968年)[53]の冒頭で，ゴダール本人が英語によるインタビューで，「僕が声を無くしたのは，それを盗まれたからだ」と語っている場面を撮影している。両者のヴァージョンの相違点として特に致命的なのが，いま触れたラストの2つのシーンにまたがる改竄であり，これを順次，検討していくことにしよう。

　（1）まず「社会の変革」と題されたシーンにおいては，オリジナル版では，ストーンズのジャム・セッションをカメラが時計回りにパンしながら撮影していき，いったん停止したあと，今度は反対回りに移動していく。パーティ

ションの裏側にまわり，さらにパンしていったカメラは，床に座っている
ミック・ジャガーの背中を真後ろから捉える位置でふたたび停止する。セッ
ションはやがて頂点を迎えたあと自然に終了するが，これが映画開始から約
1時間35分が経過したあたりである。まもなくスタジオには沈黙がたちこめ
るが，そこへ茶色いスーツ姿の男性が現れて，メンバーにコーヒーと煙草を
差し入れる。

　このあと，高揚の余韻のようにして，ギターがジャジーなフレーズを手癖
で弾いたり，ドラマーがスティックを打ち合わせたりしているが，それも単
発的，断片的な演奏にとどまっており，曲としてのテクスチュアはほどけた
ままになる。そこで画面には，五月危機のスローガンをふまえた「石ころの
下には砂浜」(UNDER THE STONES THE BEACH) というタイトルが提
示される。残響のように切れ切れに漂う音楽は，オフ・シーンのかたちで浜
辺の場面に受け継がれ，「政治的西部劇」を朗読するナレーションによって
かき消される。

　これに対して，クオリアー版では，カメラがスタジオ内を反時計回りにパ
ンしていったとき，ベヒシュタイン製のアップライトの後ろに立っている女
性が拍子をとっている様子が映し出されたあたりで，同時録音の音がシング
ルの完成版の音源のイントロに切り替えられている。メンバーの姿が死角に
なっているにもかかわらず，唐突に音像のクリアーなトラックが始まる違和
感もさることながら，そのままパンしてきたカメラのフレームに，休憩して
いるメンバーたちが映っている間，新曲のワン・コーラス目が始まるのは理
解しがたい編集である。活性化していく音楽と沈静化していく映像のあいだ
には，大きく断層が開いた状態になってしまうのだ。

　この編集が外在的，非本質的である理由は，明白である。ゴダール版の『ワ
ン・プラス・ワン』においては，ストーンズの映っている画面に，彼らの演
奏する音楽が流れるときは，同時録音の原則がそのシーンまで貫徹されてき
たからである。たとえば，スタジオ内で持続している演奏の映像にたいし，
比較的短時間の (d) の映像が挿入されて，その流れが寸断されることは何度

かあるし，ショーン・リンチによるオフのナレーションがかぶせられること
によって，演奏されている音楽が遮断されることさえある。だが，スタジオ
で音楽を生産している労働の主体が可視化されているとき，そこでサウンド
トラックに使われている音楽はつねに，まさしくその映像化した主体によっ
て生産されつつある音楽なのだ。

　この視聴覚的な同時性を，ミシェル・シオンのいう「音像結合」(syn-
chrèse)[54]という用語によって考えてみよう。この用語は，決められた時刻
に起きる音響現象と視覚現象とのあいだで，単にそれらが同時であるという
理由のみに基づいて，それらの見た目の「本当らしさ」とは無関係に生ずる，
心的－生理学的な自働的結合を指すものである。このように定義された「音
像結合」のもとでは，「あらゆるものは音楽の楽器となることができ，リズ
ムは音を鳴らすどんな物体＝身体 corps にも適用することができる」[55]。画
面上の運動する対象物が音楽と同期しあうときには，ディズニーのアニメの
ように本来なら非－演奏者，非－楽器とみなされていたはずの家具や野菜で
さえ，同時性の効果において生き生きとした演奏者となり楽器となりうるの
である。

　ところが，クオリアー版の「社会の変革」シーンにおいてなされているの
は，ミュージシャンたちが過去において生産した音楽を，その生産に従事し
なくなった時点で非同期的に結合させようとした，いささか強引な編集であ
る。というのも，カメラがアップライトの背後の女性からミックの背中の位
置にまわってきた後では，完成版がいかに生き生きとしたシャウトや南米系
のリズムを響かせていても，それが映像と自働的に結合して心的－生理学的
な躍動感の効果を生むには至らないからである。

　音楽の面で言えば，「ヴァース」verse のスリー・コードによる進行（E／
D／A／E）は，それ以降ロックの古典的なフォーマットになるシンプルで
骨太のものである。基本はエイトビートだが，コンガやマラカスなどによっ
てリズムが細分化されているおかげで，無意識的にかかっているシャッフル
が，独特の祝祭的なグルーヴ感を生み出している。これは，たとえば，同パ

ターンのコード進行によるヴァースで始まるレディ・ガガの「ボーン・ディス・ウェイ」（キーはEからG♭に変更されているが）と比較してみれば、後者のいわゆる「タテノリ」とまったく異質なうねりのあることがわかるだろう。

　他方、映像の面においては、まずミックが打楽器を叩いていた手を止める。ついで、キース・リチャーズもドリンクをあおると、ギターを両手で抱えこんでしまう。そこへスーツの男性が差し入れを持ってくるので、ドラムのチャーリー・ワッツも煙草を受け取り、ゆったりと紫煙をくゆらせはじめる。音声トラックの波動が高まっていくのに対し、画面の映像の身体は弛緩していくのである。音楽はその生産者たちの映像に帰着されているにもかかわらず、時間的な断層が開いているせいで、まるで地球の裏側から生中継される音声が画像とずれてしまうかのような印象を生みかねない。クオリアー版で付加された音源は、あくまでもメンバーの耳には聞こえていないオフの音楽として、つまり、メタレベルにおいてプロデューサーだけに聞こえる商品としてのシングルが、フィルムに貼り付けられているだけなのだ。ここでは映画は、当初は混沌としていたものの最後にきてようやく完成した新曲が提示されるという物語的な構図に落とし込まれている。

　（２）ついで、「石ころの下には砂浜」のシーンが始まるが、オリジナル版では、海にむかって疾走してくるアンヌ・ヴィアゼムスキーたちを、画面の左から右へとドリーによって移動するカメラが追いかけ、最終的にはクレーン「サム・マイティ」が撮影のための視点としてではなく、被写体のほうの彼女の身体を上昇させるという前代未聞の演出がなされている。その間のサウンド・トラックは、部分的なテイクの音源（ギターとハモンドオルガン）と、ショーン・リンチのナレーションとの交錯である。クレーンが上昇した時点で流れるギター・ソロには一種の解放感がないわけではないが、分解されたテクスチュアが完成版からほど遠いことにかわりはない。と、画面は唐突に暗転し、あれだけ自由奔放に４つのトラックをミックスしていた視力がいっせいに喪失する。ハモンドオルガンとドラムだけが短く挿入され、沈黙

した黒画面を背景にクレジットが流れるが，いっさい歌詞のテクストは歌われず，完成版はその片鱗も聞かれないままに，ゴダールはぶっきらぼうに映画を終えている。

しかし，クオリアー版においては，まさに彼女に駆け寄ったゴダールが赤色の液体をふりかけた瞬間，「悪魔を憐れむ歌」の完成版のクリアーな音源が，マリアンヌ・フェイスフルたちによるバック・コーラスの箇所からふたたびフェードインされる。「すべて時間の無駄だった。混沌から逃れなければ」というナレーションの間だけ，音楽のヴォリュームはいったん低くなる。しかし，赤と黒の旗を風になびかせながら，「イヴ・デモクラシー」の身体がゆっくりと弧を描いて青空のなかに持ち上げられていくとき，リフレインの部分が歌われる。続けて，以下の歌詞のテクストがそのクレーンの映像に重ね合わされていく。

> 警官がみんな犯罪者なのとおなじで
> あらゆる罪人は聖人さ
> コインの裏と表みたいにね
> まあ，おれのことはルシファーとでも呼んでくれ
> なにしろ，おれは抑えつけておかないとやばいんだからな […]

このプロデューサー版では，音楽の歌詞が映像に意味づけをしているのではなく，反対に，映像がその歌詞の意味を視覚化させられ，解説させられていることに注意しよう。アドルノ的なメディア批判によるなら，こうした一連の演出が担っている役割は，「商業映画で映し出される自然の風景が果たしている，あの規格化された役割と同じもの」だろう。このクオリアー版から読み取られるのは，標題音楽としての「悪魔を憐れむ歌」が，既成の価値観の否定と破壊的な欲望の肯定という，いささか単純化された享楽的なメッセージを伝えるものであり，それをぜがひでもヌーヴェル・ヴァーグの監督の撮った映像と予定調和的に収束させようとする意志である。結果として，

アンヌ・ヴィアゼムスキーの映像は，コミュニズムとブラックパワーという「抑えつけておかないとやばい」ような悪魔的な革命勢力が，プチブルの自己欺瞞に満ちた「デモクラシー」を打倒し，供犠として天に捧げるという「キッチュ」なメッセージを視覚化する手段になっているのである。こうしてシングルの完成版がラストに流されることにより，終わりなき音楽生産には終止符が打たれ，映画は混沌をパッケージ化し終えるのだ。

　しかしながら，この映画が結末において「音楽」と「政治」を安直に同調させ相殺しあうことは，ゴダールが極力回避したかったことではないだろうか。すでにみたように，スタジオにおける音楽生産の系列は，（a）〜（d）の政治的な寓話のトラック群とは安易に交差したり融合したりすることはなく，監督がいくつかの章のタイトルとして示唆していたとおり——「光景と音響」（SIGHT AND SOUND）や，「1たす1は2」（1 PLUS 1 MAKES 2）——，自律性を保有しながら，エイゼンシュタイン的な意味での音と光のモンタージュを構成している。その意味においては，プロデューサーのクオリアーが，『ワン・プラス・ワン』というオリジナル・タイトルに代えて，『シンパシー・フォー・ザ・デヴィル』という曲名そのものを作品に冠したのは，二重の意味でゴダールの意図に反していると言わなくてはならない。

　まず，第1に，拮抗する「音楽」と「政治」の加算的な関係に代えて，曲名をタイトルにすることで，「音楽」だけをこの映画のテーマとして提示し，ストーンズ・ファンに強く訴えうるようにしたことである。このせいで，相互に自律していた双数的関係は崩され，このフィルム全体が一挙にストーンズの新曲のプロモーション・フィルムという性格を帯びることになった。すなわち，映画としての『シンパシー・フォー・ザ・デヴィル』を，同名のシングルが完成するまでの貴重な共同作業（たとえば，1年後に他界するブライアン・ジョーンズの映像をふくむ）の一部始終を記録保存したマニア垂涎の的とするために，難解な政治的ディスクールや，露悪趣味的なポルノグラフィやナチズムへの参照は，同時代のアンダーグラウンド・カルチャーを例示する「空気」として，スターたちの背後に後退させられるのである。

第2に，このタイトルは，意味の地平を振り切って上昇しようとするクレーンの映像に，音楽の歌詞を結合することを正当化することによって，「政治」と「音楽」とのこの「音像結合」が，エンディングであればこそ許されるという「機械仕掛けの神」のごとき解決にすぎないことを隠蔽してしまう。こうして捏造されたショットは，ストローブ＝ユイレのカンタータのショットとは異なり，「デクパージュを書くとき，完全に空っぽになるであろうフレームを見出すこと」どころか，「政治」と「音楽」のあいだの間隙を媒介しようとする文化産業的な意志の産物なのである。

　したがって，ゴダール版からクオリアー版にかけて，私たちは大量消費文化的なミュージック・ヴィデオの誕生を目撃していたことになる。その系譜の近年における後裔にあたるのが，たとえば「ファットボーイ・スリム」ことノーマン・クックのリミックスしたトラックを，ミック・ゴッハナー監督が映像化したヴァージョンであろう（Mick Gochanour, 2003年）。こうしたMTV時代のマルチモダリティー的実践について語るには，また稿を改める必要があるだろうし，おそらくそのおりには，ゴダール＝ミエヴィル・プラス・ストローブ＝ユイレについて考えることが要請されるにちがいない。この映画から約20年後に，ゴダールは『右側に気をつけろ』において，「捨子」と「私生児」を第3のトラックにおいて遭遇させるという離れ業をやってのけることになるのである。

　ともあれ，ジガ・ヴェルトフ集団の前夜のゴダールは，標題音楽としてメッセージ性を帯びやすいこのナンバーが，あたかも絶対音楽であるかのようにして，その産出される労働過程を視聴覚映像化することを選んだのだった。『ワン・プラス・ワン』では，音楽と政治のあいだにどちらか一方による他方の領土化（芸術至上主義あるいは革命主義）もなければ，弁証法的な止揚すらもない。ストローブ＝ユイレもゴダールも，観客が音楽という労働だけを追いかけられるように，ドキュメンタリー的な同時録音の原則を持ち込んだわけだが，とりもなおさずそれは「コインの裏と表」のように，観客が映画鑑賞という経験一般において，しばしば物語的意味づけによる解決を

第1章　ストローブ＝ユイレ・プラス・ゴダール　29

見出そうとしてしまうという，悪魔的な誘惑に屈しやすいことを証明してい
る。

　「雑種的形態」（M・ロベール）を生み出し続けるシネアストはと言えば，
1987年にふたたびドキュメンタリーについてこう語ることになるだろう。
「映画が失ったものはドキュメンタリーなのです。テレビはドキュメンタ
リーを背徳的な形のフィクションにしたままです。私が教師だとすれば，映
画はドキュメンタリーという概念とともに始まった，というでしょう。メリ
エスやリュミエールとともにです。彼らはそれぞれ相手のしたことを，自分
がしたと思い込んでいました」[56]。『ワン・プラス・ワン』における「ルシ
ファー」と「イヴ・デモクラシー」は，それぞれ相手のことを自らの境涯だ
と思い込んでいる「捨子」と「私生児」の異父兄妹なのである。


〔注〕

1 ）Jean-Luc Godard, *Jean-Luc Godard par Jean-Luc Godard*, édition établie par Alain Bergala, tome I, Cahiers du cinéma, 1998, p. 282.

2 ）*Ibid.*

3 ）Marthe Robert, *Roman des origines et origines du roman*, Éditions Bernard Grasset, 1972 ; Gallimard, collection "Tel" (No. 13), 1990, p. 357.

4 ）ジークムント・フロイト，「神経病者の家族小説」[1909]，『エロス論集』所収，中山元編訳，ちくま学芸文庫，1997年，223-230頁。

5 ）Robert, *op. cit.*, p. 75.

6 ）Jean-Luc Godard, *Jean-Luc Godard par Jean-Luc Godard*, édition établie par Alain Bergala, tome II, Cahiers du cinéma, 1998, p. 123.

7 ）*Ibid.*

8 ）Th.W. アドルノ，「テレヴィジョンの音楽は鳴り物入りの空騒ぎ」[1968]，『アドルノ音楽・メディア論集』，渡辺裕編，村田公一ほか訳，平凡社，2002年，310頁。

9 ）前掲書，308頁。

10）前掲書，310頁。

11）同上。

12）同上。

13）前掲書，311頁。

14）前掲書，312頁。

15) 同上。

16) 前掲書, 316頁。

17) 同上。

18) 前掲書, 313頁。

19) 前掲書, 319頁。

20) 前掲書, 325頁。

21) 同上。

22) Th.W. アドルノ, 「専門馬鹿が質問に答える」[1968], 前掲書, 330頁。

23) 同上。

24) 同上。

25) 同上。

26) 前掲書, 309頁。

27) 前掲書, 317頁。

28) 前掲書, 318頁。

29) Eduard Hanslick, *The beautiful in music : A contribution to the revisal of musical aesthetics*. [1885], 7 th ed, translated by Gustave Cohen, Da Capo Press, 1974, p. 70.

30) グレン・グールド, 「《きっと何かほかにある》」[1969] 1969, ティム・ペイジ編『グレン・グールド著作集　2』, 野水瑞穂訳, みすず書房, 1990年, 195頁。

31) 前掲書, 196頁。

32) 前掲書, 201頁。

33) 同上。

34) 同上。

35) Esther Meynell, *The little chronicle of Magdalena Bach*, London : Chatto & Windus, 1925 183p. ; Garden City, N.Y. : Doubleday, Page & Co., 1925. 詳細は以下の文献を参照のこと。Ben Winters , *Music, Performance, and the Realities of Film: Shared Concert Experiences in Screen Fiction*, Routledge, 2014, p. 33.

36) アンナ・マグダレーナ・バッハ, 『バッハの思い出』, 山下肇訳, 講談社学術文庫, 1997年。

37) J.-M. Straub, « Le Bachfilm », in *Filmkritik*, vol. 10, No. 11 (1966) ; *Cahiers du cinéma*, No. 193, septembre 1967. 邦訳はジャン＝マリ・ストローブ「バッハ映画」, 細川晋訳, DVD『アンナ・マグダレーナ・バッハの年代記』解説書に収録, 紀伊国屋書店, 2002年, 12頁。

38) ストローブ, 前掲書, 13頁。

39) 同上。

40) Michel Chion, *Un art sonore, le cinéma*, Cahiers du cinéma, 2003, pp. 365-366.

41) ストローブ, 前掲書, 12頁。

第1章　ストローブ゠ユイレ・プラス・ゴダール　　31

42）同上。

43）前掲書，14頁。

44）前掲書，11頁。当初は「（ほぼ唯一の例外を除き）」と保留されていた「例外」は，実際の撮影時には回避できたことが，後にユイレによる脚注で追記されている。

45）前掲書，16頁。

46）Stephen Rose in *The Worlds of Johann Sebastian Bach*, Raymond Erickson (ed.), Amadeus Press, 2009, p. 181.

47）ストローブ，前掲書，11頁。

48）グレン・グールド，「レコーディングの将来」，前掲書，139頁。

49）グレン・グールド，「グレン・グールド　ピアノを語る」，『ピアノの本』，木村博江訳，1980年11月号，日本楽器，17頁。

50）Anne Wiazemsky, *Un an après*, Gallimard, 2015, p. 158. なお彼女の訃報（2017年10月5日）に接したのは，おりしも拙稿の校正中のことであった。ささやかながらここに哀悼の意を表したい。

51）*Ibid*., p. 160.

52）Antoine de Baecque, « Le corps au cinéma », dans Alain Corbin et al. (dr.), *Histoire du corps 3 : Les mutations du regard. Le XXe siècle*, volume dirigé par Jean-Jacques Courtine, Seuil, 2006, p. 386.

53）このメイキング・フィルムは『ワン・プラス・ワン』（キングレコード，KIBF372）の DVD に特典映像として収録されている。

54）Michel Chion, *La musique au cinéma*, Fayard, 1995, p. 95.

55）*Ibid*.

56）ジャン゠リュック・ゴダール，「ABCD…JLG（ゴダール　インタヴュー　その2）」（細川晋訳），細川晋監修，『ジャン゠リュック・ゴダール』（改訂第二版），エスクァイア・マガジン，2003年，201頁。

# 第2章

## ドキュメンタリーとフィクションのはざまで
―― 『アクト・オブ・キリング』と『ジェイコブズ・ラダー』におけるリアリティ

### 上原 正博

## 1．はじめに

　ドキュメンタリー映画は真実を映していると言えるだろうか。これは立ち位置によってさまざまな議論を呼ぶような難しい課題であるけれども，おそらく真実たりうるとひとまず言うことができるだろう。しかしながら，真実を映し出す映像メディアは必ずしもドキュメンタリーに限られることではない。いわゆるエンターテインメントを目的としたフィクション映画であっても真実が含まれることがありうるだろう。このように述べるのも，その前提としてドキュメンタリー映画が事実を記録したものであるという定義的概念を認めるとしても，そこには，エンターテインメントを主意としたフィクション映画とは異なって，真実が映し出されているはずだという意識――フィクションは現実世界に現物としての指示対象（リファレント）がないという点においてリアルでないという考え――が，われわれにまといついているように思われるからである。だが，そのようなナイーブな考えは，懐疑的であることを超えて，すでに否定的に見られてきていることは論を俟たないと思われる。たとえば，ドキュメンタリー映画監督であり批評家でもある佐藤真の言葉を借りるならば，「あらゆる映画は本質的にフィクションなのである」[1]わけであり，ドキュメンタリーを標榜しようともフィクションとラベル貼りされようとも，フィクションであることにちがいないからである。

とはいえ，この見解において意味されている（意識されている）ことにもさしあたって再検討は要求されることだろう。これについては次節において触れることにする。

さて本論の目指すところは，ドキュメンタリー映画のフィクション性と真実性という課題を検討し，そしてその考察のもとに，さらにはフィクションとされるエンターテインメント系の映像作品にも真実性があることを考察することにある。それに合わせて，本論は主に 3 つのパートに分けて議論を進めていく。次節では，まず議論を進めていくうえで，あらためて記録映画や記録映像（いわゆるスチール写真といった映像も含む）と呼ばれるものの性質をいま一度確認しておきたい。というのも，本論はドキュメンタリー映画のフィクション性を批判することを目的としているわけではなく，フィクションにおける真実性の可能性を探ることに主眼をおいているからであり，そのためには，写実映像という手段について考察しておく必要があると感じるからである。すべてとは言えないまでもドキュメンタリー映画のフィクション性の確認——このことが他の研究書や一般的理解の屋上屋を架すことの愚になるかもしれないことを承知——したうえで，映像に関しての考察から始めていく。その考察のあとに，本論の対象とする映像作品，ドキュメンタリー映画とされる『アクト・オブ・キリング』を第 3 節において，そしてエンターテインメントとして製作されたフィクション映画『ジェイコブズ・ラダー』を第 4 節において考察していくこととする。

## 2．映像記録のフィクション性とリアリズムの問題

前節においてドキュメンタリー映画が事実を記録したものであるという概念に触れ，佐藤真の言葉を引いて，「あらゆる映画は本質的にフィクションなの」だとの見解を提示したが，まずはそれに関してもう少し検討を加えておかなくてはならない。このような見解がクリシェとして独り歩きする前に，きちんと整理しておく必要がある。

第2章　ドキュメンタリーとフィクションのはざまで　　35

　ドキュメンタリー映画とフィクション映画との違いははっきりとしている。それは，ドキュメンタリー映画が事実を写しているのに対して，フィクション映画は事実を写し取ってはいないという前提に求められる。では，ドキュメンタリー映画が事実を写し取っているという根拠は何か。それは前節でも触れたように，一つには，映像によって指示されている対象が現実にあるかないかといった対象側の問題と，写す側（手段も含む）の問題とに分けて考えることができる。対象となるものがリアルかリアルでないか。リアルであったとしても，具体的な現物（指示対象）として存在するのか存在しないのかということ，また，出来事性に鑑みたとき，現実に起こった出来事なのか，起こった出来事であるなら，それはやり直しやくり返しのきかない一回性のものを写しているのかという点にあると思われる。加えて，被写体（対象）が，不動と考えられる（静物）か，動きがある（生物）かによっての相違，またさらに細かく考えるなら，被写体がカメラを意識するものか，しないもの（無関心）か，という区別が可能になるだろう。そして，被写体の意識は，演技／自然体といった区別にも連続する。

　一方，写す側の問題としては，写す側の意図（意匠）が関わるか否かといった点が挙げられる。しかし，フィルム映像に関する写実性の問題は，むしろ，その模写の媒体（プロセス）が機械を用いてなされるという点に求められるだろう。機械や科学（化学）技術によるプロセスは，単なる手動による模写とは異なり，実写的記録性が増すことになる。とはいえ，それがまったく科学的かというとそうでもない部分もある。たとえば，映画とはコマ撮りした静止画が連続して映し出されることによって動きがあるように伝えられる装置であるが，フィルム映画の場合，それらの静止画がブランクを挟んで一定の速度でスクリーンに照射されることで動画となる。それは眼の錯覚を利用して動きを再生する方式である。錯覚によって結びつけられる動画がはたしてリアルなのかどうかは議論となるべき課題だろう。とまれ，錯覚による動画の写実性はあらためて別のところで論じるとして，ここではコマ撮りの静止画像に近似していると思われる写真に焦点をあてて，写実性の問題に触れ

ておくことにとどめたい。

　さて，ここで機械（カメラ）を媒体とする写真に焦点を絞るのは，フィクション性といった問題について機械技術への信頼がその記録性への信頼を保証しているかのような前提によって，ドキュメンタリー映像とフィクション映像との違いの根拠にされていると分類してきたからだが，はたしてそのような思考は，ある写真家によっていとも簡単に否定されてしまう。死後にまとめられたエッセイ集『死ぬことと生きること』のなかで，土門拳は次のように述べている。

　　カメラのシャッターを押せば写真は写る。従って，写真としては記録性が大事だとよく言われる。しかし押せば写ることは当然だし，記録性というものが無視されて写真というものはできないのであるから，いまさら記録性を重要視することは必要ない。記録されたものが写真であるが，その記録ということが問題でなしに，記録されたあとの写真が問題なわけである。写真をやる以上，写真の記録性なんていうことは当然な話なのである。それよりも写真の写真性ということが一番問題である。

　　従って，写真は記録であると認識することは間違いとはいえなくても，それは決して大事な要素ではない。どんな写真だって，大きな象を実物大には写しはしない。文字通りの記録ではない。従って記録性といっても，実物らしいということは決して厳密なものじゃない。あくまでも人間の主観を通して認識される。また再現された人間の世界のものである。しかし決してメカニックな，物理的な作用に反するものでは決してない。つまり人間の主体性のもとに，統率のもとに再現再生された世界だと言える。[2]

　つまり，土門にとって写真とは「あくまでも人間の主観を通して認識される。また再現された人間の世界のもの」であり，「決してメカニックな，物理的な作用に反するものでは決してない。つまり人間の主体性のもとに，統

率のもとに再現再生された世界」であるという。カメラ（機械）を用いた模写が決して科学的でないということを土門は否定していない。しかし、そのような信奉に対する疑問は、写す側の彼の念頭に常におかれていた。

　　写真の科学性をもって、精密に記録描写をする機能だけを利用するものが、写真だという考えは、根本的に変えなければならない。ぼくの室生寺の写真も、そこにある室生寺をそのまま撮ったというものではない。ぼくの主観において室生寺という主体をはっきり認識し、それをどう表現するかということは、ぼくの意思によって決定したわけであって、決してそこにその室生寺そのままを記録したわけではない。広義な意味での記録ではあるけれども、室生寺というモチーフを使ってぼくがそれを写真にした。従って、写真は記録であるということは写真の当り前のことであって、重要な要素とはならない。単なる記録でなしに、自分がとらえたものが写真である。従って室生寺は変らないが、それを写真に撮った場合、一人一人が全部ちがう室生寺を表現する。もし記録ということを言うならば、同じときに同じ場所から撮った室生寺は全部同じなはずである。[3]

記録として撮影したものでさえ、一つとして同じものはない。土門は言葉にしてはいないけれども、それは一回性の出来事としての認識でもあるだろう。それは次のような思考と態度にも明らかである。

　　写真の機械性というものは、実物を抽象して決定し支配している。文学でも、単に文字を並べただけで文学とは言えない。そこには自分の主観を通して、その文字をいかにつづり合わすかが問題である。写真の場合も絵の場合も、あるいは文学も音楽もことごとくそれと同じことが言える。従って写真の記録性ということだけを一生懸命使っていくか、あるいは写真のもつ記録性を極力限定し、なるべく踏みつぶしていくかと

いう態度が出てくるわけだが，ぼくは絶対後者でなければならないと思う。4)

このような点において，対象（被写体）に向かう際における土門拳の倫理性が窺える。その態度は土門のリアリズムに対する愛にほかならない。

　　リアリズム写真とは，真実を愛し，真実を表わし，真実を訴える写真である。
　　真実とは何か？　皆さんが一番間違い易いのは真実と事実を一しょくたに考えがちであることである。ぼくたちの周囲は無数，無限の事実に満ちている。事実は現象であり，現実である。それは皆さんには考えるまでもなく，すぐわかる。今，夜であるということは，事実ではあるが，真理とはいえない。その夜がぼくたちにとって，如何なる夜であるかということが具体的につかまれた時に，その夜が一つの真実を意味することとなるのである。つまり真実とはあくまでも歴史的であり，従ってまた，人間的なものである。5)

言うまでもないことだが，真実と事実とは異なる。土門の言葉を換言するなら，「真実とはあくまでも歴史的」であるとは，その事実に対して，ある文脈上の意味が付与されることであるだろう。「具体的につかまれた」見方が主観的なものであったとしても，あるいは，たとえ幻想として構築されたものであったとしても，共通の認識として共約的に通底しうる文脈のうえでの意味が与えられることを指している。「人間的なものである」という表現はきわめて曖昧でわかりにくいが，主観的であるということのほか，それゆえに，そこに抽出された「真実」には人間として過ちのありうること——もう少し突っ込んだ言い方をするなら，対象としての他者を侵犯し，傷つけてしまうかもしれないという人間の自己中心性（そして，それは愛と紙一重である）——を示していると考えられる。リアリズムとは単に文字どおりの事

実（言い換えるなら，実物大の事実）を映し出すことではない。土門によれば，リアリズムとは「真実を愛し，真実を表わし，真実を訴える」ものである。とすれば，映し出されるものが事実でない（実際に起こったそのものとしての出来事でない）としても，そこには「真実」があることを否定することにはならないだろう。

　こういった見解は，言語を媒体とする文学——それがフィクションであれノンフィクションであれ——についてこそ当てはまることであるという反論があると思われる。ことばを発する人間主体の感覚や感性によって選択され，表現される文字情報に，主観的な要素が入り込んでいないことを証明するのは難しい。そのような点から，機械としてのカメラを通したイメージ映像にはフィクション性がないかのように感じられるのかもしれない。だが，それは必ずしも絶対的なものではないのだ。

　さて，このように見てくると，カメラ（機械）の中立性——被写体とカメラとの間にはなんらの意図も入り込むことはないということ——は，リアリズムやリアルさの問題とは異なるものとして，ひとまず脇において考えてもよいと言えるかもしれない。つまり，写真のリアルなものへの切り込みは，カメラという媒体によらずともありうるということである。それはある意味，写真を撮る側もフィクション性を意識しているということでもあるだろう。とするならば，当初からリアリズムやドキュメンタリーを目指したものだけでなく，フィクションとして写されるものにおいてもリアルなものが刻み込まれていることの可能性，本論の目指すところで言うならエンターテインメント系の映像作品にも真実性への可能性があることとなる[6]。

　以下，第3節と第4節で採り上げる作品は，それぞれ異なるジャンルに分類されながら，いずれもフィクション性を持ちつつ，リアリティの刻み込まれたものの例として挙げるものである。いずれもリアリティとフィクションのはざまでゆらぎつつも，ある真実性を表出していることを以下に論じていくが，それはドキュメンタリーとフィクションのはざまのゆらぎの考察にもつながることだろう。

## 3.『アクト・オブ・キリング（*The Act of Killing*）』（2012年）

　『アクト・オブ・キリング』[7]は，50年ほど前にインドネシアで起きた自国民に対する虐殺事件とその関係者の行方を追ったドキュメンタリー映画である。その特異な点は，ドキュメンタリーでありながらも，フィクションの要素を大いに含んでいるところだろう。表題にある「アクト（Act）」には，「行為」という意味と同時に「演技」という意味が込められているのは明らかである[8]。この映画で焦点の当てられるアンクル・コンゴはプルマンと呼ばれるやくざ者であり，かつてインドネシア・北スマトラの共産主義者やそのシンパたちを殺害していった者たちの一人として住民に恐れられている[9]。この作品では，アンクルたちが当時の出来事を再現するように映画の撮影に参加している様が映し出される。ドキュメンタリーとして本作品がユニークなものとなっているのは，そこに登場する人物たちが，映画の題材となっている虐殺事件が実際に起こった事実であることを「知っている」と前提されているところである。そして，それを承知したうえで，彼らがみな，その事件を再び演じているという点だろう。自分たちの「行い」の「再現」（それが「演技」にもなっている）と，それを撮影した映像の再生をチェックするアンクルには，表面上は贖罪や鎮魂といった態度は見られず，自分たちの行為を肯定的・賛美的に撮影・製作していく様が描かれている。

　まず，この事件の背景について事実関係を確認しておきたい。この事件に関する報告や研究は数多く刊行されているので，文字情報において事件の壮絶さを想像することができる。それらを参照するだけでも十分であると思われるが，その背景を少しでも理解しているほうが，映像による報告を理解するうえでの準備ともなるであろうし，記号としての映像のより大きいインパクトを検討するうえで有益であろうと思われるからである。参考図書として，新しい研究成果である2014年刊行の倉沢愛子『9・30 世界を震撼させた日』を参照し，それに依拠するかたちで事実関係を素描しておきたい。

第2章　ドキュメンタリーとフィクションのはざまで　41

「9・30事件」とは，スカルノ大統領政権下において，「1965年9月30日の深夜から翌朝にかけて，　ウントゥン中佐に率いられた大統領親衛隊 (Cakrabirawa) が，七人の陸軍将軍の家を襲い，そのうち六人と居合わせた一人の中尉を現場で射殺したり，あるいは拉致後殺害したクーデター未遂事件」とされる[10]。この日付の事件だけを眺めるなら，「これは国軍の一部による『クーデター未遂事件』であり，国軍の別の部隊による反乱軍鎮圧で解決したかのようにみえる」だろう[11]。しかし倉沢によれば，事件はこれで終わったわけではなかった。この事件は「二つのクーデターから成り立っている」と言われており，一つは上に挙げた「将軍たちの殺害・拉致事件であり，もう一つは，それを粉砕し，しかるのちに，第一のクーデターの首謀者だと名指しされた PKI を擁護したとしてスカルノ大統領を退陣へとおいやった1966年3月11日のクーデター」[12]とされる[13]。スカルノは，反帝国主義・反植民地主義を掲げ，宗主国であったオランダからの完全なる独立を達成しようとし，また第二次世界大戦後に展開された新植民地主義との闘争を続けていたのだが，この二つのクーデターの後に失脚し，国際政治だけでなく国内政治の舞台からも退陣させられてしまうことになる。その背景には，スカルノ政権の「左傾化」があったと説明されている。

　この「左傾化」にいたる国際政治的な要因については，詳細に調査している他の研究書を参照してもらうこととするが，簡略に述べるなら，旧植民地であった他地域の独立に絡む国際的な問題や国内産業の国営化政策などによって西欧諸国との関係が悪化していくなかで，外交的に孤立するようになったスカルノ政権が，冷戦下の国際的政治状況において中国に接近していったということのようである[14]。

　さて，第二次世界大戦後，冷戦はアジア諸国にまで拡がりをみせており，「インドネシアとほぼ時を同じくして1945年9月に独立を宣言したヴェトナムでは，共産主義者ホ・チ・ミンが北部に社会主義政権を樹立し，フランスとの間に猛烈な独立戦争を展開していた。1948年9月には朝鮮民主主義人民共和国（北朝鮮）が成立，同じ月にはソ連が原爆を保有，1949年10月1日に

は中華人民共和国が成立」していた[15]。インドネシア国内においても，PKI（インドネシア共産党 Partai Komunis Indonesia）が合法的に力を伸ばし，1948年9月に東ジャワにて武装蜂起を起こすなど活発に活動していたということである[16]。PKIは「中国共産党に次いでアジアで二番目に大きな共産党」であり，「既存の労働者組織や農民戦線などの大衆組織を系列下におくようになったため，非常に大きな大衆動員力をもっていた」[17]。そういった土壌もあって，スカルノ大統領の左傾化は，アジアの共産化を望まない勢力によって好ましくないものと映ったのである。

　共産主義の台頭と，そのさなかでのスカルノ大統領の失脚は，共産主義的な思想や運動の抑制を目的として，共産主義者，とりわけPKIの党員などの虐殺へとつながっていくことになる。倉沢によれば，「9・30事件は，その真相がどうであれ，基本的には，そのようなPKIと国軍の対立，すなわちナサコム体制の矛盾という現実から始まり，最後の段階ではナショナリスト（＝PNI）も巻き込んで『PKIの打倒』という目的に沿って進んでいったものである」[18]とまとめられる[19]。

　このようななかで『アクト・オブ・キリング』で再現される虐殺事件が起こることになる。その舞台となった北スマトラの主要都市メダンでの事件は，犠牲者が「少なくとも50万人，一説によると100万人から200万人ともいわれる」インドネシア広域で行われた集団殺戮のほんの一部にすぎない[20]。倉沢の著作（第6章）では，広い国土を持つインドネシアの各地（東部ジャワ，中部ジャワ，バリ）で起きた虐殺事件の背景が描かれているが，各地において虐殺への動機や対象に多少の相違があるものの，共通する点として「多くの場合同じ地域に住む反共主義の一般住民たち」が殺害者となっていることが挙げられる[21]。その他に，巧みなメディア操作があり，共産主義者の人格に関する誹謗・中傷に加え，非共産主義の一般住民たちに「『自分たちが殺らねば自分たちが殺られる』という切羽詰まった気分を作りだして」いったというのである[22]。そして，それが彼らの「いわば正当防衛的な論理」[23]となって，住民たちを殺害に駆り立てることになったのだった。

殺害に加担した住民たちの様子を，自ら聞き取りした倉沢は次のように語っている。

　　ごく普通の村人にとって，人を殺すという行為は決して簡単なことではなかった。筆者が当時「アルゴジョ」と総称された殺害者たちから聞き取りした内容から浮かび上がってきたものは，彼らが宗教的熱狂と人間的な葛藤との間で苦悩するすさまじい体験だった。殺害を実行するように命令された人たちは宗教的な義務感から——少なくとも自分にはそう言い聞かせながら——手を血に染めた。初めての体験ののちにはだれもが目まい，吐き気をもよおし，なかには失神する者もいた。[24]

　このように事件の背景をやや長めに記してきた。それというのも，事件に関する情報がなければ，おそらく，この映画の視聴だけでは殺害事件や虐殺事件の全容が伝わることはなく，このドキュメンタリー映画における真実性の理解も覚束ないと思われたからなのだが，しかしながら，上に引用した倉沢による記述と『アクト・オブ・キリング』とをつなぐ点は，まさにこの最後の引用に描かれた内容にあるのだった。

　この映画で最も衝撃的なのは，終盤でアンクルの身体に変化が生じることである。アンクルが嘔吐し始めるのだ。それまでの間，共産主義シンパの人々をどのように殺してきたのか，その様子について，アンクルは殺害した場所を指し示し，凶器に用いたのと類似した針金をまいた木片（しかも，それらを自分で用意してきたというのだ）を手にして，どのように首を絞めたかを実演しながら朗々と自慢気に語っていたというのに，突然彼は寡黙となる。五臓六腑の奥底から発して脊髄を貫いていく嘔吐感は，抗い難い身体的反応として表出する。饒舌だったアンクルは一切の言葉を発することなく，芯から身体全体を痙攣させ，苦しそうに喉からすさまじい音をあげるのである。

　アンクルの嘔吐の場面は，倉沢の記述にあるような，殺害者がもよおした吐き気を再現（アクト）したものとして，つまり事実として見られたものを

再演したものとして読み取ることができるだろうけれども，しかしながら，それが実は再演とは異質なものである点が衝撃的なところとなるのである。アンクルにおいて特筆すべき点は，彼の演劇性だった。自分たちの行いの再現をいかに演出するかという点に彼の神経は集中していた。しかしながら，見られること，あるいは顕示（再演）することに夢中になることによって，その指示対象であるもの（再演内容＝この場合には殺害）とその再演の演出性とは異なるもの（身体的反応である嘔吐）が現出することになる。ある種の見世物として演出していたアンクルの素の部分が情動的に表出することによって，殺害のリアルさ（真実性）が感じられる構造になっていると言ってよいだろう。

　しかし，それは監督やわれわれが題材に想定していた以上の真実性が浮かび上がることになったようにも思われる。ジョシュア・オッペンハイマー監督の記者会見映像によると，撮影は2003年に開始され，当初は被害者を中心にインタビューを行っていたという[25]。その目的は，生き残った被害者たちがいまでも同じ地域に住民として暮らしている殺害者たちを恐れている理由を知りたいというものであった。やがて，取材を行っていることが軍当局の知るところとなり，やむなく撮影を中止せざるをえなくなったのだが，被害者の一人から加害者たちを取材してほしいと要請され，殺害者たちの取材を始めたということである。その一人がアンクルであるわけだが，彼が手を染めた殺害，そして彼の知りうる事件などから，虐殺事件の影は粘菌のように菌糸を伸ばし，アンクルの所属する「パンチャシラ」という現存する民兵組織によって虐殺が行われていたことが事実として訴えられていくことになる。脱植民地化し，旧宗主国の経済的な影響力を排した独立国家としてのアイデンティティを維持しようと試みた政治的ふるまいに翻弄される，いわば末端の身体器官としての局地的構成組織のふるまいである。『アクト・オブ・キリング』が題材としているものの背景は，そういった集団ヒステリーのさなかに行われた大量殺害事件であるが，その全体像を描くことはこの映画だけが担う責務ではなく，それを知るには倉沢などの文献による情報がな

第2章　ドキュメンタリーとフィクションのはざまで　45

くてはならない。アンクルの嘔吐場面が浮き彫りにするのは，この大量虐殺の事件だけでなく，やはり，どのような事件であっても，人を殺すといった行為が引き起こす感情的反応ではなかったか。

　『アクト・オブ・キリング』はあくまでもアンクル・コンゴという個人を描いた作品となっている。そこで描かれているものは事件の再現であるから，一回性の出来事としての現前性という点では，本物ではなくフィクションである。実際に起こった事件そのものが写されているわけではない。しかし，事件の現場に居合わせたアンクルは，その記憶と再現された行為とのはざまにいる人間である。いわば，二つの世界のはざまにいるのだ。アンクルの嘔吐は，彼がそれら二つの世界をゆらぐように行き来しつつあることを描き出す，情動の身体的表象となっているように考えることができよう。そしてそのことによって，人を殺すことのリアリティ，そしてそれが一端を担った大量殺戮の真実性を描き出すことになるのである。

## 4．『ジェイコブズ・ラダー（*Jacob's Ladder*）』（1990年）

　『ジェイコブズ・ラダー』[26]も二つの世界に挟まれた境界をさまよう人間——あるいは，二つの世界に同時に存在する意識——を描いた作品である。ヴェトナム戦争の帰還兵であるジェイコブ・シンガーは，襲いかかる幻覚や戦地での体験に関するフラッシュバックに悩まされている。物語は彼が母国に帰還した後の世界を中心に進んでいくように思われるのだが，その世界がジェイコブの生きる世界なのか，あるいはフラッシュバックする記憶が彼の生きる世界なのか，判然としないのである。以下，映画の提示する物語を追いながら，ジェイコブをめぐる二つの世界を見ていくことにしたい。

　ヴェトナムの前線でのある日，彼の所属する部隊が敵の行動を察知した。突然の敵襲に部隊は迅速に応戦しようとするが，不可解にも仲間たちのなかには筋肉硬直や発作・痙攣などの身体異常を示し始める者が続出し，現場は混乱に陥ってしまう。戦友の多くが殺されていく凄惨な現場から離脱して

ジャングルへと逃げ込んだジェイコブは，茂みの陰から現れた敵と思われる
兵士に腹部を銃剣で突かれ致命傷を負ってしまう[27]。

　その場面でうたた寝から目を覚まし，地下鉄の座席にもたれかかるジェイ
コブをわれわれは見出す——そのため，冒頭のシーンは記憶が呼び覚まされ
たものかもしれないし，あるいは単なる夢なのかもしれないという可能性が
残されることになる。郵便局に勤めるジェイコブはガールフレンドのジェ
ジーと暮らしている。彼には妻と三人の子どもがいたが，その家族とは別れ
て生活しているようだ。しかし，その理由は明らかにはされない。物語が進
行するにつれて，発作のように断片的にジェイコブを襲うフラッシュバック
から，末っ子のゲイブが車にはねられて死んでしまったことが推し量られ
る。

　ジェイコブにとってトラウマとなっているように思われるのは，ゲイブの
死だけでなく，文字どおりのスティグマである腹部の創傷を被るにいたった
一連の出来事とその結末である。彼を突然襲うフラッシュバックや譫妄は，
彼のヴェトナムでの体験と密接に関連しているかのように常に致命傷を負っ
た戦場場面の回想と交叉する。あるときジェジーと訪れた友人宅のホーム・
パーティーで，彼は気味の悪い体験をする。一つは，そこで知り合った女性
エルサに手相を観てもらったところ，生命線の形状からジェイコブがすでに
死んでいるはずだと告げられることであり，もう一つは，その直後に譫妄状
態に陥ってしまうことである。ジェイコブの視覚が混乱した画像を結ぶ幻覚
のなかで，ジェジーと身体を密着させながら踊っている男性が得体のしれな
い怪物に姿を変える。激しく明滅する照明のもと，不気味な生き物の長く伸
びた尾のような（男性器を想起させる形状をしている）器官がジェジーの身
体にからみつく姿が浮かび上がる。器官にからめとられ激しく身体を揺さぶ
るジェジーを眺めているとき，突然に恐竜の爪か角のような鋭い突起物がジェ
ジーの身体を貫き口腔から突き出てくる。その瞬間，ジェイコブは眩暈をお
こして失神してしまう。パーティーから帰宅したジェイコブは高熱を発して
うなされるが，その熱を抑えるために氷水を溜めたバスタブに平らに寝かさ

れたジェイコブは，ヴェトナムで戦場から救助されるときに，水平に寝かされたままヘリコプターへと垂直に吊り上げられていく自分の姿を回想する。

このように不気味な幻覚——得体のしれない存在の出現と戦場での負傷と救出のフラッシュバックの反復——にしばしば襲われることがあるなか，ジェイコブはヴェトナム時代に同じ部隊にいたポール・グラニカーから会いたいとの連絡を受けて再会する。ポールの話によれば，彼もジェイコブと同様の不気味な幻覚に襲われているというのだった。彼が伝えようとするのは，自分が誰かに追われ，殺されるかもしれないというパラノイア感覚であり，悪魔とおぼしき怪物のようなものが壁から現れ出るのを幻視するというものだ。ポールは，それが戦場で目撃し体験した出来事と関連していることを暗示するかのように，「どういう事だ？　何があった？（"What happened? What happened that night?"）」，「なぜ軍は隠してる？（"Why won't they tell us?"）」と，説明のつかない事態に自分が陥っていることへの不安と恐怖を吐露するのだった。

二人が別れようとするとき，新たな事件が起こる。ポールの車に爆弾が仕掛けられており，エンジンをかけた瞬間に爆発してポールが死んでしまうのである。ポールの葬儀に集まった同じ部隊の戦友たちは，ポールの不思議な言動を伝えるジェイコブの話から，みなが同じ幻覚に襲われていることを知るにいたる。この不可思議な一致に彼らは軍による陰謀を疑い始め，事件の真相を探るべく辣腕の弁護士を雇うことになるが，その計画も気持ちを変えた仲間からの取りやめ要請で頓挫してしまう。弁護士ギアリーも連邦政府を相手にした機密の暴露に突然躊躇する態度を示すのだった。ギアリーによれば，ジェイコブたちがヴェトナムに配属された記録はなく，タイで軍事訓練を受けている際に精神異常をきたしてヴェトナムの戦線に配属される前に除隊となったというのだった。そのような折，ジェイコブは身元のしれない男たちに拉致され，これ以上事件に関わらないように脅迫される。スピードを上げて走る車から脱出したジェイコブは，身体を強く打って負傷してしまい，病院へと運ばれる。

ストレッチャーに仰向けに載せられたジェイコブは，激しい痛みに意識を喪失するが，それに続く場面では，彼がまた譫妄症状に陥ったかのように不可解で不気味な幻覚にジェイコブが襲われていることを示す映像が流されていく。おどろおどろしいイメージが続いて立ち現れてくる長い廊下の先にたどり着いた部屋で，ジェイコブは多くの医師や看護師に囲まれている。そのなかにジェジーの姿を見出したジェイコブは口を開く。以下の会話は，ジェイコブの陥っている幻覚を提示しつつ，それの暗示する二重性を検討するのに適切な箇所と思われるので，少し長くなるが引用したい。

　　ジェイコブ：「ジェジー！ 助けてくれ」
　　　　　　　（"Jezzie! Get me out of here."）
　　ドクター　：「どこへ行く？」（"Where do you want to go?"）
　　ジェイコブ：「家だ」（"Home."）
　　ドクター　：「家？ 君は死んだ」
　　　　　　　（"Home?  This is your home. You are dead."）
　　ジェイコブ：「死んだ？ 背中が痛いだけだ。死んでない」
　　　　　　　（"Dead?  No, no, I just hurt my back.  I'm not
　　　　　　　dead."）
　　ドクター　：「じゃ何だ？」（"What are you then?"）
　　ジェイコブ：「生きてる！」（"I'm alive."）
　　ドクター　：「なぜここに？」（"Then what are you doing here?"）
　　ジェイコブ：「知らないよ。なぜこんな？」
　　　　　　　（"I don't know. This isn't happening."）
　　ドクター　：「というと？」（"What isn't happening?"）
　　ジェイコブ：「出してくれ」（"Let me out of here."）
　　ドクター　：「もう出られない。君は殺された。忘れたのか？」
　　　　　　　（"There is no out of here.  You've been killed.  Don't
　　　　　　　you  remember?"）

自分が死んでいることをわかっていないのだ，と再びジェイコブは告げられる。だが，ジェイコブが死んでいるのかどうか，ジェイコブ本人は否定しているし，われわれにはわからない。医療スタッフのなかにガールフレンドのジェジーが認められることから，この場面がジェイコブの幻覚であることが示唆されるのみである。翌朝，整体師のルイがジェイコブを病院から助け出し，いつもの治療を施してくれることになることから，ジェイコブは死んでいないようにも思われるのだ。

　自宅に戻ったジェイコブは，軍の秘密実験に関わっていたという人物から連絡を受け，その人物に会うことになる。マイケル・ニューマンと名乗る人物は化学者であり，かつてサイゴンの科学戦争班に所属し，「ラダー（the Ladder）」という名称の「人間の闘争本能を強化する薬」の開発に従事していた。マイケルによれば，その薬は「階段から落ちるように効く。恐怖と怒りへまっしぐら」に落ちていくというのだった。マイケルらはジャングルのサルで実験を行い，成功をみた。サルの「連中はお互い頭を殴り合い，目をえぐった」。日本語字幕では字数制限もあってグロテスクな表現は回避されているが，英語版では「尾を咬み切った（"chewed off their tails"）」とも語られている。その薬物が捕虜であるベトコンに対して使用されたときはサルのときよりも酷かったという。そして「ラダー」はついにジェイコブの所属していた大隊に使用されたのだった。軍の期待どおり殺傷率は上がったが，「混乱が起こった（"except not the way they thought"）」。ジェイコブの所属する大隊は，ベトコンを殺傷したのではなく，仲間同士で殺し合った（「互いに切り刻み合った（"You tore each other to pieces"）」）のだった。ここでようやくジェイコブ（そしてわれわれ）に合点のゆく説明が与えられることになる。誰もあの夜に起こったことを思い出すことができず，断片的にフラッシュバックしてくる画像的イメージの説明のつかない連なりであったわけだが，ここでジェイコブは自分の見たもの，ポールが見たと訴えていたものが納得のいくものとなり，自分を銃剣で刺したのが味方のはずのアメリカ兵であったことを（再び？）知ることになるのである。

その夜，ジェイコブはタクシーを拾うと，「家へ送ってくれ（"Take me home, please"）」と伝えて，家族と暮らしていた自宅へと戻ることになる。上の引用にみた会話で家に帰りたがっていたジェイコブのセリフ（"Where do you want to go?" と問われて "Home" と答えた場面）が思い出されることだろう[28]。

馴染みのドア・マンに迎え入れられ自宅へと戻るジェイコブであるが，そこには家族の者は誰もいない。窓から差し込む明かりだけに照らされた居間のソファーに腰掛けると，彼に死を宣告した病院から彼を救い出し，背中を治してくれた整体師ルイのアドバイスが聞こえてくる。「死を恐れながら生き長らえると――悪魔に命を奪われる。でも冷静なら――悪魔は天使になり人を地上から解放する（"if you're frightened of dying, and you're holding on, you'll see devils tearing your life away.  But if you make it peace, then the devils are really angels, freeing you from the earth."）」。その直後，ジェイコブは子どもたちや妻と過ごした日々を回想する。夜が明け，ジェイコブの顔に穏やかな表情がみられる。ソファーから立ち上がり，家の中を歩くと，階段の一番下にゲイブが腰掛けている。「ゲイブ？（"Gabriel?"）」と声をかけると，「パパ（"Hi, Dad"）」とゲイブが答えてくれる。ジェイコブはゲイブをハグしようと近寄るのだが，しかし逆に，寄り添おうとしてかがみ込む父親を抱きかかえるようにして，その背中をさすりながら，「大丈夫（"It's O.K."）」と声をかけるのは息子なのだ。そして「さあ，上に行こう（"Go on, let's go up"）」，「来て！（"Come on"）」と手をとるゲイブに促されて，ジェイコブは一緒に階段を上っていく。上りつめると二人はまばゆい光につつまれて見えなくなってしまう。

その光はそのまま手術用照明の光へとすり変わり，野戦病院で横たわるジェイコブから治療器具が外されるなか，軍医による死亡宣告がなされるところとなる。穏やかな死に顔であることに触れつつ，軍医たちは戦死者としてジェイコブ・シンガーの名前を係官に告げて野戦テントを出るところで幕が閉じられる。

第2章　ドキュメンタリーとフィクションのはざまで　　51

『ジェイコブズ・ラダー』のラスト・シーンが明らかにするのは，これまでわれわれの見てきたものがすべて，ヴェトナム戦争で殺された兵士ジェイコブ・シンガーが野戦病院で息を引き取る間際に見ていた回想である――ように見える（映画は物語内に物語が描かれる入れ子構造となっている）――ことだった。世俗でしばしば言われるように，死の間際にある人間が，自分が死ぬとされる瞬間に，自分の過去（過去に見た視覚印象・記憶の断片）を走馬灯のように見る現象に似ているようにも思える。

　ここにおいて映画タイトルが示唆するものが，その内容（指示対象）とつながることにもなる。"Jacob's Ladder" は英語読みのために「ジェイコブズ・ラダー」となっているが，出典は『旧約聖書』の「創世記」第28章に登場するものであり，「ヤコブの階段」あるいは「ヤコブの梯子」と訳出される。「ヤコブの階段」にまつわる物語とは次のようなものである。ヤコブは父イサクからパダン・アラムで妻をめとるように命じられて旅立つ。その旅の途中，あるところで日が沈んでしまったため，その場で一夜を過ごすことにした。ヤコブはそこにあった石を一つとると枕にして横たわる。そしてそのうちヤコブは夢を見る。夢に現れたのは，先端が天まで達していると思われる階段が地に向かってのびているというものであった。その階段を神の御使い（天使）たちが上ったり下ったりしていた。そこに神が現れ，ヤコブに語りかけることになるというものだ[29]。ここでは宗教上の解釈に深く立ち入ることはしないけれども，「ヤコブの階段」が現れた場所は，「天の門」であったとヤコブは語り，階段は地上と天とを結ぶ通路となっていることが示唆されていることである。キリスト教文化に触れた聴衆であるなら，タイトルからすぐさまにこの階段が思い浮かんでいるはずである。これは映画の最後に息子と階段を上がっていくジェイコブが天へと召されることを暗示しているものの，はたしてそれを意味してはいるだろうか。だが，神は人を容易に天に迎え入れてくれるわけではないのである。

　夢落ちともとれるような終わり方であるが，ところが実はどちらが夢なのかはわからないというところが，この映画の優れた設定である。走馬灯とい

う喩えが適切であるかどうかも確かではない。物語内の物語はそのような記憶映像の連なりのように思われるものの，その走馬灯のような映像が死に行く人の過去の記憶を映し出すものなのか，願望を映し出すものなのか誰にもわからないからである。また同じ理由から，その物語内部の物語を回想と呼んでよいものなのか判断をつけかねる[30]。物語のすべてをジェイコブの回想（記憶）に帰すわけにはゆかないのである。たとえば，物語がヴェトナム帰還兵としてのジェイコブの体験として描かれていることから，ヴェトナムでの悲惨な戦争体験が回想されているように思えるわけであるし，とはいえ時間が直線的（不可逆的）に流れるものであると考えるならば，ヴェトナムの野戦病院で死の床に横たわるジェイコブが，これから起こるはずの——無事に帰国していたとしたら，そのように過ごしていたであろうと思われる——生活を回想しているというのは，現実の世界ではありえないようなアナクロニズムとなるからである。ジェイコブは，過去を想起しているのか，あるいは未来を想像しているのか，われわれは混乱してしまうことになる。このような構造を考慮するなら，それらの映像が，つまり夢のように見られていた視聴覚映像（ヴィジュアルなイメージ）が併存しているように重層的に映し出されていくことによって，人間の記憶とそれの描き出すヴィジョンの交叉，内部と外部といったもの，時間の連続性，過去と未来といったものが，相互に侵食している様が描かれていると言ってもよいだろう。このような見解は，時計やスケジュールを見ながら生活せざるをえない状況におかれたわれわれの多くには受け入れがたいものではある。時間（いつの出来事か）が明確でない記憶の断片の集積と，それらの断片が入り乱れてシャッフルされた状態は，ただ単に混乱と眩暈を生じさせるだけなのかもしれない。しかし，この混乱は，われわれの視点が現在におかれているからこそ可能なのであり，映画が製作された1980年代後半から過去を眺めた視点で描かれていることに起因するのだ。とすれば，この映画は過去の出来事を語っているのではなく，現在（映画製作当時1990年）のアメリカを語っていることにもなる。

　ジェイコブは死を認めるように言われる。それは自分の死であると同時に

息子の死を受け入れることでもあるのだ。彼の意識にフラッシュバックする
息子の姿は、彼自身が息子の死を受け入れることのできていないことを示し
ている。そのことが、ジェイコブが彼自身の死を受け入れることのできない
ことと重なってくるのだ。つまり，それはヴェトナム戦争での死を隠蔽した
まま物語が進行していたことが暗に示しているように，ヴェトナム戦争での
敗北を受け入れることのできないアメリカへのメッセージとも受けとめるこ
とができるのである。わたしたちはすでに死んでいたはずなのに，生き延び
ている。ジェイコブが帰還した後の，アメリカでの生活が描かれているのも，
おそらくは真実なのだ。

　ジェイコブは死ぬことを恐れているが，それは死が怖いのではない。自分
が死んでしまっていることを発見するのが怖いのである。なぜなら，それに
よって息子の死を認めることになるわけであるし，またより大きな文脈で語
るなら，アメリカが敗走したという記憶を認めることになるからである。い
まだアメリカは未完のプロジェクトを抱えているのだ——ヴェトナム戦争の
死を，記憶を悼むという課題を。整体師のルイに脊椎の矯正施術をしても
らっているとき，ジェイコブは死ぬことへの恐怖を口にする。ルイは，ジェ
イコブの気持ちを和らげようとして，14世紀に活動したエックハルト (Meis-
ter [Johannes] Eckhart) の著作に触れ，その教えの一つを引用しつつ紹介
する[31]。


"Eckhart saw Hell, too. You know what he said? He said the only
thing that burns in Hell is the part of you that won't let go of life;
your memories, your attachments. They burn 'em all away. But
they're not punishing you, he said. They're freeing your soul. [...]
So the way he sees it, if you're frightened of dying, and you're
holding on, you'll see devils tearing your life away. But if you've
made your peace, then the devils are really angels, freeing you
from the earth. It's just a matter of how you look at it, that's all.

So don't worry, OK?" (*Jacob's Ladder*)

> エックハルトも地獄を見た。彼がなんて言っていたか知ってるかい。彼が言うには，地獄で燃えるのは，人間の，生にしがみついている部分なのだ。つまり，思い出や愛着だ。地獄はそれらすべてを燃やし尽くす。でも，人間を罰しているわけではないのだと彼は言う。魂を解放しているのだと。……彼の考え方はこういうことだ。死を恐れつつ，そして生き続けていると，悪魔が自分の命を引き裂いていくのを目にすることになる。しかし冷静に死を受けとめるならば，悪魔は天使となり，人間をこの世から解放してくれる。あとはそれをどう見るかの問題だ。それだけだ。だから，心配しなくていい，いいね。(拙訳) [32)]

「あとはそれをどう見るかの問題なのだ」。ルイは，人が死を恐れることになるか，あるいは死がこの世から人を解放してくれるものになるかは，生と死をどう見るかの問題なのだと諭す。おそらく，この言葉は，戦争の悼みを終えていない者たち，アメリカへのメッセージとなっているのかもしれない。前述したように，この言葉を思い返すジェイコブが安らかな気持ちになって，ゲイブと再会する場面と同じように，これは安らかにある姿を提示しているとも言えるだろう。

　しかし，問題は「それをどう見るかの問題」ではない。われわれは選択できないのである。それゆえに，魂のゆらめきが，身体的反応としての，不快な感情として現れる。『ジェイコブズ・ラダー』に描き出された，過去のものとも現在のものとも区別のつくことのない世界を理解しようと理性的になること（そして説明をつけようとすること）は，われわれを苦しめることになる。その空間を理解しようと試みると，苦しむことになるのだ。「ラダー」と名づけられた薬物と同じように，ジェイコブの「ラダー」（つまり『ジェイコブズ・ラダー』という物語）は，われわれにエンターテインメントという快楽を与えると同時に，そこで観た映像の連なりが要求するもの——空間

や時間が切り取られた，断片としての記憶的映像の連なりが生みだす意味作用を理解可能なものとせよという要請——に応えようとすることでわれわれを苦しめることになる。この作用もまた，われわれに不安な感情を湧き起こさせる，別なる情動的な作用の表出と言えるだろう。そして，このような不快さや不安感こそ，アメリカ社会が抱えてきた精神的真実であり，戦争と死に巻き込まれた人々に絶えずつきまとうリアルな情念として感じ取ることを可能にするのではないだろうか。

## 5．結び

本論で考察したドキュメンタリーとフィクションの作品は，そのいずれもが，事実と虚構（フィクション）といった二つの世界のはざまにゆれる人物を描いたものだった。ジャンルの違いはあれども，どちらも物語に用いられている背景的な出来事は，史実と呼ばれるべきもの——ヴェトナム戦争とインドネシアの9・30クーデター事件——である。実際に起こった出来事が映画で描かれる内容の真実性に言質を与えているように思われるけれども，それが必ずしも真でないことは，たとえば戦争をテーマにしたあまたのフィクション映画を思い返してみれば，理解できることだろう。それと同じように，必ずしもフィクションになってしまっているとは言わないまでも，ドキュメンタリー映画が図らずもテーマにしたものとは異なるものを真実性として差し出してしまうときがある。また，フィクションとされている映画のなかに，ドキュメンタリー映画が提示するのと遜色ない真実性を帯びたメッセージが含まれている。

ふり返るならば，本論が作品に例示した真実性とは，カメラ＝機械＝中立性に対抗するかたちで提示される情動的反応に終始しているように見える。しかし，このような反応がなければ，真実性への共鳴など求めえないことだろう。このように述べるのも，論者が土門の言う「真実とはあくまでも歴史的であり，従ってまた，人間的なものである」[33] という言葉にこだわってい

るためかもしれない。歴史といったものに乗れる（fit in）にしても，乗れないにしても，そこには何らかの情動的反応があるはずであり，それが人間であり真実なのだと思われる。


〔注〕

1) 佐藤真『ドキュメンタリーの修辞学』みすず書房，2006年，78頁。

2) 土門拳『死ぬことと生きること』みすず書房，2012年，219-220頁。

3) 土門拳，前掲書，220頁。

4) 土門拳，前掲書，220-221頁。

5) 土門拳，前掲書，184頁。

6) スチール写真とは異なり，編集作業を行うことができる点では，映画はなべてフィクションである。ドキュメンタリー映画もそれを承知のうえでノンフィクションと自称するわけであり，本論では，いちおう完成されたかたちとして世に問われた作品に観察される真実性を念頭に置いている。

7) ジョシュア・オッペンハイマー，監督，『アクト・オブ・キリング』，2012年。(Oppenheimer, Joshua, director, *The Act of Killing*, 2012.)

8) DVD映像に付された監督と総指揮の副音声コメントにおいて，オッペンハイマー監督も「アクト」には，行為と演技の意味が込められていると言及している。また，「キリング」の目的語として，さまざまな対象が含まれ，それらが抹殺されていることを示そうとしているのだと述べている。

9) プルマンとは「ならず者」のことを指すようであるが，『アクト・オブ・キリング』に登場するアンクル・コンゴや「パンチャシラ（Pancasila）」の団員たちは，その言葉の源は「freeman（自由人）」にあり，自由に生き，依頼されたものは何でもやる者のことであると述べている。

10) 倉沢愛子『9・30 世界を震撼させた日　インドネシア政変の真相と波紋』岩波書店，2014年，v頁。

11) 倉沢愛子，前掲書，v頁。

12) 倉沢愛子，前掲書，58頁。

13) PKIはインドネシア共産党（Partai Komunis Indonesia）の略称である。

14) 倉沢愛子，前掲書，5-20頁。

15) 倉沢愛子，前掲書，4頁。

16) 倉沢愛子，前掲書，4頁。

17) 倉沢愛子，前掲書，39頁。

18) 倉沢愛子，前掲書，39頁。

19) PNIはインドネシア国民党（Partai Nasional Indonesia）の略称である。1953年に成

立したアリ・サストロアミジョヨ（国民党）内閣（1955年7月まで）は，経済ナショナリズムの路線を打ち出していた（倉沢愛子，前掲書，6頁）。

ナサコム（NASAKOM）とは1960年にスカルノ大統領が打ち出した独裁的政治体制（「指導された民主主義」）を支えるために作り上げられた体制で，「民族主義（Nasionalism, NAS），宗教（Agama, A），共産主義（Komunism, KOM）の3つのバランスの上に立ったナサコム（NASAKOM）」を土台として政権を強化しようとしたものである。民族主義はPNIが，宗教はNU（保守派イスラーム政党ナフダトゥル・ウラマ党Nahdlatul Ulamaの略称）が，そして共産主義はPKIが実質的に代表となっていたという（同，34頁）。

20）倉沢愛子，前掲書，106頁。

21）倉沢愛子，前掲書，106頁。

倉沢によると，殺害の中心となった側も地域によって異なっているようである。東ジャワ・クディリ県では，もともと宗教の有無など信仰や価値観に関する文化潮流的な差異があり，それが財産（土地）の有無による社会階層的差異と一致する，つまりイスラーム寄宿塾に子供たちを学ばせる経済的余裕のある大規模な土地所有階層と，所有する土地が比較的小さい共産主義系農民との間でしばしば衝突が起こっていた。9・30事件後の虐殺において，「この地域では実際殺害に手を下したのは軍人ではなく，NU関係者であったことは多くの証言によって確認されている」（倉沢愛子，前掲書，108頁）。倉沢は別のところで，「アンソール（NUの青年組織）」のメンバーが関わっていることを指摘している（同，112頁）。

中ジャワ・クラテン県では，9・30事件に同調する軍の一部（親PKI系）が反乱を起こし，その鎮圧のために陸軍の精鋭部隊が送り込まれた。制圧後，PKI系住民に対する逮捕や攻撃がなされたが，「殺らなければ自分たち自身がPKI党員に襲撃される，という切羽詰まった恐怖を軍が反共側の住民に植え付け，彼らを駆り立てていった」。しかし「その恐怖が消え去った後でも，民間人による殺戮は続いた」（同，118頁）という。倉沢によれば，この地域ではPNI右派系住民がPKI系住民に続いて勢力を持っていたと記されていることから，必ずしも，東ジャワで見られたようなNU系住民による殺害行為が目立ったわけではない（同，117頁）。

ジャワ島対岸に近いバリのジェンブラナ県では，NU系の青年組織アンソールやPNI系の民兵組織などから成る「パンチャシラ戦線（Front Pancasila）」と呼ばれる組織が作られ，国軍と協力してPKI関係者の逮捕などに関わることになる。ここでもPKI関係者が襲撃してくるという噂が先行し，それに呼応するようにパンチャシラ戦線が先手を打ってPKI関係者を攻撃したという（同，119-223頁）。

22）倉沢愛子，前掲書，110頁。

23）倉沢愛子，前掲書，135頁。

アンクルたちにとっての共産主義への敵対心は，経済的打撃として説明されている。彼らは，大衆に人気の高いハリウッド系映画を上映する映画館でダフ屋行為を生業の一

つとしていたが，左傾化によって欧米系の映画が上映されなくなることは，収入基盤を絶たれる脅威となっていたという。それが，彼らの反共的虐殺行為を正当化するものとして語られている。

24) 倉沢愛子，前掲書，113頁。

25) DVD に附属する特典ディスクに収録されている。また，このディスクには，アメリカ合衆国を拠点とするインディペンデント・チャンネルである「デモクラシー・ナウ！（*Democracy Now!*）」において企画された特集番組も収録されている。

26) エイドリアン・ライン，監督，『ジェイコブズ・ラダー』，1990年。(Lyne, Adrian, director, *Jacob's Ladder*, 1990.)

27) 敵兵と思われると書いたのは，銃剣のついたライフルのシルエットが，当時アメリカ合衆国陸軍で採用されていた M16型自動小銃と同じかたちをしているからである。物語後半におけるジェイコブの回想で彼を刺した者としてジェイコブの記憶に映し出されるのは，彼の味方であるアメリカ兵である。しかし，これも記憶の曖昧なフラッシュバックによるイメージであるとすると，つまり，のちに語られるように，薬物班に所属していた化学者からジェイコブたちが仲間同士で殺し合ったと聞かされたことによって，ジェイコブの脳裏に想像的に描き出されたイメージであると考えることが可能であり，必ずしも決定的とは言えない。

28) ジェイコブの乗ったタクシー内で，運転手 A. ガルゼロの免許証が映し出される。そのタクシーライセンスの有効期限が1972年5月31日になっていることから，ジェイコブがタクシーに乗っている時期がいつなのか，ある程度判断がつく――ただし，年の末尾の数字はこすれたように判読しにくくされているし，この画像もまたジェイコブの幻覚であるとするなら，その指標も当てにならない。その次に映されるのが，ニクソン大統領候補支持のバッジである。「いまこそ，ニクソン（Nixon Now）」と書かれていることから，ヴェトナム戦争開始後にニクソンが大統領選に出馬した1968年もしくは1972年にあたる。これらから考えるに，ジェイコブがタクシーに乗っている時期は1968年か1972年であることが推察される。ジェイコブの所属する部隊が軍の実験台にされたとされる話も1968年の出来事であることを考慮に入れるなら，ジェイコブはこのときすでに戦死していると考えてもよいのかもしれない。

29) ヤコブの枕元に現れた神が彼に語る内容は次のように続いている。

　　13 見よ，主が傍らに立って言われた。

　　　「わたしは，あなたの父祖アブラハムの神，イサクの神，主である。あなたが今横たわっているこの土地を，あなたとあなたの子孫に与える。14 あなたの子孫は大地の砂粒のように多くなり，西へ，東へ，北へ，南へと広がっていくであろう。地上の氏族はすべて，あなたとあなたの子孫によって祝福に入る。15 見よ，わたしはあなたと共にいる。あなたがどこへ行っても，わたしはあなたを守り，必ずこの土地に連れ帰る。わたしは，あなたに約束したことを果たすまで決して見捨てない。」

第 2 章　ドキュメンタリーとフィクションのはざまで　　59

　　16 ヤコブは眠りから覚めて言った。「まことに主がこの場所におられるのに，わた
　　　しは知らなかった。」
　　17 そして，恐れおののいて言った。
　　　「ここは，なんと畏れ多い場所だろう。これはまさしく神の家である。そうだ，
　　　ここは天の門だ。」
　　　　　　　（共同訳聖書実行委員会『聖書　新共同訳』日本聖書協会，1988年，（旧）47頁。）

30）あるいは，物語と物語内の物語とは何らの関係もないと考えることもできる。しかし，
　　そのように考えたときに，このような物語構造が教えてくれるのは何なのだろう。そこ
　　にあるものはすべて虚構であると言えるであろうし，あるいは，そこに映されているの
　　は意味のない断片の集積であると言えるであろうし，そして，物語 A と物語内物語で
　　ある B を，あるいは映像的断片をつなげて集積としてしまうのは人間の恣意的な営為
　　であるがゆえに，人間らしい営みとも言え，土門の言葉を借りて「人間的なもの」であ
　　るとも言えるだろう。

31）『ブリタニカ国際大百科事典』によると，エックハルトはドミニコ会士で，「14世紀ド
　　イツ神秘主義の最高峰をなす哲学者」であったという。1293年にパリで学んだのち，
　　1304年にドミニコ会ザクセン管区長をへて，1314年以後はシュトラスブルク，ケルンで
　　教授や説教活動に従事した。1326年に「異端の嫌疑を受け，29年には著作中の28カ所が
　　有罪とされた。ドミニコ会士としてアリストテレスの伝統を受け継いだ反面，アウグス
　　チヌス，プロチノス，偽ディオニュシオス，モーゼス・マイモニデスの影響を受けて，
　　浄化を通しての『魂の火花』による神との意志的な神秘的合一を説いた」という。（フ
　　ランク・B・ギブニー編『ブリタニカ国際大百科事典』，第 3 巻，TBS ブリタニカ，
　　1995年，105頁。）

32）参考までに DVD での字幕は次のようになっている。「エックハルトもね――地獄を見
　　た。地獄で燃えるのは何か。人間の貴重な部分だ。つまり思い出や愛着だ。みんな燃え
　　る。でも人間は罰せられず魂も解放される。……こういう事だ。死を恐れながら生き長
　　らえていると――悪魔に命を奪われる。でも冷静に死を受けとめれば――悪魔は天使に
　　なり人間を地上から解放する。心の準備の問題だ。心配するな。」（『ジェイコブズ・ラ
　　ダー』）

33）土門拳，前掲書，184頁。

## 第3章

# 写真とことばと「不在」へのまなざし
### ──ジャン・ジュネ「の」パレスチナに向けて


## 根岸 徹郎


## 1．はじめに──問題の所在

「知ってのとおり，映像<sup>イマージュ</sup>には二重の役割がある。すなわち，見せることと隠すことだ」<sup>1)</sup>──ジャン・ジュネ（Jean Genet, 1910〜1986年）は「パレスチナ人たち（« Les Palestiniens »）」（1971年）の冒頭，挑発するような口調で，このように明言している。長短合わせて10篇の文章からなるこのテクストは，1971年にグラビア写真雑誌『ズーム（Zoom）』の第8号<sup>2)</sup>に掲載されたブルーノ・バルベイ（Bruno Barbey, 1941年〜）の10枚のルポルタージュ写真に添え，ジュネが書き下ろしたものである。

撮影したバルベイはモロッコ生まれのフランス人フォト・ルポライターで，Mai 68のいわゆる「五月革命」を取材した作品で評価を高めた。写真家グループの「マグナム」に1964年から属し，世界各地を旅してその地の人々を撮った数々の写真で知られている。

テクストは，バルベイが1969年2月から1971年2月まで4回にわたってパレスチナに滞在したときに撮影した「写真をジャン・ジュネが見て，そこに何の制約もなく自由にコメントをしたもの」<sup>3)</sup>で，「1971年5月末頃にパリで，ブルーノ・バルベイの求めに応じて書かれた」<sup>4)</sup>という。ちなみに，「パレスチナ人たち」を収録した『公然たる敵（L'Ennemi déclaré）』（1991年）の解題は，バルベイの写真が「『ズーム』4号（原文ママ）に掲載されるこ

とができたのは，ジュネの名声のおかげである」[5]と指摘している。

　ジュネとパレスチナとの関わりも，これとほぼ同時期に始まっている。アメリカでブラック・パンサー党のメンバーと行動をともにしていたジュネが，パリのPLO（パレスチナ解放機構）代表マムフード・アル・ハムカリの招待を受けてヨルダンに赴き，はじめてパレスチナ・キャンプを訪問したのは，1970年10月2日のことだった。滞在は予定の1週間を超え，この地におよそ半年留まったジュネは，11月にPLOのヤセル・アラファト議長と会見した際にキャンプの自由通行証を得て，その後，1972年11月23日にヨルダン政府から国外追放されるまで，4度にわたって滞在を重ねた。こうした経緯の中で，「パレスチナ人たち」はジュネがパレスチナに公的に言及した最初のテクストという，ある意味で特権的な位置を占めている。

　このように，同時期にパレスチナ・キャンプに滞在したジュネが，バルベイの写真が示している場面や状況をほぼリアルタイムで実際に見ていたことは，間違いない。評伝『ジュネ伝』の中でエドモンド・ホワイトは，ふたりは1970年の末のパレスチナにおいて直接に出会った，としている[6]。

　ところで，ここで注意を向けたいのは，写真とテクストを掲載するにあたって，『ズーム』誌の編集部が掲げたコメントである。そこでは「ジュネが反シオニスムを自認したからといって，それがすぐに反ユダヤ主義者であるということにはならない。そしてとりわけ，『ズーム』が政治政党の機関になったとか，政治活動雑誌になったとか考えるべきではない」と述べられ，ジュネの見解が「たとえ，どんなに資料で裏づけられているとしても，『ズーム』の編集部の隅々までが同じ意見であると主張することはできないはずだ」[7]と書かれている。こうした一種の予防線とも弁明ともとれる文章をそのまま読むなら，編集部はジュネのテクストが偏った政治的見地――「たとえ，どんなに資料で裏づけられているとしても」――から書かれたものであると，最初から認めていることになる。

　その一方で，写真家のほうは記事の冒頭で「ある問題にわたしが関心を持つとすれば，それは自分がそれに関わっていると感じているからだ。ジャー

ナリストとして，わたしは自分の職を誠実に行ない，客観的なひとりの証言者の眼でその問題に光を当てるように力を尽くしている」[8]と述べ，編集部は何のコメントも加えずにこれを掲載している。このことから，バルベイの写真に対しては，ニュートラルな立場から撮られているという一種の暗黙の了解——主観性を明示した「自分がそれに関わっていると感じている」という言葉にも関わらず——があるように感じられる。

　フォト・ジャーナリストの撮った写真と，文学者のテクスト。はたして本当に，一方は「客観的なひとりの証言者」のものであり，他方はある主義主張に沿った，主観的な意見を述べたものなのだろうか？　仮にそうであるとして，それでは，ある意味で相反するふたつの媒体を並列した『ズーム』誌の記事に対して，わたしたちはどういった視点から接するべきなのだろうか？言葉を換えれば，『ズーム』誌を前にして，その記事を構成する写真と言葉によるテクストの間に，わたしたちはどれほどの差異と共通性を見るべきなのだろうか？　こうしてみると，並置されたバルベイの写真とジュネのテクストの関係は，表面からだけでは窺えない，複雑な問題を提起しているように思える。そしてそれは，それぞれの表現手段が持つ特性と関係し，またそれに対する受け手の姿勢とも深く関わってくるものだといえる。

　こうした問題の在りどころを確認したうえで，本章ではバルベイの写真につけられたジュネのテクストを，彼の他の作品との関連を手掛かりにしながら検証したうえで，ジュネがフランス語に託した言葉の力——それはまた，裏切りの力でもある——によってイマージュ＝映像との間にどのような関係を築き，そこからどこに向かおうとしたのかを考えたい。

## 2．ジュネとイマージュ＝映像の問題——演劇性と虚構性

　ジュネにとってイマージュ＝映像は，初期の時点から，常に最も重要なテーマのひとつだった。『花のノートルダム（*Notre-Dame des fleurs*）』（1943年）の中で，年老いた男娼ディヴィーヌが，落として壊れてしまった

安物の冠の代わりに自分の入れ歯を王冠へと変容させる「戴冠式」の場面——
「そのとき，ディヴィーヌが続けざまに甲高く続く笑い声をあげる。みんな
が耳を傾ける。それは彼女の合図なのだ。開けた口から，彼女は入れ歯をも
ぎ取ると，それを頭の上に載せ，気持ちを抑えて，だが勝ち誇った様子で，
唇が口のなかに引っぱり込まれたせいで変わってしまった声色で，大声で叫
ぶ——えい，くそ，みんな，見なよ，やっぱりあたしは女王なんだよ」[9]を
例として挙げるまでもなく，卑俗なものを光り輝く高貴なものへと転じさせ
る，強烈な喚起力を持ったジュネのフランス語は，これまで多くの研究，言
及の対象となってきた。

けれども，言語が生み出すイマージュではなく，実際に目に見えるイマー
ジュ＝映像をそのまま映像の問題として取り上げ，それとじかに関わり始め
たのは，やはり舞台上演を見据えた戯曲を書き始めてからである。事実，初
期の代表作である『女中たち (*Les Bonnes*)』（1949年）の時点から，ジャ
ン＝ポール・サルトルが指摘するように，「仮象」としてのイマージュ＝映
像と存在そのものとの関わりは，戯曲の展開を根本から支える役割を果たし
ていた。

> 存在と仮象，想像界と実存界の間のこれらの回転装置（トゥルニケ）のなかでも，最も
> 並外れた著しい例は，ジュネの戯曲のひとつがそれを示してくれる。演
> 劇の上演の際に，ジュネの心をひくものは，偽りであり，模造宝石であ
> り，人工的要素なのだ。彼が劇作家になったわけは舞台上の虚偽こそ最
> もあからさまで最も魅惑的であったからだ。[10]

サルトルが回転装置（トゥルニケ）と呼ぶ，この時期のジュネの作品に特徴的な「見かけ」
と「現実」が絶えず入れ替わる展開は，たとえば『女中たち』ではソランジュ
とクレールという女中，そして奥さまの３人が織りなす権力構造——虚偽の
ものであり，かつ本物でもある力関係——がめまぐるしく入れ替わることに
よって，支えられていた。

第3章 写真とことばと「不在」へのまなざし　　65

　そうした特色が色濃く表れている作品のひとつが，『バルコン（*Le Bal-con*）』（1956年）である。この戯曲では，とりわけ最初の3つの景において，マダム・イルマの経営する「幻想の館」と呼ばれる娼館の部屋で客の演じる司教，裁判官，将軍の姿がそのまま，観客を演劇性の炸裂とその虚偽性の暴露へと誘う。さらに戯曲の後半，第9景ではこれら3人のお偉方に加え，女王に扮したマダム・イルマや警視総監たちのパレードが革命軍を粉砕するという展開が示されるが，ここでわたしたちの目を引くのは，この勝利した人々の姿を撮影するために，3人の報道カメラマンが登場する点である。つまり，写真はこの戯曲が書かれた1950年代の時点ですでに，ジュネにとってはイマージュ＝映像の問題と密接に関わるメディアだったのである。そこでまず，写真という媒体が果たす役割を，ここでジュネはどのように提示しているのかを検証してみよう。

　この場面（第9景）で，自分の職務を果たすのだという第1のカメラマンは，司教の姿をした男に向かって「さあ，お祈りのために，ポジションについて！　世界を溺れさせなくてはいけないのは，敬虔な男というイマージュ＝映像の下なのだから」[11]といい，ミサの定番写真を撮るときに本物の聖体のパンがなければ，躊躇することなく，あり合わせのもの——裁判官に扮した男の手——で済ませる。それは，第2のカメラマンが偽の将軍にポーズを取らせながら言い放つように，「良いカメラマンとは，決定的な（dé-fi-ni-ti-ve）イマージュ＝映像を提示する者」[12]だからなのである。このように，『バルコン』の第9景でジュネは，イマージュ＝映像によって本物ではないものがいかにして本物を凌駕するだけの力を得るのか，その仕掛けを見せようとしている。

　一方，ジュネが提示するイマージュ＝映像を考えるうえでは，『バルコン』とほぼ同期，1955年に書かれた『《エル》（« *Elle* »）』（1989年）もまた，きわめて興味深い戯曲である。この戯曲は一部が未完のまま放棄され，ジュネの生前には発表されなかった作品（原稿を保有していたマルク・バルブザのラルバレート社から1989年に刊行）だが，ここにもまたカメラマンが登場

し，非常に重要な役を演じている。これ以外の登場人物は，法王，門番，枢機卿，さらに第2のカメラマンを加えた，合計5名である。

イマージュの真贋に関して，『バルコン』と『《エル》』はある意味で，両極のケースを提示している。というのは，偽の司教が本物であるかのように写真に撮られる『バルコン』とは対照的に，『《エル》』で登場する法王は本物という設定だからである。演劇性を高揚させた『バルコン』とは異なり，『《エル》』では虚構性＝演劇性によって侵食される現実の姿のほうに重点が置かれている。

一幕もののこの戯曲では，冒頭の場面から，写真に対する問題が提起されている。すなわち，肘掛け椅子の背の裏に隠されたコーヒーポットを写そうとする若いカメラマンに向かって，門番は「写真を撮ってはいけない，それは禁止されている」[13]といい，それに対してカメラマンは「けれども，まさにそこなのですよ，良いカメラマンが知らせなくてはならないのは。それはオフィシャルではないものなのです。とくにわたしは，人が隠したり，唾を吐きかけたりするものを見せたい，と思っているのです」[14]と応じる。

実際，この戯曲では最初から定番<sup>クリシェ</sup>ではないもの，隠されているものへと向かっているという点で，イマージュ＝映像をめぐるカメラマンの視線は，『バルコン』のものとは反転している。そしてその先で，隠されたものを写真に撮ろうとするこのカメラマンが目の当たりにするのは，法王の嘆き節である。すなわち，戯曲の半ば過ぎに登場した法王[15]は，一介の羊飼いだった自分が，いかにしてこの最上の地位にまで上りつめたかをカメラマンに語る。それが，第1から第5[16]までの歌（chant）からなる，「法王のすすり泣き（« Sanglots du Pape »）」である。

「すすり泣き」――つまり，ここで語られるのは，法王という存在になるために一人の人間が押し殺し，失っていったものの歴史にほかならない。それはミシェル・コルヴァンが指摘するように，個人のアイデンティティの問題として戯曲の中で提示される[17]。しかも，ここで法王という存在を確立させるもの，いわば「法王のエッセンス」はそれ自体の固有の形態を持つこ

とがなく，あくまでも見かけの存在，つまりイマージュ＝映像に支えられた存在にすぎない。それゆえ，「すすり泣き」の第1の歌のあとでカメラマンが目にするのは，むき出しになった法王の尻である。

　　そうだ，そうなのだよ，君。うしろ側では，わたしは自分の尻を晒しているのだ。実際，うしろ姿を隠すための布きれは，無意味なのだ。だって，背中を見られることは，ふつう，ないのだからな。ということで，万が一，誰かがこの背中やこの裸の尻を見たとしても，見えているのは法王の尻ではない，というのは法王に尻などないのだから。[18]

　「法王に尻などない」——つまり，法王に人間の身体は必要ないのである。さらにジュネは，ここで法王を形づくる必要条件である「前から見た法王の姿」が，それを身に纏った人間の肉体的な存在そのものまで脅かしていることを，書き忘れはしない。身体の見られる部分しか服を着ていない半ば裸の法王に対して，カメラマンはまっさきに「けれども，寒さが……しもやけが……。とにかく，何かお召しにならなくては」[19]と語りかけ，個人の体を心配する。それに対して法王は，「わたしたちのこの地方では，気候は穏やかなのだ。まあ，確かにわたしはしょっちゅう，風邪をひくけれども」[20]と，あまり答えになっていないような返事をする。こうした台詞のやり取りが示しているのは，イマージュ＝映像によって侵食されたのは，法王の姿（しかも人が見る部分だけ）を身に纏ったひとりの男であり，イマージュ＝映像を引き受ける人間の身体は，法王という存在を前にすれば，なきに等しいということである。
　こうして『バルコン』と『《エル》』を並置するなら，問題は虚構性そのものであり，イマージュ＝映像を前にしたときに，もはやそれが本物であること／偽物であることの差異はないということがわかる。そしてこの虚構性は，舞台の上では演劇性とほぼ同義語として捉えられている。それは，『バルコン』で宮廷からの使者が言うように，まさに「偽の光景から生まれた，

本当のイマージュ＝映像」[21]であり，そこで求められているのは，「必要な
こと，それは読み解くこと，あるいは《イマージュ》なのだ。《歴史》は，
ある１頁が書かれ，そして読まれんがために生きられた」[22]のである。

　このように，『バルコン』と『《エル》』の中でジュネが示そうとしたのが，
現実を凌駕するイマージュ＝映像の力であると同時に，その力が生み出され
る仕組みそのものにほかならない以上，その展開は演劇性が創り上げられ，
また解体される過程を舞台の上で開示する方向に向かうのは必然である。
『黒んぼたち（Les Nègres）』（1958年）では，こうした意識は戯曲の冒頭の
台詞から明示され，登場人物のひとりアルシバルは「今宵はみなさまのため
に，お芝居をいたします」[23]と宣言する。

　この点で，ベルナール・ドルトが鮮やかに示した「演劇の上の演劇（le
théâtre sur le théâtre）」[24]というジュネ演劇の構造は，純粋に虚構のみで
構成された舞台を起点としながら，演劇性というものを演劇で検証するうえ
で，きわめて有効な形態である。さらにジュネの演劇が「西洋の演劇をその
極限まで押し進め，それを引き伸ばし，それを使い果たすまで利用する」[25]
もので，「われわれの社会が自分自身に対して行う上演のポトラッチュ」[26]
だというのは，ジュネ演劇の中の虚構性の持つ機能を捉えた，非常に明敏な
指摘だといえるだろう。そして，これら２篇の戯曲の中にともにカメラマン
が登場していることは，イマージュ＝映像を作り出す装置として写真がいか
に重要な役割を果たすか，さらにその虚構性が現実世界の中でどこまで広
がっていくのかをジュネが理解していたことの証にほかならない。

## 3．「パレスチナ人たち」——写真とテクスト

　このように，1950年代に書かれた演劇作品においてすでにジュネは，イ
マージュ＝映像の仕組みと機能を十分に認識したうえで，写真，とりわけ報
道写真という媒介手段が有している虚偽性を見据え，虚構が支配する場であ
る舞台の上で，それを自在に提示して見せていた。この点で，イマージュ＝

第3章　写真とことばと「不在」へのまなざし　　69

画像の持つ役割を「見せることと隠すこと」であるとした「パレスチナ人」における問題意識は，これらの戯曲を書いた時点で十分に確立していたといえる。つまり，1970年にバルベイの写真に添えるテクストを書いたときのジュネの認識が，『バルコン』や『《エル》』における写真に向けられた辛辣な視線の延長上にあることは間違いない。

　それでは，これらの戯曲でカメラマンが写真を撮る姿を舞台に上げ，イマージュ=映像が作られ，さらにそれが現実の存在を変形させ，場合によっては圧迫していく過程を暴くように見せていたジュネは，バルベイの写真に対してどのような視点から接しているのだろうか？　バルベイの写真はわたしたちの視線に対して，何を見せようとし，そして何を隠しているのか？　この10枚の写真を，ジュネはどのように読み込もうとしているのだろうか？　以下では，バルベイの写真にジュネが具体的に何を見出し，そこからどのような言説を導き出しているのかを，10枚の写真および「パレスチナ人たち」以降に書かれたテクスト，具体的にはジュネが死の直前まで手を入れていた『恋する虜（*Un Captif amoureux*）』（1986年）や『公然たる敵』に収められた他の政治的考察と突き合わせながら，検証していくことにしよう。

### 写真1

　1枚目の写真[27]は，かなり印象的である。頭を刈り上げた目つきの鋭い若い男がひとり，弾帯をネックレスか何かのように首に巻きつけ，自動小銃を手に，車の予備タイヤの上に座っている。この写真は何を見せ，何を隠している

**写真1**　　© Bruno Barbey/Magnum Photos

のか？　そもそも，この男は誰なのか？　ジュネのテクストもまた，疑問文から始まっている。

　　これら一連の映像は狙撃者とその銃を写したものから始まっているが，それにしても，それはなぜなのだろうか？　さらに，どうしてこれほどの武器なのか？　なぜ武装した，そして荒涼としたパレスチナを見せる，これほど多くの写真なのだろうか？[28)]

　おそらくこの文章は，１枚目の写真そのものに対するものというよりは，10枚の写真全体に関わるものとして捉えるほうがふさわしい。実際，『ズーム』誌では，ここまでが一種の序文のように，独立したパラグラフとして扱われている。いずれにしても，このテクストは１枚目の写真に対してほとんど何の説明も加えておらず，その意味ではキャプションとしての機能を果たしていない。こうして写真を飛び越え，テクストは一気に歴史的な視野に立とうとする──「2000年におよぶ恥辱は，ユダヤ人たちの心理が持つ抵抗力──もしくはその仕組み──と，彼らがそれをどのように用いたのかを，距離を置いて理解させてくれる」[29)]。

　続けてテクストは写真とはほとんど無関係に，シオニストの運動と彼らがパレスチナに土地を得るに至った経緯を，さらにイギリス，フランスをはじめとした列強諸国がいかにして植民地を作り上げ，そこにいた人びとから略奪し，恐怖に突き落としたか──パレスチナ人に対するユダヤ人と同じように──を語る。こうした「歴史」の喚起が続いたあと，実際のイマージュ＝映像と直接に関連する文章が登場するのは，最後の部分である。

　　自分たちの領土から追い出されたパレスチナ人たちは，そこに戻るために武器を手にした。〔……〕あなたたちがその姿を目にしているこのフェダイー──犠牲的精神の持ち主──が黙して語らないこと，それは彼自身がこの革命が成し遂げられた姿を見ることはないだろうと判ってい

て，けれども自分の勝利は革命を始めたことにあると知っていること
だ。彼は自分の姿が，シオニスムの差し止めにもかかわらず，今日あな
たたちの目に触れているということを，おそらく知らない。[30]

　ジュネにとって問題となるのは，「あなたたち」と写真に写っている「フェ
ダイー」との間の距離である。「あなたたち」は「どうしてこれほどの武器
なのか？　なぜ武装した，そして荒涼としたパレスチナ」なのか，その経緯
をなにひとつ知らないままに，銃を手にしたフェダイーの写真を見ている。
いや，報道写真に「シオニスムの差し止め」が働いていることさえ，「あな
たたち」は知らないだろう。逆に，この「フェダイー」は自分の姿を捉えた
写真が広く，人々に――「あなたたち」に――届いていることを知らない。
　お互いに「知らない」者同士をいかに繋げるか――ジュネがバルベイの写
真にテクストを書くことの意義は，ある意味でこの一点にかかっている。そ
してそれは，まず，「黙して語らない」このフェダイーの声を写真の中から
聞き取ろうとする，ジュネの意志の表明から始まるのである。この点で，写
真1に添えられたこのテクストは，「パレスチナ人たち」全体に対するジュ
ネの立場の表明のような位置を占めていると言えるだろう。

### 写真2および写真3

　この2枚の写真はともに死体が被写体であるという点で，見る者に強烈な
印象を与えるものだ。ただ，それぞれのテクストの口調は，微妙に異なって
いる。
　写真2のテクストは，写真1のものと似た構成となっている。最初に「ス
パイだろうか？　ありうることだ」[31] という疑問文から始めた直後に，「こ
の画像はわれわれを，アンマンを破壊する命令を下すヨルダンのフセイン国
王へと否応なく送り返す」[32] という記述で，半ば強引に，ふたたび「歴史」
としてのパレスチナを喚起させる。
　フセイン国王から皇帝ネロ，そしてパリ・コミューンを攻撃したティエー

 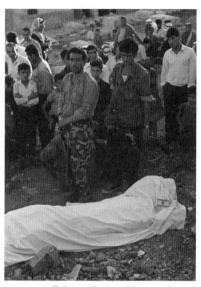

写真 2（左）・写真 3（右）　　　　　　　　　　© Bruno Barbey/Magnum Photos

ルへと続く流れは，『恋する虜』ではジュネとマフジューブ医師との会話——「自分に残っていたほんのわずかばかりの国民的自尊心に助けられて，わたしは彼にこう答えることができた。『失礼だがマフジューブ先生，フセイン以前にネロと同じようなことをやってのけたのは，われわれフランス人です。〔……〕あいつ（＝アドルフ・ティエール）はあなたの王さまよりもずっと上手に，ずっと手ひどくやった。』」[33]——として登場している。おそらくテクストの出発点はこの対話であるが，その前の写真 1 に添えたテクストでイスラエル／パレスチナとヨーロッパ列強諸国／植民地を結びつけたように，ここでもやはり，アラブ諸国／パレスチナの関係が，ローマ帝国やフランス第三共和国の歴史に関わる文脈の中に置き直されることで，新たな視点が与えられている。それはイスラエルからだけでなく，同志ともいえるアラブ諸国からも攻撃を受けるという，パレスチナ人の現状である。

　こうして身内同士の殺し合いという状況を語ったあと，焼き殺された男の死体の写真を前に，ジュネはこう書く——「ヨルダン川の片側から，そして

別の側からも，彼らは脅かされている。かつてのイスラエルの原型ともいえる姿にこれほどまでに似ている彼らは，今はどこのキャンプにいるのだろうか？　他のどのアラブ人たちとも同じように，そしておそらくテルアビブでは他のどのユダヤ人とも同じように食事をし，祈りを捧げていた彼らは，最後には黒焦げになるのだろうか？」[34] ここに一種のやるせなさのような雰囲気が感じられるとすれば，この若者たちにジュネが人間としてのまなざしを送っているからにほかならない。『恋する虜』の中でイシュマエルという名で登場する男——ボナパルト風の褐色の長い髪と，アラブ人というよりもユダヤ人に近い横顔を持ち，完璧にヘブライ語を話す，ドルーズ教徒のパレスチナ人[35]——はおそらく，ジュネが会った「ヨルダン川に面した基地で，ヘブライ語で冗談を言っている何人かの長髪の青年たち」[36] のひとりだろう。イスラエル軍に潜入しているこうしたパレスチナ人を描くトーンには，常に「裏切り」について語ってきたジュネの複雑な思いが交錯しているように感じられる。

　これに対して，写真3に対するキャプションはある意味で，写真2に対するテクストの結論を引き継いだ地点からスタートしている。すなわち，「パレスチナ人にとっての敵は——たとえそれが1つに溶けあっているにしても——2つの顔を持っていることが明確でなくてはならないからだ。すなわちそれは，イスラエルの植民地主義とアラブ世界の反動的な政体である」[37] という文章は，写真2に対するテクストで示された，フセイン国王とイスラエルの双方から脅かされているパレスチナ人たちの状況を，そのまま受けている。だが，スパイだったかもしれない焼き殺された人間の姿を示した写真とは異なり，写真3の死者は，白い布に包まれている。ジュネはここでもやはり，疑問文からスタートしている——「この白い埋葬の布の内にいる死者，この人物は誰だったのだろうか？」[38]

　この問いかけに，答えはない。ただその口調は反転し，ここからは敵ではなく，フェダイーンの仲間についての意識——友愛——が問題となる。ジュ

ネはそこで「中東において，おそらく，新しい人間が生まれようとしている
のだ。そしてフェダイーが，わたしにとってはいくつかの面からその新たな
人間の予兆であり，下絵なのかもしれない」[39] と書く。このようなジュネの
意識からは，「この当時の革命運動のメシア待望論のニュアンスを，まだ，
なお帯びている」[40] ことを読み取ることができるだろうし，直前に経験し
たパリでの五月革命の反響を聞き取ることもできるだろう——「木々で覆わ
れたジャラシュの山地で起こっていたことは，パリで68年5月にあったこと
と少しばかり似ていた。〔……〕パリと同じように，何日間か，基地と道路
の上で，あるいは基地の間を結ぶ道には，愛情の発露に近い軽やかさが存在
した。そこには自由があった」。[41]

　実際，ジュネにとっては，1968年の5月から70年，71年にかけての経験——
五月革命，アメリカにおけるブラック・パンサーとの生活，そしてパレスチ
ナ滞在——はそれぞれ強く引き合い，さらに，きわめて重要な転換のきっか
けとなったことは間違いない。

　　わたしにとって，記事の見出しであれ，本文中であれ，ビラのなかであ
　　れ，「パレスチナ人」という語によって即座に心に浮かぶのは，フェダ
　　イーンだ。ある特定の場所——ヨルダン——容易に年月が確定できる時
　　期——1970年10月，11月，12月，71年1月，2月，3月，4月——のフェ
　　ダイーン。この時期，この場所でわたしはパレスチナ革命を知った。起
　　こっていたことがらの並外れた明証性，あの存在の幸福がもつ力はま
　　た，美ともいう。[42]

　この時期に書かれた別のテクストにおいても，フェダイーンの姿は，やは
り特権的なものとして描かれている——「フェダイーンはすでにとても美し
かったが，伝統から自由になるにつれ，彼らは戦いの外に留まっているアラ
ブ人たちの間で，さらに光り輝くまでに美しくなった。〔……〕フェダイー
ンの美しさは新鮮で素朴で知性的に捧げられたものだった。少しばかり習得

していた古風な気高さを捨て去り，その身振りはシンプルで効果的であり，行動を起こす準備ができている」[43]というメモは，そのまま「パレスチナ人たち」で書かれた「森の入り口でフェダイーンのチェックを無事に通過できた者は，『兄弟以上』の存在となった。〔……〕今日，1971年5月27日，ヨルダン軍は基地を攻撃し始めた，フセインの政府は，革命を一掃してしまうつもりだ。けれども基地では，新たな戦術の準備ができている」[44]という一節に呼応しているだろう。けれども，フェダイーンの友愛と美しさを語る文章が添えられているのが，白い屍衣に包まれた遺体――目に見えない死体――とそれを見守る人々の姿を写した写真であるとき，見る者はイマージュ＝映像と現実をどのように結びつけるべきなのだろうか？

写真4

　この写真に添えられたテクストは，二段構えになっている。前半は，明らかに目の前のイマージュ＝映像に関連したものだが，事情を知らずにこの写真を目にした者にとっては，これが訓練で，自動小銃を発射している兵士がコーチであることを即座に見抜くことは，ほとんど不可能だろう。その意味

写真4　　　　　　　　　　　　　　Ⓒ Bruno Barbey/Magnum Photos

で，「彼らの訓練は実践さながらである。だが，コーチが実弾を発射しているものの，ここ，カメラマンのまなざしの下では，誤った動きが死をもたらすことはないだろう」[45] というキャプションは，この写真が与える最初の緊張感をいくぶんか和らげてくれるかも知れない。ただしジュネはその直後に，訓練は実戦と直結しているという単純だが過酷な事実——「つまり，これと同じ爬行を，きわめて近い将来の夜に，最初にしておそらく最後，イスラエルの兵士たちによって張られた有刺鉄線の下，おそらくは地雷が仕掛けられている——それゆえ１つのミス，１つの誤った動きが発火の，炎の，そして鉄片の引き金となる。すなわち，死である——ぬかるみのなかで開始しなくてはならないだろう，という意識を持っている」[46]——を，テクストを読む者に投げかけてくる。

　ところが後半では，「パレスチナ人庶民の女たちは美しい。それは至高の美しさだ」[47] という文章から突然，テクストはパレスチナの女性たちについて語り始める。これはバルベイの写真とは関係のないテーマであり，きわめて唐突な印象を与えるが，このパレスチナ人の女たちについての言及は，あとで提示される写真９と結びつくと同時に，ジュネが後に発表する美しく力に満ちたテクスト「ジャヴァル・フセインの女たち」や，『恋する虜』の中で語られた——怒りに満ちたジュネの姿が描かれている——婦人会会長とのエピソード[48] を思い起こさせる。ただ，武器を手に戦う男たちについて語った直後であるだけに，ここではパレスチナの女たち——武器を持たずに戦車の前に進み出た女たち——に対するジュネの畏敬の念が，いっそう強く感じられることは間違いない。

　　うずくまり，あるいは立って，庶民の女たちは預言者か巫女のように，アンマンがどのようになるのか，フセインとその宮殿が，ハシーム一族がこの先どうなるのか，あるいはそれらが今すでにどういったものであるのかを語る。真実を語るという意味で，庶民の女たちはすごい。バカーのキャンプで，1971年２月，ヨルダンの戦車の眼前に出て行ったのは彼

女たちだ。気後れし，怯えた国王軍の将校たちは後退した。庶民の女たちはこの日，バカーを取り囲んだ3列の戦車がアンマンに撤退するのを余儀なくさせたのだ。カマーラは，イスラエルに対する本物のパレスチナの勝利だった。2月のバカーは，ハシーム一族に対するパレスチナのもう一つの勝利だった。[49]

　このように，パレスチナの勝利のひとつの可能性を，ジュネはここで男たちの戦闘に関わる場面とはまったく別の方向，つまり女たちの姿から示そうとしている。ただし，彼女たちの姿は，提示されたイマージュ＝映像にはまったく出てこないものである。

写真5

　雪の残る丘を背にしたフェダイーンを写し出したこの写真は，「このパトロール隊が闊達さを取り戻し，戦士たちがそれぞればらばらに歩くようになると，パトロール隊は歌を歌い始めるだろう」[50]という文章が添えられることによって，『恋する虜』で語られているフェダイーンが次々に歌うカノン

写真5　　　　　　　　　　　　ⓒ Bruno Barbey/Magnum Photos

の，あの美しいエピソード[51]を喚起させずにはいない。そして，このイマージュ＝映像を見る者はここから音楽を，歌を聴き取ることになるだろう。その歌はグループが「それぞれ応唱を発明する。第1テーマが最初のグループから出され，早く応えた方が2番目のグループになる。3番目がその応答と問いを最初に返す，という具合に続いていく」もので，歌われるテーマは「もちろん，愛さ。それから，革命が少し」[52]である。

　こうして，音楽と詩と闘い——新しい世界のために，この3つがいかに関連し合うべきかを，ジュネは語るのである。

　　おそらく詩的な芸術という手段によって，それぞれの人間は連帯の企ての最中に親密さを護り，新しい形態と新たな価値が見つかる感受性を発達させることができるのである。世界を再び作り上げるのに思想だけで，思想や共通した行為を交換するだけで十分であると思い込むのは，とんでもないことだろう。[53]

　そして，これはそのまま，『恋する虜』における歌に対する考察へと発展していく。

　　パレスチナ人は歌を，忘れられていたもの，歌い出すまで潜んでいたものとして，つまり自分たちの内に発見されたものとして発明したのであって，おそらくどんな音楽も同じことで，それが最新のものでも，発見というよりむしろ，すでにあり，記憶の底に埋没し，そこに安らっていた音楽が再び姿を現したもののように思われる——とりわけメロディーは——まだ聞こえぬままに，肉の畔に彫り込まれたようになっていた。そこに新たな作曲家が，わたしのなかにずっと閉じ込められていた，けれども黙っていたこの歌を聞かせてくれるのである。[54]

　こうして，フェダイーンの即興の歌がカノンのごとく引き継がれていくよ

第3章　写真とことばと「不在」へのまなざし　　79

うに、「パレスチナ人たち」と『恋する虜』は互いに同じ主題、テーマを反復、反響させ合いながら、詩と音楽に深く考えをめぐらせることで、ジュネは写真を見るわたしたちに向かって、パレスチナの兵士たちが口にする歌に耳をそばだてるように促してくる。それは、「黙して語らない」フェダイーの声をわたしたちが聞き取らなくてはならないのと同質の問いかけにほかならない。

## 写真 6

この写真とテクストの関係は、1950年代の戯曲におけるジュネの虚構性に対する姿勢と、ある意味で直接に繋がっているように思える。写真では、マスクを被って目だけ出したフェダイーが、自動小銃を手にしている。一見したところ、戦闘員の緊張した姿を捉えたように見えるこの姿が実はポーズであると、ジュネは看破する。その理由――銃の台座が置かれている位置、男が煙草を吸っていることなど――には説得力があり、写真を見る者も納得せざるを得ないが、この説明によってドキュメントとしての写真の価値もまた、一変する。つまり、これはまるでカメラマンの前でポーズを取る『バル

写真 6　　　　　　　　　　　　　Ⓒ Bruno Barbey/Magnum Photos

コン』のお偉方，あるいは『《エル》』の法王と同じではないだろうか？　それでは，この写真は現実ではなく，演劇のように作られたイマージュ＝映像なのだろうか？　『恋する虜』で，ひとりのフェダイーはジュネに向かって，こう話しかける。

　　あんたたち〔＝ヨーロッパ人〕のまなざしは，俺たちの首筋を貫いた。自然と俺たちはポーズを取るようになった——英雄的な，つまり誘惑的なポーズを。脚，腿，上半身，首，何もかも魅力を発揮するようになった——とくに特定の誰かを誘惑しようとしたからじゃなく，あんたたちの目が俺たちを挑発して，こちらはあんたがたがお望みのようにそれに答えていた。なぜって，あんたたちは俺たちをスターにしてくれたんだから。モンスターにもね。[55]

　このように話をするフェダイーに対して，最初は幾分か懐疑的になったと，『恋する虜』の回想の中でジュネは書いている。それは「このフェダイーはしばしばこれを繰り返して話している，という印象をわたしは受けた。言葉はあるべきところに置かれ，文の中で実にぴったりしていたので，通訳をしてもらう前にわたしにはわかってしまった」[56]からだ。こうした用心深さは，イマージュ＝映像の仕組みに対して常に醒めた視線を送り続けてきたジュネにとっては，必須のものだったといえる。実際，このフェダイーの言葉は，『黒んぼたち』の中の「空虚と言葉のこの建築物が何を隠しているかと，みなさんはお疑いかも知れません。けれども，われわれはお望み通りの者になれるのです。だから，最後まで，理屈に合わなくても，そういった者でいましょう」[57]をストレートに思い起こさせるだけに，そこに込められた演劇性を熟知したジュネにとっては，素直に受け取れない部分もあったのだろう。
　けれども，バルベイの写真に撮られたこのフェダイーに向けられたジュネのまなざしは，むしろ情愛に満ちているように感じられる。それは「マスク

を被ったこのフェダイーがその無頓着さと——この男は煙草を吸っているのだ——皮肉な調子によって，そして自分の武器をまさに正確にどこに置いたかということによって，一切の思い違いの芽を摘んでいることは明らかなことのように，わたしには思われる」[58]からだ。つまり，この写真はイマージュ＝映像を提供していながら，同時にその虚構性を主張することで，「これが遊びであり，この戦士の休息の合間のお芝居だということ」[59]を教えてくれるのである。ジュネはこう書く——「フェダイーンは，演技をして興じる術を心得ている」。[60]

　こうしたフェダイーンは，カードを持たずにカードゲームを楽しむことができる。『恋する虜』の中で詳細に語られた彼らのポーカーでは，「カードなしに，エースもジャックもなしに，〈棒杖〉も〈剣〉もなしに，クイーンもキングもなしに，ゲームをすることをゲームしていた」[61]のだ。ただし，カードのないカードゲームとは異なり，このフェダイーが手にした武器が誰かに向けて発射されることがあることを，ジュネの想像力は否定しない。こうして，このテクストは最後に問いかけで終わる——「だが，その武器はピンと屹立している。それが発射されるなら，殺されるのはいったい誰なのだろうか？　弾倉はおそらく空なのだろうか？　そして手にしたリンゴ，それは空洞なのだろうか？」[62]

　こうして，武器を写した写真が実は演技であるとし，けれども演技について語ったあとに，ふたたび武器とそれがもたらす死について問いかけを行うジュネの視線は，ドストエフスキーについて書かれた後年のテクストに通じるものを持っているように感じられる。その中で『カラマーゾフの兄弟』を取り上げたジュネは，「こうして，あらゆる行為はあるひとつの意味と，それとは正反対の意味を持つことになる」[63]と述べ，この「傑作小説。偉大なる書物。大胆に魂を煽るもの。桁外れのもの，それもいろいろな面で桁外れのもの」[64]をひとつの冗談として捉え，自分を笑い飛ばすことができるこの作家の天才を称賛している。ロシアの大文豪とパレスチナの無名の戦士たちを同じ面に置いて繋ぎ合わせるとき，ジュネもまた大いなる冗談を真剣に

行っているのだ，とは言えないだろうか？

写真7

　簡素なテントを前にしたフェダイーンの姿を写したこの写真につけられたテクストもまた，「ここにいるフェダイーンは何を，そしてそれをどのように語っているのだろう？」[65]という疑問文で始まっているが，問いに答えることができないのは，ほかならないジュネが一番よく知っている。

　　誰も，何も，いかなる物語のテクニックも，ヨルダンのジャラシュとアジュルーン山中でフェダイーンが過ごした6カ月が，わけても最初の数週間がどのようなものだったかを語ることはないだろう。起こった出来事を報告書にまとめること，年表を作成しPLOの成功と誤りを数え上げること，そういうことなら，行った人々はいる。季節の空気，空や土や樹々の色，それなら語ることもあるだろう。けれども，あの軽やかな酩酊，埃の上をゆく足取り，目のきらめき，フェダイーン同士の間ばかりでなく彼らと上官の間にも存在した関係の透明さを感じさせることは

写真7　　　　　　　　　　　　　Ⓒ Bruno Barbey/Magnum Photos

第3章　写真とことばと「不在」へのまなざし　　83

決してできないだろう。[66]

　「パレスチナ人たち」からおよそ10年後の1982年に書かれたこの文章は，シャティーラでのパレスチナ人大量虐殺を目にした直後のものであり，そこには言葉やイマージュ＝映像の限界に対する醒めた感覚が存在する。けれども，ジュネは書き続ける。同じく『シャティーラの四時間』の中で，その決意は客観的で短く，かつ滑稽な芝居のような形で，宣言されている。

　　わたしは士官に訊ねた。
　　「フランス語を話しますか」
　　「イングリッシュ」
　　素っ気ない声だった。不意に起こしてしまったからだろう。
　　彼はわたしのパスポートを眺めた。フランス語で言った。
　　「あそこから来たのか」（指はシャティーラを指していた）
　　「ええ」
　　「それで，見たのか」
　　「ええ」
　　「書くのか」
　　「はい」
　　彼はわたしにパスポートを返すと，さっさと行けという身振りをした。[67]

　このようにして綴られた『シャティーラの四時間』は，再びヨルダンでフェダイーンと過ごした時間——誰も，何も語ることができないもの——へと戻っていく。

　　フェダイーンは皆，大地から軽く舞い上がっているようだった，絶妙のワインをあおったかのように，あるいはハシシを一服吹かしたかのように。あれは何だったのだろう。死など心配しない，空砲を放つためチェ

コ製と中国製の武器を持った青春。かくも高々と放屁する武器に守られて、フェダイーンは何も怖れていなかった。〔……〕こうした一切が可能だった。若さゆえに。樹の下にいること、武器を手に戯れること、女たちから離れていること、つまり難しい問題をはぐらかしておけること、革命のもっとも鋭利であるがゆえに、もっとも輝かしい尖端であること、キャンプの住民ともしっくりいっていること、そのうえ何をしても写真うつりがいいこと、そしておそらくは、革命的な内容のこの妖精劇が、遠からず荒廃の憂き目を見ることを予感していること、そういったことの嬉しさゆえに。つまり、フェダイーンは権力を欲していなかった。彼らには自由があったのだ。[68]

　ここに出てくる「妖精劇」という言葉から、ジュネ自身が『真夏の夜の夢』へとイメージを飛躍させているこのテクストは、「森」という舞台に注目するならば、樹々の下でのフェダイーンの姿を写した写真 7 に添えられるテクストとしても通用するものだろう。10年のあいだジュネにとって醒めることのなかったその妖精劇への誘い——ただし、この「妖精劇」という言葉が暗示しているように、こうした出来事の造りの脆さを、ジュネは感じとっている——としてこのイマージュ＝映像を見ることは、フェダイーンの友愛に触れたいと願う者にとって、貴重な入り口となるだろう。だが、それではイマージュ＝映像は「語ることがない」ものを見せてくれるのだろうか？

**写真 8**

　粗末なテントの群れを示したこのイマージュ＝映像は、ヨルダン北部の難民キャンプを遠景から写し出している。『ズーム』誌に掲載された10枚の写真の中では、唯一、風景写真とみなせるもので、武器や死体を写し出したものと比べるならば、一種の静けさすら感じさせる。けれども、手前にはおそらくこのキャンプに暮らすパレスチナ人の女がひとり、こちらを向いて立っている。そしてこの人物が存在することによって、この写真は単なる風景写

第3章　写真とことばと「不在」へのまなざし　　85

真——人が景色の一部となり，その存在が消えてしまったもの——になることを免れている。と同時に，彼女の存在が，ジュネに次のような文章を書かせることを可能にしている。

　この難民キャンプは実在している。他にもこれと同様のものがたくさんあり，およそ百万人のパレスチナ人を収容している。われわれの目に入ってこないもの，それは王国軍であり，そのベドヴィンの軍隊であり，ヨルダンの人民だ。[69]（下線は引用者）

　写真には写っていない，ヨルダンとその傭兵たち。彼らは不在ゆえに，写真の中に存在しない。さらにイスラエル。そして，それらを遠くから支えているアメリカ。ジュネのテクストはその射程を伸ばす。さらに彼はこのテクストの最後では，新聞や雑誌が報じない——したがって，これもまた目に入ってこない——事実，つまり革命に奉仕するために自分の職をなげうって世界中の数多くのパレスチナ人たちがこの土地に戻り，「それぞれ，今ではこのキャンプに，他のキャンプに，あるいはヨルダン川に面した軍事基地にいる」[70]

**写真8**　　　　　　　　　Ⓒ Bruno Barbey/Magnum Photos

ことを書き留めている。同時に，同じパレスチナ人であっても，ブルジョワに属する者たちが，キャンプとはまったく異なった，いかに豪勢な暮らしをしているかを書くことも忘れないが，それもまた，「目に入ってこないもの」のひとつである。

　ここで行われた「目に入ってこないもの」に対する問題提起は，そのまま，この写真に添えられたキャプション全体のトーンを形成している。「目に入ってこない」ことは，隠されているだけではなく，不在のものでもあるということを，ジュネのテクストは告げている。こうして，1枚の風景写真のようなイマージュ＝映像を前にしてジュネの視線は，それを見ているだけでは現れてこない，不在の存在にまで到達しようとしている。それはあたかも，難民キャンプのテントを生み出しているものすべてを見逃すまいとしているかのようだ。

写真9

　粗末なテントの前，幼い子供たちに囲まれ，片手を差し上げながら何かを語っているような，ひとりのパレスチナ人女性を中心に据えたこの写真は，

写真9　　　　　　　　　　　Ⓒ Bruno Barbey/Magnum Photos

むしろ，4枚目の写真4の後半のキャプションにふさわしいようにも見える。実際，ここに写っているパレスチナ人は，先のテクストに書かれていたように，巫女か預言者といった雰囲気を持っているように感じられる。また，ジュネのテクストが語る，「パレスチナ人民の女性の解放，それはすでに実現させているが，それがアラブ世界の女性解放の大きな助けになることは，明らかなように思える」[71]というコメントは，やはり写真4に付けたキャプションをそのまま引き継いだものだといえる。

　その一方で，写真9への短いテクストで新たに登場してくるのが，「復讐」という強い言葉である——「夫が，あるいは息子が死んだということがわかると，妻や母親たちは非常にシンプルな，ほとんど基本的とも言えるような一種の演劇性に訴えかける。死者を喚起することは，神聖なる祈りを呼び起こし，復讐を要請する。」[72] こうして，武器も銃も手にしていない女たちの写真にこそ，彼女たちの強さの源が示されているかのような印象を，わたしたちは受ける。その意味でも，このイマージュ＝映像とテクストに対しては，写真4と併せて，改めて向かい合う必要があるだろう。と同時に，「復讐」という言葉もやはり，「不在」のもの——彼女たちの「夫」や「息子」を殺したもの——が存在していることを告げている。

　けれども，ここで新たな問いかけが起こってくる——その強さの源は，この写真の女が示す「一種の演劇性」によるものなのか，そうであるならば，わたしたちはその「シンプルな，ほとんど基本的とも言えるような一種の演劇性」に対して，どのように向き合うべきなのか？　虚構性，演劇性についてあれほど語ってきたジュネのまなざしは，この写真の中で，「映像には二重の役割がある。すなわち，見せることと隠すことだ」という「パレスチナ人たち」の冒頭の言葉と，どのように響き合うのだろうか？

## 写真10

　最後の写真に付けられたコメントは，挑発的な文言から始まっているが，その根底には語り合う者同士は「対等であること」という，ジュネの基本的

な姿勢が窺える[73]。ある意味でジュネは，パレスチナの子供が銃を持つように，フランスでも子供が銃の扱い方を習う——しかも公認で——陸軍学校という場所があるという事実を指摘しているに過ぎないのだが，それだけにこの冒頭は，銃を手にしたあどけない顔のパレスチナ人の少女たちの写真に憤慨する多くの人間に対して，手袋を裏返しにする[74]というジュネ独自の戦略によって，非難をそのまま相手に送り返す役割——「憤慨しないでもらいたい——あるいは，そうすることであなたたちの気持ちが安らぎを得ることを求めるのであれば，慣ればいい」[75]という最初のコメントが，見事にその戦略を示している——を果たしている。

掲載されたバルベイの写真と直接に関連があるのは，ここまでである。ジュネはそのまま続けて，全体の総括ともみなせるコメントを書く。

この雑誌に掲載された，以上の写真が目指していること，それはパレスチナ人がどういった人々なのか，そしてとりわけフェダイーンがどのような者なのかを，よりよく理解させることである。[76]

写真10　Ⓒ Bruno Barbey/Magnum Photos

「以上の写真が目指していること」——けれどもこれは，バルベイの写真が目指したというよりも，ジュネのテクスト自身がここまで言葉を費やして語ってきたことにほかならないのではないだろうか？　ここでジュネはきわめて巧妙に，他人が撮った写真からその主題を自分のものとすり替えるようにして奪っている——これが泥棒であり詐欺師であるジュネの手腕である——とい

る。ただし，そこに辛辣さは感じられない。というのは，次に続く文章が，次なる目標をきっぱりと提示するからである。

> しかしながら，本当に彼らのことをわかりたいと願うのであれば，それには一つの方法しかない。すなわち，彼らとともに，そして彼らのように闘うことだ。[77]

　ここで「しかしながら」と始めることによって，ジュネは展開を一気に反転させる。それはまるで，これまで述べてきたことすべてを生贄として捧げるかのようであり，こうなると，西洋演劇をぎりぎりまで引き伸ばし，それを破壊する「ポトラッチュ」というドルトの指摘は演劇の枠を飛び越え，ジュネの書いたこのテクストにも適用できるように思える。そしてこれは，後年，ドストエフスキーについて「この作品を読んだ後では，みずからを破壊しないような小説，詩，絵画，音楽はすべて，わたしが言いたいのは，自分自身がそこで倒される人形のひとつであるような人形倒しゲームとして作られていない作品ということだが，そういったものはわたしにはまがい物であるように思える」[78]と書いた，ジュネの境地へと繋がっていくだろう。
　それでは，バルベイの写真まで巻き込んだこの「人形倒しゲーム」から残るものは，いったい何なのだろうか？　ジュネがさらに，そして最後にもう一度俎上に上げるもの，それは「歴史」——十字軍時代から今日まで続く——である。

> まさに，今日なお続いている植民地主義の浅ましい目的のために，カトリックの十字軍参加者を利用したような，無神論的でブルジョワ的〈歴史〉の正当化だ。こうした歴史全体——〈正統な歴史〉——が，われわれを歪められた人間にしてしまうごまかしでしかないのである。[79]

　イマージュ＝映像に対する言及——見せることと隠すこと——を冒頭に置

いたバルベイの写真とジュネのテクストからなる「パレスチナ人たち」は，こうしてユダヤ人の歴史に対する言及から始まり，最後はヨーロッパにおける〈正統な歴史〉への懐疑で結ばれている。この過程で，ある意味で自分の書いてきたテクストとバルベイの写真を裏切ろうとするかのように，「彼らと共に，そして彼らのように闘うことだ」というひとつの答えを示したジュネは，今度は「なぜ武装した，そして荒涼としたパレスチナを見せる，これほど多くの写真なのか」という最初に据えた問題提起に応じるかのように，もうひとつの答え──〈正統な歴史〉に対する異議申し立て──にたどり着く。

## 4．写真と向き合うテクスト
### ──「わたし」と「あなたたち」から「わたしたち」へ

ここまで「パレスチナ人たち」のテクストをバルベイの写真と突き合わせ，さらに『恋する虜』や『シャティーラの四時間』などを参照しながら，そこで展開されたテーマや議論を個別に検証してきた。戯曲においてイマージュ＝映像の問題を大きなテーマとして，舞台上にカメラマンをたびたび登場させていたジュネが，ここで写真そのものに対してどのような姿勢で接し，かつ，そこからどういった言葉を導き出しているのかを確認するこの作業を通して生じてくるのは，ジュネのテクスト自体が，バルベイの写真にどの程度まで結びついているのだろうか，という問いだろう。

実際のところ，ここまででも明らかなように，書かれた内容はほとんどの場合，写真に対してごく一部しか応答していない。この点で，通常のキャプションや説明を期待する読者は，最初から面食らうことになる。

たとえば，写真1では冒頭と結びの文章はたしかに写真の中の男や武器に言及しているが，テクストの大半はイスラエルがパレスチナの地に乗り込んでくるまでの，ユダヤ人の歴史の話に費やされている。あるいは，写真4は前半こそ，伏した男たちの傍でリーダーが実弾を放っている写真に対応するように，匍匐前進の訓練について語っているが，後半はパレスチナの女たち

が果たす役割と，その可能性に関する言及になっている。写真2と写真3では，被写体となった遺体（ひとつは焼き殺されたものだと思われ，もうひとつは埋葬用の布に包まれている）がどういった人間だったのかは示されず，想像力に任せるかのように，テクストはそのまま友愛によって仲間であることと敵であることの微妙な関係性について語っている。

　逆に，写真の内容と比較的はっきりと繋がっていると思われるのは，写真5，写真6，写真8，写真9に添えられたテクストだが，これらもイマージュ＝映像の説明であるよりは，そこから何かを引き出そうとしている印象が強い。たとえば写真5の場合，フェダイーンのパトロールであることまでは容易に理解できるとして，彼らが次々に歌う情景とそれに対する理解については，すべてジュネの書いたものに委ねるしかなく，テクストがなければ，イマージュ＝映像から音楽というテーマを導き出すことはほとんど不可能に近い。

　このようにバルベイの撮った写真は，ジュネにとってはパレスチナについて語るための口実でしかないような印象を受けるのは事実である。実際，ここに書かれた内容でジュネの直接の体験から出ていると考えられるものは，本章で検証した箇所も含め，その多くが後の『恋する虜』や『シャティーラの四時間』，『アジュルーンの近くで』といったテクストと結びつき，場合によってはほとんど同じ状況，記述が複数のテクストの中——そこでは写真は添えられていない——で述べられている。[80]

　そして，それらがイマージュ＝映像とはほとんど関わりなく書かれているのであれば，「パレスチナ人たち」におけるジュネのテクストもまた，バルベイの写真から自律しているということなのだろうか？　ここでもう一度，冒頭でジュネが指摘したイマージュ＝映像のふたつの役割に立ち返る必要があるだろう。

　示すことと隠すこと——示すという点で，バルベイの写真はたしかにそれぞれが，パレスチナの現状を写し出している。そしてジュネは，その点をまったく否定していない。それは，たとえば写真10でパレスチナの子供たちの戦

闘訓練に対して，それが作られたものではなく，間違いなく現実に行われていることを前提とした「憤慨しないでもらいたい——あるいは〔……〕慣ればいい」といった書き方に，明確に表れている。それでは，ジュネがこのイマージュ＝映像に対置させるのは何か？　それは，この写真が提示していることに対する否認や拒絶ではなく，同じことがフランスでも行われているという，もうひとつの事実である。

あるいは写真4や写真6のように，状況を知らない人間にとっては緊張感が走るようなイマージュ＝映像に対しては，それらが訓練であり，あるいは「けれども彼の眼のきらめきが，われわれにヒントを与えてくれる。その皮肉な調子から，これが遊びであり，この戦士の休息の合間のお芝居だということが判る」[81]と書くことで，少なくともイマージュ＝映像が見るものを欺こうとしているのだ，という誤解を回避させているように思える。つまり，写真が示していることに対して，ジュネはそれらが示されたとおりのものであることを保証しているのである。

このように見てくると，イマージュ＝映像に対する姿勢と問いかけは，常にジュネの問題意識の中に存在していながらも，1950年代の戯曲における視線と「パレスチナ人たち」のものとでは，形とトーンを微妙に変えてきていることがわかる。つまり，戯曲ではその虚構性そのものが取り出され，問いかけの対象となっていたのに対して，「パレスチナ人たち」ではイマージュ＝映像が差し出してくるもの，つまり写真が「示すこと」に対して，それが虚構であることを暴くのではなく，少なくともそれをまず受け入れる，という態度で臨んでいる。

こうした点で，『恋する虜』の中にさりげなく挿入された次の文章は，おそらくジュネにとってのパレスチナ人たちの写真の在り方そのものと，深く関わっている。

　　　幸福がそこに，あれほどの幻想の下にあるとわたしたちに信じ込ませかねなかったあの洗練に対して，わたしたちは身を護るべきだった（nous

第3章　写真とことばと「不在」へのまなざし　　93

devions nous défendre contre cette élégance) のだ。とにかく，デ
ラックスな雑誌の光沢紙の上で輝くキャンプの写真は，やはり警戒して
眺めるべきだ。一陣の風がすべてを吹き飛ばす，覆い布もシーツもブリ
キもトタンも，そしてわたしは白日のもとに不幸を見た。[82)

　ここで問われているのは，イマージュ＝映像を生み出す仕組みやそれが持
つ力，つまり写真の持つ虚構性が現実に対して圧迫する力を暴くこと以上
に，そこにわたしたちが何を見る必要があるのか，という点にある。「身を
護る」必要は，発信する側ではなく，受け取る側に生じるテーマにほかなら
ない。
　さらにここでジュネは，受け取る側について，「わたしたち」と「わたし」
というふたつの主語を同時に，使い分けて用いている。「わたしたち」は一
義的には言うまでもなく，広く「デラックスな雑誌の光沢紙の上で輝くキャ
ンプの写真」を見ている人のことだろう。一方，「わたし」はもちろんジュ
ネ自身であり，パレスチナにいた経験——それも，ヨルダンという特定の場
所と，1970年末から71年初めにかけてという特定の時期の経験——が，この
「わたし」に語る権利を与えている。なぜなら，「わたし」は「白日のもとに
不幸を見た」のだから。
　そうであるならば，テクストが向かおうとするのは，「わたしたち」から
この「わたし」を差し引いた「あなたたち」がキャンプの写真に何を見るの
か，という点に必然的に行きつくだろう。このように，一見すると単純な使
い分けでありながら，「誰」が「何」から「身を護る」のかという点で，ジュ
ネの意識がどこに向かって明敏に働いているのかを，これらの言葉の使い分
けは示している。そして，この「デラックスな雑誌」を『ズーム』誌のこと
であると考えるならば——ジュネの念頭にバルベイの写真があるのは明らか
だろう——この「わたしたち」とは，写真に添えられた「パレスチナ人たち」
のテクストにおける「わたしたち」と等価のはずである。
　そこで「パレスチナ人たち」における主語人称代名詞に注目して，不特定

多数の代わりの主語となる《on》や非人称構文の叙述を除き，明確な主体を示す「わたし《je》」，「わたしたち《nous》」およびそれに準じた形（命令形の一人称複数形など）を探していくと，「わたし」は写真3，6と10で，「わたしたち」が写真2，4，5，8，10でそれぞれに使われていることがわかる。とくに写真6での，フェダイーンによるカードのないトランプゲームの描写では，「わたしは見た (j'ai vu)」と「わたしは聞いた (j'ai entendu)」という言葉が畳み込むように，交互に繰り返し使われている点が印象的であるが，これに写真3での「わたし」も含めた記述では，明らかにジュネ自身の体験と結びついた情景が語られている。

　他方，「あなたたち《vous》」（所有格等も含む）に関しては，最初の写真1で「あなたたちがその姿を目にしているフェダイー」と「自分の姿が〔……〕あなたたちの目に触れている」という2カ所で使われたあと，しばらく姿を見せなかったものが，最後の写真10になると，冒頭で「慣慨しないでもらいたい——あるいは〔……〕慣ればいい」という命令形で，再び登場する。しかし，このあと「歴史」の話へと進むにつれ，使われる主語はふたたび「わたしたち」へと変わっていき，すでに引用した「こうした歴史全体——〈正統な歴史〉——が，われわれを歪められた人間にしてしまうごまかしでしかない」（下線はいずれも引用者）という結びへと繋がっていく。

　このように，一連の主語人称代名詞の変化を追うことで浮かび上がってくるのは，パレスチナの姿を「示した」写真を見ている「あなたたち」に，「わたし」——「白日のもとに不幸を見た」——が加わることで，イマージュ＝映像が「隠している」ものを「わたしたち」が見つけ出すのだ，という構図である。そしてその目標は，「わたしたち」が考える「〈正統な歴史〉」に対する懐疑という，根源的なものとして設定されている。

　こうして，イマージュ＝映像が隠しているものには，ふたつのものがあることが明らかになってくる。ひとつは，今，そこに存在しながら姿が見えないもの——「不幸」——である。そしてもうひとつが，この「不幸」と大きな関わりを持ちながらも，時間の流れの中でそこに不在のもの——「〈正統

な歴史〉」——である。そしてその双方が，「パレスチナ人たち」の中で繋がっていく。10篇のテクストにおいて，ユダヤ人とパレスチナ人の歴史が繰り返し語られるのは，文字どおり，この不在のものへのまなざしから導き出された結果にほかならない。

こうしてみると，なぜジュネが「パレスチナ人たち」ではイマージュ＝映像に対して，それをそのまま受け入れ，むしろある意味で積極的に提示しようとしたのかが，理解できるのではないだろうか？　それは，不在であるものが不在ゆえにそこに写っていないことを，文字どおり明示させるためにほかならない。この点で，存在するものをそのまま写し出す写真という媒体は，格好の出発点となる。

けれども，不在であることが，そこに起こっていることと無関係ということにはならない。むしろ，不在であることそれ自体が問題であり，「〈正統な歴史〉」がその不在を覆い隠しているのである。キャンプの姿を写した写真8を前に，ジュネの視線はテントの下の「不幸」を見出し，「目に入ってこないもの」を見ようとして，不在のヨルダンとその傭兵を語り，さらにその不在の奥にある時間の問題，つまり「歴史」——「なぜ」という問いかけに答えるものであると，ジュネは看破している——まで到達しようとする。ある意味でこの姿勢こそが，テクスト全体を貫いている。そしてそれは，『シャティーラの四時間』において，「拷問されたすべての犠牲者のただなかで，その傍らで，こんな『不可視のヴィジョン（vision invisible）』がわたしの心に取り憑いて離れない——拷問者はどのような人間だったのか？　何者だったのか？　わたしには見える。この目には見えない拷問者が（Je le vois et je ne le vois pas.）」[83]という一文に，鮮やかに結実することになる。

「蠅も，白く濃厚な死の臭気も，写真には捉えられない。一つの死体から他の死体に移るには死体を飛び越えてゆくほかはないが，このことも写真は語らない」[84]とジュネは書く。なぜなら，「写真は二次元だ，テレビの画面もそうだ，どちらも端々まで歩みとおすことはできない」[85]からだ。それを三次元にすることによって，はじめて「一陣の風」が「覆い布もシーツもブ

リキもトタンも吹き飛ば」し，その下にある不幸を「白日のもとに」目にすることが可能になる。さらに，時間をそこに加えるため——四次元にするため——に，イマージュ＝映像を前にして，不在の者たちを，不在の「歴史」をそこにもう一度，介在させなくてはならない。それがジュネとともに写真を見る「わたしたち」がなすべき仕事であると，「パレスチナ人たち」は語りかけてくる。

## 5．結びに代えて——『カラマーゾフの兄弟』を読むジュネ

「見せることと隠すこと」がイマージュ＝映像の役割であるなら，そこから出発して，不可視のもの，さらに「不在のもの」にまで視線が届くようにするのがテクストの役割であることを，ジュネは「パレスチナ人たち」で示す。ただし，その役目は個人ひとりひとりが引き受けるものではなく，「わたし」が「あなたたち」と結びつくことで，「わたしたち」になる必要がある。

1964年のインタビューの時点で，すでにジュネは「10年から15年前には，わたしはあなたたちと対峙していた[86]。今ではわたしはあなたたちに賛同するのでもなければ敵対するのでもなく，あなたたちと同時に存在していて，問題はもはやあなたたちに対立することではなく，わたしたちが一緒に，つまりあなたたちもわたしと同じように受け入れられる何かを行うことなのだ」[87]と語っていた。五月革命，ブラック・パンサーとの生活，パレスチナ体験と続く中，「ジュネは読者との距離をつねに厳密に測定する。政治的文脈で自分の言葉が一定の反響を呼ぶチャンスがあると判断したからこそ，1968年5月以降，彼は政治的な主題を正面から取り上げるようになったのである。〈68年5月〉はその点からも，ジャン・ジュネの後半生にとって決定的に大きな出来事だった」[88]という鵜飼哲氏の指摘を，ここでもう一度思い返しておく必要があるだろう。

その一方で，ジュネのテクストとバルベイの写真がわたしたち——ジュネにとっての「あなたたち」——に届けるメッセージは，その経路において，

大きく異なっている点を忘れてはならない。バルベイの写真にとって，わたしたちはそこに写しとられたイマージュ＝映像を初めて目にする者であるのに対し，テクストに関しては，写真とわたしたちの間にジュネという書き手が介在しているからである。つまり，写真を見るジュネという仲介者からわたしたちはテクストを受け取っていることになる。そしてこの仲介者は，自分が「嘘つき」[89]であると自認しているのである。イマージュ＝映像だけではなく，ジュネのテクストもまた，何かを示し，何かを隠そうとしている。

　フィヒテとの対談の最後に，「けれども，嘘には裏表になった真実があります」というインタビュアーに向かって，ジュネは「ああ，そうだとも。だから，そこにある真実を見つけてくれ。いくつかのことをあなたに語りながら，わたしが隠そうとしたことを見つけてくれ」[90]と応じている。ジュネにとって「読むこと」と「見ること」，あるいは「聞くこと」の真髄は，おそらくここにある。同じインタビューの中で，『カラマーゾフの兄弟』を読んだときの衝撃について，ジュネはこう語っている。

　　『カラマーゾフの兄弟』を読むのに2カ月かかった。〔……〕1頁読むとそれから……2時間，考えを深くめぐらさなくてはならず，それからまた読み始める。それはたいへんで骨の折れることだ。〔……〕芸術作品を前にしたときにも，やはり行動しなくてはならない。〔……〕だから，『カラマーゾフの兄弟』を読むと同時にそれをわたしが書いていないのであれば，わたしは何もしていないことになる。〔……〕だが，わたしにとって『カラマーゾフの兄弟』に匹敵するものはない。非常に多くの異なった時間の流れがある。ソーニャの時間やアリョーシャの時間があり，スメルジャコフの時間があって，その上，この小説を読んでいるわたし自身の時間があった。読み解く時間があり，それから彼らが本に登場する以前に存在した時間があった。スメルジャコフは，彼のことが語られる前には何をしていたのだろうか？　要するに，そういったすべてを，わたしは再構築しなくてはならなかったのだ。だが，それは夢中に

なるくらい面白かった。それは本当に素晴らしいことだった。[91]

　ジュネが書くことができるのは，自分によって「再構築された」もの，つまり客観性になど拘泥しない，想像力にのみ基づいたテクストである。そして，そこにこそ，受け取る側としての絶対的な自由と可能性がある，とジュネはいう。と同時に，「読むこと」と「見ること」，あるいは「聞くこと」は，各人に課せられた孤独な仕事でもある。

　したがって，『ズーム』誌の編集者が断りを入れるまでもなく，ジュネがバルベイの写真に添えたテクストに客観性を求めることは，無意味であろう。そもそも，すでに指摘したように，最後の写真につけたキャプションで「以上の写真が目指していること，それはパレスチナ人がどういった人々なのか，そしてとりわけフェダイーンがどのような者なのかを，よりよく理解させることである」と書くことで，ジュネはイマージュ＝映像から主題を盗み出し，自分のものとすり替えているのである。むしろジュネの態度の一貫性は，ドストエフスキーの小説に対してもバルベイの写真に対しても，同等の真摯さを持って臨もうとするところにあるように感じられる。その意味で，ジュネのテクストはバルベイの写真を，単なる口実（プレテクスト）のように扱っているのではない。そのうえで，ジュネが次のように書くことができるのは，こうして全権を掌握し，全き自由の上に立った者の強さである。

　　わたしはフランス人だ。けれども，全面的に，判断などするまでもなく，パレスチナ人を擁護する。道理は彼らの側にある，わたしが彼らを愛しているのだから（puisque je les aime.）。[92]

　ジュネと同じように，「わたちたち」はパレスチナ人を愛することができるのだろうか？「それには一つの方法しかない。すなわち彼らとともに，そして彼らのように闘うことだ」――ここから先は，受け手に委ねられる。バルベイの写真に添えられた10篇のテクストは，こうして，ジュネが「彼らと

ともに，そして彼らのように」闘った記録，ジュネ「の」パレスチナ人に向けられた回想 (souvenirs) [93]としてわたしたちが読み，そこから隠されたもの，さらに不在のものを自分自身で想像し，見つけ出そうとすることで，もっとも強く立ち上がってくるのだといえよう。そのとき，たとえその地にいなくとも，わたしたちは「自らの」パレスチナ人とともにある——ジュネの言葉の力は，このようにわたしたちに語りかけているように思える。


〔注〕

1) Jean Genet, « Les Palestiniens » in *L'Ennemi déclaré*, Gallimard, 1991, p. 89.
以下，このテクストからの引用は，初出の『ズーム』誌掲載のものではなく，本書に再録されたものに拠る。
2)「パレスチナ人たち」を再録した『公然たる敵』の註には第4号とあるが，これは単純な間違いである。Cf. *L'Ennemi déclaré*, p. 354.
3) *Zoom*, no. 8, 1971, p. 73.
4) *Ibid.*, p. 73.
5) *L'Ennemi déclaré, op. cit.*, p. 354.
6) Edmund White, *Jean Genet*, Gallimard, 1993, p. 549.
7) *Zoom, op. cit.*, p. 73.
8) *Ibid.*, p. 73.
9) Jean Genet, *Notre-Dame des fleurs, Œuvres complètes* 1. 2, Gallimard, 1951, pp. 118-119.
10) Jean-Paul Sartre, *Saint Genet comédien et martyr*, Gallimard, 1952, p. 675.
11) Jean Genet, *Le Balcon*, in *Théâtre de Jean Genet*, Bibliothèque de la Pléiade, Gallimard, 2002, p. 327.
12) *Ibid.*, p. 328.
13) Jean Genet, « *Elle* », in *Théâtre de Jean Genet, op. cit.*, p. 447.
14) *Ibid.*, p. 447.
15) 戯曲のタイトルである « *Elle* » は，そのまま訳せば「彼女」となるが，法王を呼ぶ際の尊称である « Sa Sainteté » が女性名詞であることから，男である法王を指す。ここには，フランス語の名詞が持つ文法上の性別 (genre) を逆手に取った，ジュネらしい遊びと辛辣さが垣間見える。ちなみに，この戯曲の初演で法王を演じたのは，ロジェ・ブラン演出の『屏風』(*Les Paravents*) で母親役を務めた女優マリア・カザレスだった。
16) このうち，第二歌が空白のまま残された。そのために，この作品は未完とされる。
17) Michel Corvin, « Préface » *Splendid's* suivi de « *Elle* », Collection Folio, Galli-

mard, 2010, p. 22

18)《Elle》, *op. cit.*, p. 463.

19)*Ibid.*, p. 463.

20)*Ibid.*, p. 463.

21)*Le Balcon, op. cit.*, p. 329.

22)*Ibid.*, p. 329.

23) Jean Genet, *Les Nègres*, in *Théâtre de Jean Genet, op. cit.*, p. 480.

24) Bernard Dort, "Genet ou le combat avec le théâtre", in *Théâtre réel*, Le Seuil, 1971, p. 179.

25)*Ibid.*, p. 179.

26)*Ibid.*, p. 189.

27)『ズーム』誌ではこれら10枚以外に，布から目だけを出した複数のパレスチナ人の兵士たちが自動小銃を手に突撃しようとしている姿を写した写真が，最初の見開きで使われているが，このページでは編集部による記事紹介のコメントが掲載されていることもあり，この写真に対するジュネのテクストはない。また，テクストが印刷されたページでは，アラビア語で書かれた「فلسطين (Falasṭīn パレスチナ)」という文字が添えられている。

28)《Les Palestiniens》, *op. cit.*, p. 89.

29)*Ibid.*, p. 89.

30)*Ibid.*, p. 90. フェダイー (feddaï) は単数形。複数はフェダイーン (feddayin) となる。

31)*Ibid.*, p. 91.

32)*Ibid.*, p. 91.

33) Jean Genet, *Un Captif amoureux*, Gallimard, 1986, p. 38.

34)《Les Palestiniens》, *op. cit.*, p. 91.

35) Cf. *Un Captif amoureux, op. cit.*, p. 151.

36)《Les Palestiniens》, *op.cit.*, p. 91. Cf. *Un Captif amoureux, op. cit.*, p. 204.

37)《Les Palestiniens》, *op. cit.*, p. 91.

38)*Ibid.*, p. 91.

39)*Ibid.*, p. 92.

40)*L'Ennemi déclaré, op. cit.*, p. 355.

41)《Les Palestiniens》, *op.cit.*, p.92. なお，五月革命を扱ったジュネの最初の政治的テクストである「レーニンの愛人たち（《 Les Maîtresses de Lénine 》)」で彼は，「パリの街を歩いて横切るこの旅行者は，抵抗する都市の優しさと優雅さを知ることができるのだ」(Jean Genet, *L'Ennemi déclaré, op. cit.*, p. 31. ) と書いている。

42) Jean Genet, 《 Quatre heures à Chatila 》 in *L'Ennemi déclaré, op. cit.*, p. 244.

43) Jean Genet 《 Près d'Ajloun 》, in *L'Ennemi déclaré, op. cit.*, p. 182.

44)《Les Palestiniens》, *op. cit.*, pp. 92-93.

第 3 章　写真とことばと「不在」へのまなざし　101

45）*Ibid.*, p. 93.

46）*Ibid.*, p. 93.

47）*Ibid.*, p. 93.

48）Cf. *Un Captif amoureux, op. cit.*, p. 383.

49）« Les Palestiniens », *op. cit.*, p. 93.

50）*Ibid.* p. 94.

51）Cf. *Un Captif amoureux, op. cit.* pp. 55-58.

52）*Ibid.*, p. 58.

53）« Les Palestiniens », *op. cit.*, p. 94.

54）*Un Captif amoureux, op. cit.* p. 59.

55）*Ibid.*, pp. 20-21.

56）*Ibid.*, p. 20.

57）*Les Nègres, op. cit.*, p. 541.

58）« Les Palestiniens », *op. cit.*, p. 95.

59）*Ibid.*, p. 95.

60）*Ibid.*, p. 95.

61）*Un Captif amoureux, op. cit.*, p. 40.

62）« Les Palestiniens », *op. cit.*, p. 95.

63）Jean Genet, « Les Frères Kramazov », in *L'Ennemi déclaré, op. cit.*, p. 214.

64）*Ibid.*, p. 213.

65）« Les Palestiniens », *op. cit.*, p. 95.

66）« Quatre heures à Chatila », *op. cit.*, p. 243.

67）*Ibid.*, p. 263.

68）*Ibid.*, p. 264.

69）« Les Palestiniens », *op. cit.*, p. 97.

70）*Ibid.*, p. 98.

71）*Ibid.*, p. 98.

72）*Ibid.*, p. 98.

73）フィヒテとの対談を参照 cf. « Entretien avec Hubert Fichte », in *L'Ennemi déclaré, op.cit.*, p. 151.

74）梅木達郎『放浪文学論』第二章「方法としての放浪」参照，東北大学出版会，1997年

75）« Les Palestiniens », *op. cit.*, p. 98.

76）*Ibid.*, p. 98.

77）*Ibid.*, p. 98.

78）« Les Frères Kramazov », *op. cit.*, p. 216.

79）« Les Palestiniens », *op. cit.*, p. 99.

80）例を挙げるなら，竈を前にしたパレスチナの女たちとの情景は，『恋する虜』，『ジャ

バル・フセインの女たち』,『シャティーラの四時間』, そして「パレスチナ人たち」の
写真4のテクストの中で, 反響し合うようにして語られている。

81) « Les Palestiniens », *op. cit.*, p. 95.

82) *Un Captif amoureux, op. cit.*, p. 23.

83) « Quatre heures à Chatila », *op. cit.*, p. 247.

84) *Ibid.*, p. 245.

85) *Ibid.*, p. 244.

86)『花のノートルダム』の冒頭に置かれた « vous » を, 植字工が習慣的に « nous » にし
てきた際に, 元に戻すように訂正したというのは, ジュネを語る際の名高い逸話である。

87) Jean Genet, « Entretien avec Madelaine Gobeil », in *L'Ennemi déclaré, op. cit.*, p. 17.

88) 鵜飼哲「訳者あとがき」,『公然たる敵』, 月曜社, 2011年, 643-644頁。

89) タハール・ベン=ジェルーンが書いた本は, まさに *Jean Genet Menteur sublime*（邦
訳『嘘つきジュネ』）というタイトルで刊行された（Gallimard, 2010）。また,『公然た
る敵』の編集者は, ジュネは「自分が『詐欺師』であったという結論——だがおそらく,
極めつけの詐欺師がこれを書いているのだということを知りつつ——に達する」と記し
ている。Cf. *L'Ennemi déclaré, op. cit.*, p. 378.

90) Jean Genet, « Entretien avec Hubert Fichte », *op. cit.*, p. 176.

91) *Ibid.*, pp. 146-147, p. 166.

92) « Quatre heures à Chatila », *op. cit.*, p. 254.

93)『恋する虜』の副題は « souvenirs » I, II である。

## 第4章

# 中国映像歴史学の挑戦
―――胡傑監督『林昭の魂を探して』について

## 土屋　昌明

### 1．はじめに

　ある事件を考察する歴史叙述では，実物資料や文献資料・史料，関係者の証言を示して，それにもとづいて考証していく。実物資料には，同時代の実物以外に，絵画・写真・映像・録音などの視聴覚資料も含まれる。ところで，これらを素材として，論文で文字による記述をすると，視聴覚資料を歴史叙述のコンテキストに載せることはむずかしい。しかし映像による叙述ならば，叙述のコンテキスト上にどんな資料を配置することも可能である。たとえば，証言を動画として提示すれば生の声と表情と身振りも参考にでき，映像をそのまま引用することもでき，関係する現地の景観を動画によってダイナミックに示すこともできる，などのメリットが多い。この場合，叙述の方法にオーラルが用いられるが，文字を排するわけではなく，文字は字幕で示すことになる。このような方法を，本章では映像歴史学の方法と称する。これによれば，研究成果は一種のドキュメンタリーのかたちをとることになる。

　副題にある胡傑監督は，内的問題意識から出発して，ドキュメンタリーによって中国現代史を考察する映像歴史学の世界を切り開いた鼻祖といえるのではないか。本章は，この点を論じるものである。

　胡傑監督は1958年，中国山東省済南市生まれ。高校卒業後，軍人だった父

親と同じく，1977年に解放軍に勤めた。その後，1989年に解放軍芸術学院油絵専攻で学び，1991年卒業，空軍大尉まで昇格後，1993年に退役，1995年からドキュメンタリーの撮影を始めた[1]。

最初の作品は『円明園の芸術家』（1995年）で[2]，彼が住んでいた北京の円明園近くの村を撮ったものである。当時，円明園近くの古い村に多くの芸術家たちが部屋を借りてアトリエとし，芸術家村を形成していたが，当局は風紀の乱れを口実に，彼らの退去を求めた。胡傑も，そこに住んでおり，彼の友人でもある芸術家たちが，つぎつぎに退去していく様子をビデオに記録した。この作品からわかるように，彼は身近な社会問題にカメラを向けて映像記録していく作品を志向していた。

この作品とほぼ同じ時期に，青海省祁連山の炭坑を取材した『遠き山』（1995年）も制作した。本作は，彼自身が炭坑内部に入って採掘の様子を撮っており，炭坑夫が這いずりながら手作業で掘ったり，石炭をもっこにかついで雪道を運んだりする重労働の映像に圧倒される。炭坑夫の兄弟の生活を軸に，当時の郷鎮企業の経営実態まで撮影している。そのため経営者の反感をかった監督は猟銃で撃たれたという（幸い弾ははずれた）。本作は，のちに映画学校の教材とされたり，炭坑事故が相次いだ際に政府関係者の参考作品とされたりした[3]。

その後，農村の貧困やエイズ村の問題，人身売買などといった社会問題を撮った。これらは，単に観衆に見せるためだけでなく，胡傑自身が中国社会に抱く疑問に答え，社会を理解するためでもあった。その後，1957年の反右派運動で批判された北京大学学生の林昭に関する問題につきあたって，歴史の題材へと進み，『林昭の魂を探して』（1999〜2005年）を制作した。本章で主に議論したいのはこの作品である。

彼はこれまでに29作に及ぶドキュメンタリー作品を制作しているが，すべてインディペンデント・ドキュメンタリー（独立紀录片）である。中国国内では，大学で上映されたことはあるものの，インディペンデント映画祭でもほとんど上映されたことがない。2007年に雲南省昆明で開催された「雲之南」

ドキュメンタリー映画祭で『私が死んでも』(2007年) が上映される予定だったが，それがためにこの映画祭は当局から中止に追い込まれたという[4]。もちろん DVD も公的には販売されていない。

彼のドキュメンタリーで歴史を検討する代表的な作品としては，次のようなものがある。

・『林昭の魂を探して』：1957年の反右派闘争で右派にされ，その後，獄中でも意見を変えないまま殺害された林昭という女性の事跡を追った作品。
・『私が死んでも』：1966年8月に紅衛兵女子学生たちがリンチで高校副校長を殺害した事件の経緯を追った作品。
・『国営東風農場』(2009年)：反右派運動で右派にされて，雲南省の農場で労働を強いられた人々を追った作品。
・『私の母・王佩英』(2009～2011年)：文革で被害を受けた家族を追った作品。
・『紅色美術―文革宣伝画』(2007年，胡傑・艾暁明合作 )：文革時期に大量に作成されたプロパガンダ・ポスターの作者やコレクター・美術研究者へのインタビューを通して，プロパガンダ・ポスターが持ったいろいろな側面を考察した作品。
・『星火』(2013年)：1960年の大飢饉で共産党の統治に疑問を持った青年たちが反体制の地下雑誌を印刷し，全員逮捕された事件を追った作品[5]。
・『麦地沖の歌』(2016年)：文革時期に雲南省でキリスト教会を運営していた牧師が批判されて殉死した事件を追った作品。

本章では，胡傑の映像歴史学的な代表作『林昭の魂を探して』が，インディペンデント・ドキュメンタリーの一角にあって，どのような特徴を有しているかを考察するものである。

## 2. 戦後中国のドキュメンタリー

　まず，改革開放が進んだ1980年代末から90年代前半に中国で新しいドキュメンタリー（後述するように，本章では「新ドキュメンタリー」と称する）が登場するまでの，戦後の中国のドキュメンタリーの一般的な状況と，そのなかで新ドキュメンタリーの資源となった特殊な事例について考察する。

　中華人民共和国では，建国とその後の政治運動において映像が大いに活用された。1953年に中央ニュース記録映画製作所（中央新闻纪录电影制片厂）が，各地の映画製作所を糾合して設立され，そこで制作したプロパガンダ作品が主流となって，政府系イデオロギーの普及に力を発揮した。また，1952年には中国人民解放軍八一映画製作所（中国解放军八一电影制片厂）が設立され，軍事的な事柄を紹介するプロパガンダ作品をもっぱら制作した[6]。こうして，ドキュメンタリー映画は（劇映画も含めて）国策として制作され，政治イデオロギーを観衆に注入する手段とされた。映画の宣伝力を重視する政府当局は，政治的観点に対する厳しい検閲をおこなっていた（現在でもそうした検閲は相当に厳しい）。したがって，80年代までは，個人の観点を生かした映画制作は考えられなかったし，映画撮影は国家によって管理されて，一般人が撮影機材を使うことはできなかった。

　このような政治的環境は，文化大革命時期（1966～76年）において極まり，映画はいわゆる「高大完美」という4つの漢字にまとめられるような特徴を備えるべきだとされた。そのような映画の特徴を私なりに簡単にまとめれば，次のような点になると思う。共産党による社会の明るい面や積極面だけを顕彰し，暗く悲しい面やマイナス面は描かないこと（暗く悲しい面は旧社会にこそある）。ナレーションが画面を解釈していくことで展開し，画面に対する疑念の生じる余地を残さないこと。政治家の優秀性や英雄性を突出させ，個人の生活や信条などは問題にしないこと。個人は党の政治を心から喜ぶ集合的な存在として描くこと。個人が登場しても，社会や科学の発展に関

わった英雄的な個人を主とし，その個人が発する言葉は政治的な常套句であること，などである。これらは，毛沢東の『文芸講話』の精神を実践したものであり，換言すれば，プロパガンダ映画の特徴そのものともいえよう。このほかに，一般個人が暴力を発揮する階級闘争のシーンが，例外的に個人の感情むきだしの迫力を備えている場合があるが，これは階級闘争を進めるという狙いからのプロパガンダとして描かれたものである。したがって中国においては，官製の主流政治思想の宣伝を作品の目的としないようなドキュメンタリーは，80年代までほとんど存在しなかった[7]。

　以上は，程度の差こそあれ，中国の1950年代から80年代におけるドキュメンタリーの一般的な性質といえるだろう。新ドキュメンタリーは，基本的にこうした動向から離脱するからこそ「新しい」ということになるのだが，以下に，新ドキュメンタリーへと接続すると考えられる特徴的な事例をいくつか挙げておこう。

　第1に，中国のプロパガンダ作品には，西側のドキュメンタリー手法の影響が濃厚なものもあり，それが新ドキュメンタリーに影響したと考えられる。西側のドキュメンタリストで，とくに中国への影響が強かったのは，オランダ人監督ヨリス・イヴェンス（Joris Ivens）である。彼は中国に対して深い感情を持っていた。国共内戦時期から中国に注目しつつ共産党革命を支持し，1949年以後には何度も中国に招かれ，北京電影学院などで講義し，多くの中国映画人を育てた。

　イヴェンスの中国に対する感情とドキュメンタリーの手法が集約的に表れているのは，『愚公　山を移す（愚公移山，*Comment Yukong déplace les montagnes*）』（1976年）である[8]。この映像では，教室での教師と学生の討論を傍観的に撮ったりするような手法や，グランドでボール遊びをしている学生をつかまえて質問に答えさせたり，売店の売り子にマイクを向けて質問に答えさせたりするような手法がおこなわれている。キャメラの前で繰り広げられる討論や質疑応答は，すべて事前に打ち合わされた演出だったと思われるが，こうした手法は，事前の打ち合わせの有る無しに関わらず，それま

での中国のドキュメンタリーには使われなかったものである。生き生きとした生活感が色濃く出され、ナレーションによる説明や政治的常套句の退屈さから離れている。

『愚公　山を移す』のこうした手法は、簡単に言えば、ダイレクト・シネマとシネマ・ヴェリテの手法を結合させたものだろう。ダイレクト・シネマは、未知の事件の発生を待ちながら、時間経過のなかで次第に事柄の完成されるプロセスを示していく。フィルムには、個人の見方を加えず、主観的な音楽やナレーションも加えない。カメラは気がつかれない「壁にとまったハエ」になることを理想とする。対してシネマ・ヴェリテの撮影者は、場面を作り出し、対話や質問を通して、被撮影者と深くコミュニケーションを取ることによって、被撮影者の真実の状態を獲得しようとする。たとえば、シネマ・ヴェリテの始まりとされる、フランスの人類学者ジャン・ルーシュ(Jean Rouch)『ある夏の記録（*Chronique d'un été*）』(1961年) では、撮影者は街角で被撮影者すべてに「あなたは幸せですか？」という同一の質問をする。この質問は内心の真実の考え方を表出するよう人々を喚起する。ダイレクト・シネマとシネマ・ヴェリテは、1970年代には、ドキュメンタリーの基本的手法となっていた[9]。

この2つの手法を使った西側の作品が、今までの中国にない新たな文化として80年代に中国に紹介された。中国の監督たちは、自分たちがよく知っている『愚公　山を移す』と同様な手法を使ったドキュメンタリーに、新しい西側の作品として接することになった。そこに一種の方法的な自己回帰現象が生じた。こうした手法とその効果は、その後の新ドキュメンタリーに引き継がれたと思われる。ドキュメンタリストの陳暁卿は次のように述べている。

　たとえば『中国』『風』『早春』『バランスを失った生活（失去平衡的生活)』『ロジャーと私（罗杰和我)』などの作品の私に対する影響は大きい。アントニオーニとイヴェンスの影響、すなわち国外の1960～70年代

のドキュメンタリーの創作観念の影響，あの純正ではないシネマ・ヴェリテとダイレクト・シネマの模倣は，『万里の長城を望む（望长城）』（陳暁卿自身の作品）にきわめて明らかだ。のちの研究者はこれらを提起せず，創作者もみんな言わないが，私は内部事情をいくらか知っているということだと思う[10]。

『中国』は，イタリアのアントニオーニ監督作品（後述）。『風』は，イヴェンスの遺作『風の物語（*Une Histoire de vent*）』（1988年）。『早春』（1958年）は，イヴェンスが中国の出品で内モンゴルのハイラルの生活風景を撮った作品。『バランスを失った生活（*Koyaanisqatsi*）』（1983年）は，ゴッドフリー・レジオ（Godfrey Reggio）監督のアメリカ映画。編集技術を駆使しつつ，原始的社会から現代社会までの変化と物質文明の危機を音と映像だけで描いたドキュメンタリーで，冒頭部分が中国大陸を想起させる。『ロジャーと私（*Roger & Me*）』（1989年）は，アメリカのマイケル・ムーア（Michael Francis Moore）監督のデビュー作。ミシガン州フリントにおけるゼネラル・モータースの工場閉鎖とリストラに抵抗する街の人々を撮ったドキュメンタリー。

　ここにはイヴェンスの作品が新旧とも挙げられている。レジオやムーアの作品は80年代の作品であるが，イヴェンスの旧作はそれ以前から中国にあり，陳暁卿がそれを並列するのは，イヴェンスで知っていた撮影方法を80年代に新たに中国に入った西側の作品にも発見したことを意味している。

　第2に，80年代になって，官製のドキュメンタリーでありながら，監督個人の思想が濃厚に表現された作品があらわれるようになり，それが新ドキュメンタリーに影響を与えたと思われる。これは，文化大革命が終わって鄧小平時代になり，改革開放と思想解放がおこなわれ，中国のテレビ・映画人が外国との比較を意識しだし，官製のドキュメンタリーにも変化が生じたためである[11]。

　80年代後半に広く議論されたドキュメンタリーとして，1988年夏に中央電

視台でテレビ放映された『河殤』がある[12]。この作品は，黄河を軸として中国各地の風土を紹介しながら，黄河をめぐる古今の歴史と伝統を取り上げ，現代中国がかかえる社会・文化的問題や環境劣化に警鐘を鳴らしていた。私は当時，中国に滞在してリアルタイムでこの作品を見たが，とうとう中国にも，政治イデオロギーを離れ，より大きな視点から行政を批判するドキュメンタリーが登場したかと驚きを禁じえなかった。しかも，その批判の背後には，科学による工業化と政治的な民主化への希望があった。第6部でナレーションは次のように語っている。

　　1919年の「五四運動」は初めて徹底的非妥協の精神をもって「科学」と「民主」の旗印を掲げた。マルクス主義を含めた西方の文化思想が広く伝えられた。しかしこの文化的激流も政治，経済，また人格上の封建主義の残滓を洗い流すことはできなかった。以後数十年来その残滓は浮かび上がったり，封じ込められたりしてきた。中国では多くの事柄をすべて「五四」から改めて始めなければならない[13]。

　つまり，現在の政治体制は，黄河を頼りとする過去の衰退した歴史の延長上にあるから，五四運動から進んできた政治体制をもう一度考えなおすべし，というのである。放映後，内容をめぐって批判と論争がおこり，いったん再放送がおこなわれたが，1989年の天安門事件以後，再上映禁止になった。シナリオも出版されたが，発禁になった。

　映像としては，景観を主としながら，ナレーションに依拠して監督の考えを伝えている。文字とナレーションが画面より重視されており，画面は思想に依拠している[14]。シナリオ制作に関わった学者（金観濤）などが画面に登場するが，インタビューというよりは学者然とした講義のようである。こうした点は，エリート主義的で，主張こそ違え，これ以前の革命英雄によるプロパガンダの手法から脱し切れていない。とはいえ，若い監督たちが，それまでプロパガンダ一辺倒で主流思想を伝えることだけが目的だったドキュ

メンタリーに対して，新しい映画話法を探し出す試みの一つだった。主流思想と異なる思想をドキュメンタリーに吹き込んだだけでなく，ドキュメンタリーを通して観衆に中国の文化と政治の問題を考えさせようとした点は，それまでのドキュメンタリーにはない画期的な特徴であった[15]。

　第3に，こうしたドキュメンタリーの新しい話法を探すなかで，アントニオーニのドキュメンタリーが再発見されたことは，非常に興味深い事例である。

　ミケランジェロ・アントニオーニ (Michelangelo Antonioni) は，劇映画『夜 (*La notte*)』(1961年)，『太陽は一人ぼっち (*L'éclisse*)』(1962年)，『赤い砂漠 (*Il deserto rosso*)』(1964年)，『欲望 (*Blow-up*)』(1966年)，『愛のめぐりあい (*Al di là delle nuvole*)』(1995年) などの作品で世界的に著名な映画監督である。そのアントニオーニが，1972年に文化大革命中の中国を撮影したドキュメンタリー『中国 (*Chung Kuo Cina*)』を撮っていた。この作品では，政治家や英雄的な人物はほとんど登場せず，中国人の日常生活が追求されている。そのことは，映画の冒頭にナレーションで表明されている。アントニオーニは天安門広場の場景から映画を始めるが，ナレーションは次のように語る。

　　この広場から紅衛兵たちが溢れ出し，文化大革命へ向けて邁進していった。だが，われわれは何の変哲もない日にここに来ることにした。中国人たちが写真を撮ってもらおうと並んでいる。この中国の人びとこそ，われわれが撮影した物語の主人公である。われわれは中国という国を説明したりしない。ただ，さまざまな顔，しぐさ，習慣の巨大なリストを観察したいのだ[16]。

　このシーンでは，天安門をバックにして記念撮影をしている中国人の様子を撮っている。「何の変哲もない日」，つまり中国人の日常を撮影するのがアントニオーニの目的であった。「この広場から紅衛兵たちが溢れ出し，文化

大革命へ向けて邁進していった」とは，1966年8月18日におこなわれた，毛沢東による紅衛兵の接見のことである。それを共産党当局が撮影したドキュメンタリー『毛主席は百万人の紅衛兵とともに』（1966年）があり，その映像は西側でも繰り返し使われた（中国当局は各国の関係友好団体に送りつけたという）。その画面には，天安門広場を埋め尽くす紅衛兵の群衆が，天安門に立つ毛沢東へ絶叫しながら『毛沢東語録』を振り続けるという，一度見たら忘れられない集団パニック的な状態を呈しているようすが映されている。アントニオーニは，その映像の記憶をふまえて言っているのである。それゆえ，アントニオーニが天安門広場の「日常」を表現しながら，66年8月の映像を観衆に想起させることで，この異様な非日常の映像との対比が心理的におこる。こうして，アントニオーニの映像が中国の日常世界に深く入っていくことが強調される[17]。また，北京の市場を撮ったシーンでは，買い物をしている人々のカメラ目線など気にせずに群衆の中を突き進む。まさに自分が市場の群衆をかき分けて見て回っているかのような迫真性がある。作品におけるこのような現実性・日常性の重視は，アントニオーニらのネオレアリズモ（Neorealismo）のむねとするところだが，1970年代はもちろん，80年代の中国にもまだ存在しない方法だった。

　この作品は，当時の権力闘争に巻きこまれて批判され，中国国内で一般上映されないまま，忘れ去られたのであった[18]。この作品が再び取り上げられたのは1988年であった。このとき中央電視台には，建国40周年祝賀事業として中国を称揚する作品『中国人』『天安門』などのドキュメンタリーの制作が課せられていた。テレビ局の幹部たちは，改革開放の影響をうけて，西側の目を意識するようになっていた。批判されたアントニオーニ監督の『中国』を「内部参考作品」として見たのである。これを見た関係者のなかには，ディレクターの陳真のように，革命的な影響を受けた者もいたという[19]。彼らに与えた『中国』の影響とは，思想と認識を，政治的な事件の記録によるのではなく，映像そのものの力にあずかって，人間の日常生活の描写によって提示していた点，端的に言えばネオレアリズモの方法であった。これ

が，その後の新ドキュメンタリー制作に受け継がれていった。

## 3．新ドキュメンタリーの生成

ここでは，1980年代末から起こった新しいタイプのドキュメンタリーの動向を考察しておく。この動向を呂新雨は「新記録運動（新纪录片运动）」とよび，テレビ局の作品を軸にして「新記録運動」を述べている[20]。また，中国語でいう「纪录片」は，主にテレビ局で制作される「特集番組（专题片）」に対立したものとして出現したのであるから，西洋的な「documentary」と同一ではないともいう[21]。呂新雨の意見をふまえたうえで，本章ではこれを「新ドキュメンタリー」と称することとする。

大陸中国での新ドキュメンタリーの嚆矢は，呉文光が1990年に完成させた『流浪北京：最後の夢想家たち（流浪北京：最后的夢想者)』である。本作は1989年の天安門事件以前の88年に撮影が始められたという[22]。呉文光はテレビ局に所属して，撮影機を使える立場にあった。彼のように，テレビ機材を使用できる立場の者が個人的な作品を作り始めたのが，新ドキュメンタリーの生成を導いた。つまり，当時は個人が撮影機材を購入して自由にドキュメンタリーを制作できる物質的条件がまだ整っていなかったので，呉文光のドキュメンタリー制作は，彼同様に機材を扱える人々に影響するとともに，テレビのドキュメンタリー制作へも影響していったのである。

80年代末から，中国ではテレビが一般家庭に大いに普及し始め，テレビ番組も視聴者の好みを考慮するようになっていった。当時は，改革開放政策が深化し，職業や生活の多様化が進んでいた。このため視聴者は，自分たちと同じような一般人が，どんな生活をしているかに関心を持つようになり，ルポルタージュを好んだ。しかし，テレビ番組制作者の多くは，それまでプロパガンダ映像ばかり作っていたために，一般人の生活を撮るようなルポルタージュの手法に疎かった。そのため，新しいタイプのドキュメンタリーを制作する，若くて新しい映像話法に取り組める人々の参入を歓迎したのである。

1991年冬，北京広播学院主催で第1回ドキュメンタリー学術シンポジウムが開催された。そこで呉文光『流浪北京：最後の夢想家たち』(1990年)，『長城を望む（望长城）』(1991年，中央電視台と TBS テレビの合作)，康健寧（康健宁）・高国棟（高国栋）『砂と海（沙与海）』(1990年)，王海兵『北チベットの人びと（藏北人家）』(1991年)，時間（时间)『天安門（天安门)』(1992年完成）などが上映された。このなかで『長城を望む』は，主流テレビメディアの作品であり，前述のようにイヴェンスやアントニオーニおよび80年代の欧米のドキュメンタリーの影響を強く受けていた。万里の長城の歴史が扱われるだけでなく，周辺住民の生活にも注目し，一般住民がカメラの前で自分の生活を語る。テレビ・ドキュメンタリーが，それまでの「特集番組」の作り方から「ドキュメンタリー」に分化したメルクマールともされている。

彼らのドキュメンタリーの手法は，テレビの短時間のルポルタージュ番組に反映した。1993年から始まったテレビ番組『東方時空（东方时空)』は，当時としては画期的なルポルタージュであった。北京テレビ台の「市民のコーナー（百姓栏目)」では，一般人を映像の世界に登場させて語らせる，という方法をとった。また，1993年から始まった上海テレビ台の番組「上海ドキュメンタリー編集室（上海纪录片编辑室)」は，ゴールデンタイムに「ドキュメンタリー（纪录片)」という看板を掲げた点で注目すべきであった。これらは，おもに一般市民の生活感情を扱ったテレビのドキュメンタリーであり，それが一般市民の生活を扱うことに新鮮さがあった。

以上からわかるように，この時期のドキュメンタリー制作は基本的にテレビ局などの体制内で進められた[23]。たとえば，チベット自治区ラサの党委員会と住民のあいだの状況を撮った段錦川（段锦川)『八廓南街16号』(1994～1997年）は，この時期の少数民族の生活感情を取材したものとして秀逸であり，フランスのシネマ・デュ・レエル（Cinéma du Réel）で最高賞を取ったが，出品は中央電視台とされ，その後，修訂してテレビ放送された。90年代初頭の名作とされる，時間の『卒業（我毕业了)』，『天安門』は，監督の自己資金による作品だったが，このとき時間監督は中央電視台のディレク

ターであった。康健寧『陰陽（阴阳）』（1995〜1998年）は，業務として撮影したのではなく，資金も自己調達だったが，監督は寧夏電視台の副台長であった[24]。

このほかの当時の作品としては，呉文光『1966私の紅衛兵時代（1966我的红卫兵时代）』（1993年），張元（张元）・段錦川『広場（广场）』（1994年），蒋樾『彼岸』（1993年）などに定評がある。なかでも呉文光の存在は大きい。彼もテレビ局でアントニオーニの『中国』を見た一人であった。アントニオーニの現実を記録する映画話法や立ち位置，普通人に対する尊重などを，呉文光も受けているように思われる。ただし彼は，制作の自由度を当時としては飛び抜けて強調する作家であり，アントニオーニ『中国』のカメラに見られる，当局による撮影場所や方法や演出の設定の痕跡を敏感に感じ取り，『中国』のカメラの自由度には否定的である[25]。

彼らの作品は，それ以前のプロパガンダ映画とは真反対の特徴をそなえている。つまり，社会の積極面より，現実におこっている問題や不平不満に着目する。ナレーションが画面を解釈していくことで展開するのではなく，画面に対する解釈を観衆に開いていく。政治家の優秀性や英雄性を突出させるのではなく，一般個人の生活や信条などを問題としていく。個人を党の政治を喜ぶ集合的な存在として描くのではなく，個人の生活の細部をみつめていく。社会や科学の発展に関わった英雄的な個人ではなく，どこにでもいる一般人を撮る，などである。このような方向は，画面に現実性を重んじることにもなり，あたかもその場で目撃しているような撮影（同時録音を含む）・編集の技術が採用された。

以上は，テレビ局内部あるいはテレビ局などに関わって制作された新ドキュメンタリーの動向だが，1995年ころからさらに新たな動向が加わってくる。当時，小型のハンディカムが普及し始めることで，一般人でも簡単に動画を撮れるようになったのである。このころから，テレビ局とは何ら関係なく，個人で映画を撮る人々が出てくる。その点，ドキュメンタリー作家の胡傑が，画家志望だったころに映像を撮り始めた契機を語った話が興味深い。

（1995年に）ある友人がこのハンディカムを手に持ちながら，こういっ
たのです。「いまやこいつでドキュメンタリーが撮れるぞ」。それ以前，
ドキュメンタリーを撮るということは，一つの組織，一つの会社がやる
仕事であって，一人では完成させられないものでした。ところが，日本
のソニーのハンディカムができてから，個人によるドキュメンタリー撮
影が可能になりました……友人たちは冗談っぽくこういいました。「お
まえ体が頑丈なんだから，ドキュメンタリーを撮りに行けよ。絵ばかり
描いてないで！」[26]。

　胡傑に「いまやこいつでドキュメンタリーが撮れるぞ」と言った友人の発
言は，ドキュメンタリーというものが，機材を持たない者からいかに遠い存
在だったかを端なくも表している。
　こうなると，テレビ局という体制内と，それとはまったく関係しない体制
外という，２つのあり方があらわれる。こうした意識は，ドキュメンタリー
を制作する当事者にも，はっきりと自覚されるようになった。ドキュメンタ
リーの技法を日本から来た野中章弘氏に学んでいた季丹・馮艶（冯艳）・胡
傑らが「ドグマ1995」を結んだという[27]。これは，小型カメラによって独立
かつ学術的に自由なドキュメンタリーを制作するというドグマであった[28]。
彼らはここで，テレビ局による制作にも価値を見出すドキュメンタリーのあ
り方に対して，一切の公的な権力との訣別を宣言したといえる。わずかでも
公的権力と結びついていると，自分たちの作品は行き詰まりかねないという
危惧が彼らにはあった。このような動機に発するドキュメンタリー制作のあ
り方こそ「独立記録映画」ないし「インディペンデント・ドキュメンタリー」
と称するに値するであろうし，この点に，主流イデオロギーに奉仕する立場
にあった中国の映画制作機関やテレビ局が制作したドキュメンタリーと異な
る特徴がうかがえるであろう。
　とはいえ，それは監督の主観的な芸術意識の問題でもある。あるドキュメ
ンタリーが公的権力からどう距離をとっているかによって，その作品の帰属

第4章　中国映像歴史学の挑戦　117

を決めるわけにもいかない。要するに問題は，中国でドキュメンタリー映画
を制作する機関が，政府・公的権力の干渉ないし指導をいつでも受ける立場
にあり，制作者はそれを考慮しながら作品を作らなければならないという点
にある。実際に当局の干渉や指導がなくとも，当該機関の責任者が政府の意
向を忖度して，ある表現や素材を使用しないよう監督に求める。その結果，
政治的タブーはもちろん，貧困・環境破壊・経済格差・人間性の喪失・非主
流の歴史などの素材はカメラの視野の外になる。このような立場から撮られ
たドキュメンタリーは，芸術的には優れた成果となりうるが，中国社会の現
実の深層は把捉できない。言い換えれば，当局からの干渉や指導および機関
内の忖度などの問題を回避できる立場で制作されたドキュメンタリーが，注
目すべきものとなる。

　そのような映画の呼称として好んで使用されるのは「独立記録」（インディ
ペンデント・ドキュメンタリー）という語である。この語は，ハリウッドに
対する「インディペンデント」「インディーズ」といった用語や，日本の大
手映画会社に対する「独立系」とも異なる概念である。中国語の「独立」は，
政治的な独立を意味しかねない，刺激的なにおいを感じさせる語である。映
画でいえば，主流映画に対する独立ということになるが，主流映画は中国共
産党当局のイデオロギー傘下にあるから，創作における思想的な独立を含意
している。その意味で崔衛平が，インディペンデント・ドキュメンタリーの
「インディペンデント（独立）」という点こそ重要だとして，その独立精神は
1970年代の北島ら「今天派」という地下詩壇に由来すると指摘するのは説得
的である[29]。

　これと似た語に「民間ドキュメンタリー（民間紀录片）」という言い方が
ある。「民間」という語を，中国のボランティア組織について述べる銭理群
によると，「民間」の特徴は「政府と市場のメカニズムに対して必要な補足
および制限をすること」にあるという[30]。「独立」を志向する監督たちも，
作品制作の目的は芸術性だけでなく，真実の追求，さらに，結果として社会
や人々の意識の変革をめざしている場合が多く，その点では「民間ドキュメ

ンタリー」という語と通じる[31]。

　この観点から，1995年以降のインディペンデント・ドキュメンタリーが中国社会にもたらした展開をまとめておこう。

　第1に，それまで沈黙していた一般人の言葉と生活を発掘・記録したこと。画面には，それまで一般に知られていなかった現実の生活が映されており，しかも視覚的な魅力に富んでいる。「原生態」とよばれる，生々しい現実を活写したもの。趙亮（赵亮）『さらば円明園（告別圓明園）』，胡傑『円明園の芸術家』『遠き山』（以上，1995年）。胡傑『なこうど婦人』（1995年）。李紅（李红）『鳳凰橋にもどる（回到凤凰桥）』，蒋樾『止まった河（静止的河）』，季丹『ゴンブーの幸せなくらし（贡布的幸福生活）』，段景川『天辺』（以上，1997年）。康健寧『公安分局』，蒋志『食指』（以上，1998年）。楊荔娜（杨荔娜）『おじいさん（老头）』，唐丹鴻（唐丹鸿）『ナイチンゲールは唯一の歌声ではない（夜莺不是唯一的歌喉）』，胡庶『ほっといて（我不要你管）』，朱伝明（朱传明）『北京の弾匠（北京弹匠）』（以上，1999年）。杜海浜（杜海滨）『鉄道沿線（铁路沿线）』（2000年）などがある。

　第2に，個人の権利の自覚をうながし，公民権運動を広く共有させた。胡傑と艾暁明の合作になる『天国の花園』（2004〜2007年）は，2003年の「孫志剛事件」（孙志刚事件）を扱って，「収容遣送制度」といわれる実質的な法律の変更に影響したという[32]。胡傑と合作した艾暁明は，公民権運動を撮影する作家として重要である。胡傑は，次のように述べている。

　　中国の民間や知識人たちは，自分たちの知識と行動によって，この国を強権的な社会から公民的な社会へと変えていきたいと考えています。これは未来へ向けてのことです。だから，こうした仕事を多くの人がしていたいと思っているのです。それで私も「公民ドキュメンタリー」を撮っています。つまり公民社会のドキュメンタリーです。このドキュメンタリーは，現在の人権擁護といった運動を直接扱って作品にします。これを私は艾暁明教授と組んでたくさん作りました[33]。

第4章　中国映像歴史学の挑戦　　119

　艾暁明の作品としては『太石村』『中原の物語（中原纪事）』『人民代表姚立法』（以上，2006年）などがある。ほかの監督作品では，馮艶『秉愛（秉爱）』，周浩『高三』，楊弋枢（杨弋枢）『浩然とは誰か（浩然是谁）』，崔子恩『我々は共産主義の省略符号（我们是共产主义省略号）』，林鑫『三里洞』，趙亮『罪と罰（罪与罚）』（以上，2007年）などがある。

　第3に，それまでテレビ局が扱わなかった行政の腐敗を，庶民の立場から暴露した。とくにショッキングなのは，河北・河南の数百の農村で発生したエイズ感染事件であった。これは，おもに売血や輸血の際に病院当局が血液の衛生管理をないがしろにしたために，多数の人々がエイズに感染したうえ，医療当局が保障を認めず，社会問題となった事件。陳為軍（陈为军）『死ぬよりたかれ（好死不如赖活着）』（2001年）や艾暁明・胡傑『関愛の家（关爱之家）』（2007年）『平原の山歌（平原上的山歌）』（2002年）などが，いろいろな障害や妨害をこえて作品を制作・発表された。

　第4に，災害および復旧活動に対する事実追求も，テレビ局ではできないことであった。とくに2008年の5.12四川地震について，当局の報道は旧態依然としていたのに対して，インディペンデント作家がいろいろな観点から事実の追求をした。それに対してボランティアが協力し，映像作家とボランティアのあいだで協同する動きが生じた。艾暁明『うちらの子どもたち（我们的娃娃）』（2009年），杜海浜『1428』（2009年），潘剣林『誰がうちらの子どもを殺したか（谁杀丁我们的孩子）』（2008年），賈五浩（贾五浩）『劫：2008』（2008年），崔子恩『誌同志』（2008年）など。

　第5に，隠された歴史を再考し，歴史から真正な教訓をくみ出そうとしたことである。第1節であげた胡傑の諸作品のほか，彭小蓮（彭小连）『紅日風暴（红日风暴）』（2003～2009年），王利波『掩埋』（2009年），鄧康延（邓康延）『少校を探して（寻找少校）』（2008年）などがある。

　そのほかに徐辛の『房山教堂』（2004年）『カラマイ（克拉玛依）』（2011年）などは，権力によって隠されてしまった宗教事件や事故を扱う。事実を隠匿しようとする社会現象に，歴史の隠匿と同じ構造を見てとることができる。

また，艾未未『豚足煮こみ（老妈蹢花)』(2009年）は，警察の派出所内や署内で警察官と面談しつつ警察を撮っている。警察がそれを制止すると，警察がビデオ撮影しているのだから，一般市民にもビデオ撮影する権利があるはずだ，と反論するシーンがある。このドキュメンタリーによって，それまで警察権力は自分たちを消し去ることができると思っていた中国の一般市民が，ビデオ撮影によって「自分たちを消し去る」ことはできなくなることに気づくようになった[34]。つまり，艾未未は警察権力に対していかに向き合うかを示したのである。

趙亮の『上訴（上访)』(1996〜2009年）は，地方行政の不公平を上訴するために北京にやってきた人々を撮っている。政府機関が上訴を受け付けるまで，数年も着の身着のままの状態で暮らす人々の生活および死を撮影した驚くべき映像である。

以上から，本章で扱う胡傑が，当初から独立精神によってドキュメンタリーを撮り始めたのみならず，新ドキュメンタリーの動向において，公民権運動に関わる題材と歴史の題材を扱う点で特徴的であることが見てとれる。このうち本章では，歴史の題材を扱う側面を述べる。

## 4．『林昭の魂を探して』の特徴

胡傑の作品づくりと歴史考証の特徴を，『林昭の魂を探して』について以下に述べる。

「林昭」は，もと北京大学の学生で，1957年から翌年にかけておこなわれた反右派闘争に疑問を持ったことで右派とされ，その後，甘粛省の反体制地下出版事件である星火事件などに関わって投獄された。しかし，獄中でも自由と民主を求める自分の意見を変えず，1968年4月29日に監獄から連れ出されて殺害された。

彼女の事跡は，1980年代初めに，文革を否定する材料のひとつとして中国の新聞に取り上げられ紹介されたが[35]，80年代以後，好ましからざる話題と

して公的に取り上げられることがなくなった。90年代には，ほとんど知られ
なくなっていたことが，本映画の冒頭にある胡傑の述懐からもわかる[36]。

　４年前，ある北京大学の女子学生のことを聞いた。彼女は，上海の提藍
橋刑務所で，自分の血によって，勇敢でヒューマニズムに満ちた，心の
叫びを大量に書き，最後には秘密裏に銃殺された。この女子学生は林昭
という。そのとき彼女の名前は初耳だった。1957年の「反右」運動後，
大陸はどこも思考停止し，人々はみなデマと恐怖のなかに暮らしてい
た。その時こそ，彼女が独立した思考を始めたときだった。獄中，ペン
と紙を奪われた状況で，彼女はヘアピンでみずからの指を裂き，壁に，
肌着に，血で文と詩を書いた。この話は，最終的に私にある決心をさせ
た。自分の仕事を辞めて，彼方に漂う林昭の魂を探しに行こうと。

　ほかの回想によれば，胡傑が林昭のことを聞いた当時の事情がよくわか
る。それは1999年６月で，友人と話しているときに林昭のことを聞き，その
場で林昭に関する作品を撮りたいと考えた。そのとき胡傑は反右派運動につ
いてよく知らなかった。まもなく胡傑が林昭の事跡を調査していることが勤
務先（あるいはさらに上の機関）に知れ，勤務先である「新華社の指導者で
すら持ちこたえられない圧力」がかかり，上司から辞職か解雇かを迫られて
辞職したという[37]。つまりこの時期，林昭の話題は政治的にタブーだった，
つまり大きな素材だったが，胡傑自身も知らない，歴史的に隠匿されていた
課題だったのである[38]。

　ここで胡傑が気づいたのは，おもに次の２点である。第１に，学校教育で
教わった戦後中国の歴史は，真実を伝えておらず，共産党に都合の悪い事実
を隠匿していること。第２に，体制にとって都合の悪い事実として，過去に
おける民主的な思想の存在があること。しかもそれは，現在の生活（自分の
生活）における人権問題に続いていること。戦後中国における民主思想のひ
とつとして，林昭の思想は資源となりうるとともに，その悲劇的存在そのも

のが，人々から尊敬され，民主と自由への希求を喚起する力を持っている[39]。これらの点を映像で証明するには，真実を伝えるドキュメンタリーおよびそれを支える歴史考証が必要となる。それを実現するために，胡傑監督は関係者に大量のインタビューをおこない，また研究論文を閲読して認識を深めただけでなく，彼女に関わる檔案資料や本人の筆記したノートのコピーなど，第1次資料まで入手して研究を進めて，本作を制作した。以下，本作のドキュメンタリーとしての特徴を列挙してみよう。

第1に，本作は監督本人が主人公となって，林昭に関する事実を探索する旅に出て，最終的に目的を果たす「道行き」の構成をとっていること。冒頭に監督本人が画面に出てきて，どうして自分がこの作品を撮ることになったかを語る（前掲字幕）。画面には，監督だけでなくビデオカメラも映っており，監督が一人で鏡に向かって語っているのを，自分がセットしたカメラでおさめた映像であることがわかる。これは，監督がそのカメラとともに取材に出かけ，一人で撮影したかのような錯覚をもたらす（じつは完全にはそうではない。少なくとも妹あるいは夫人が同行して撮影した場合がある）。この冒頭部分は，もとは構想されていなかった。胡傑は本作を編集したあと，自宅で友人たちに内覧させたが，その席で，監督の行動の由来を伝えるシーンがほしいという意見が出たので，上述のシーンを増補したのである[40]。その結果，結末に近い部分の，獄中で林昭のようすを見たことのある元囚人の話

図1．冒頭のシーン

図2．結末近く，監督は絵をかく

にもとづいて林昭の肖像画を胡傑が手で描くシーン，および納骨堂で胡傑が林昭の遺品を探し出すシーンと，冒頭のシーンとが対応することになり，「道行き」の構成が強化された。監督がたった一人で取材に出かけて被写体を撮るというストーリーは，独立記録の原初的なあり方にもとづいている。

　第2に，監督の「道行き」の動力として，核心となる人物（林昭）や事件の結果を先に提示し，その結果に至るまでを歴史的に追跡していくかたちをとっていること。結果に対する疑問「なぜこうなったか」という問題意識を視聴者に持たせて，その答えを探していく，という構成である。この問題意識の部分が強烈であればあるほど，歴史的な追跡に対する興味が喚起される。この部分は，林昭の蘇南ジャーナリズム専門学校時代の同級生である親友の倪競雄の語りとして，次のように提示されている。


　　倪競雄：私たちが訪ねた監獄医がこう言っていた。彼女は病床から連れ
　　ていかれた。自分は彼女が病床から引き出されて銃殺を執行されたのを
　　見ていた，と。
　　胡傑：彼女はどこの病床から連れていかれたんですか？
　　倪競雄：監獄の衛生室だ。病院とは呼べないだろう，病気の囚人がいる
　　場所だ。彼女は肺結核の病室にいたらしい。
　　胡傑：入院しているのに連れていかれたのですね。
　　倪競雄：病床から連れていかれて銃殺されたんだ。午前だったらしい，
　　どこに連れていかれて銃殺されたのかは，彼にもわからないと。
　　胡傑：どこの監獄の病床？
　　倪競雄：提籃橋監獄だ。あの医者は提籃橋の医者だった。私たちは林昭
　　の友人として個人的訪問だったし，紹介状もなかったから，話している
　　ときにいろいろ配慮をしていた。


「病床から連れていかれて銃殺された」という，尋常ではない，非情な死刑にあった女性だったことが強烈な印象をもたらす。画面には次に提籃橋監

図3．処刑についての証言　　　　　　図4．監獄の現地へ

獄が映しだされるが，そのまえに監督がバスに乗って現地に向かうシーンが置かれている。これにより，「道行き」的な画面進行に流れがもたらされる。

　林昭の人生の結末が提示されたあと，幼少期から学生時代，右派にされた状況，その後の地下出版物『星火』のメンバーとの関わり，逮捕，獄中での抵抗など，ストーリーはほぼ時間の進行にそって進む。監督の「道行き」もその順にそって進んだかのように編集されている。監督は可能なかぎり現地を採訪しており，それが「道行き」の感覚を強める。

　第3に，歴史背景について，資料映像・文献資料・証言を使って少なからぬ時間をかけて説明している。とくに文献資料は，一般には見ることのむずかしい檔案資料（複写版を含む）を使っており，史料的価値が高い。たとえば，上述の提籃橋監獄の外観が映されたあと，「1965年に監獄が林昭に刑を執行した報告書」が示される。これは一般には見られない檔案資料であり，監督が調査して見出したものをカメラにおさめたのである。その報告書には

図5．提籃橋監獄の外観を示す

「上海市人民検察院，被告人：林昭，事由：反革命」と手書きしてあり，画面上部に「密」（非公開の意）とある。そして，次のナレーションが続く。

> ナレーション：私が見た，林昭に刑を下す監獄の報告書には次のようにあった。「拘禁中，林昭はヘアピンや竹ベラなどで何百回も皮や肉に傷をつけ，血で数十万字にのぼる，反動的で悪質な内容の手紙・メモ・日記を書いた……。社会主義制度を公開の席で侮蔑してこう言った。『人としてのすべてを奪い去ってしまう恐ろしい制度』『血にまみれた全体主義制度だ』と。林昭は自分を『暴政に反対する自由の戦士であり若き反抗者』という。プロレタリア独裁と諸政治運動に対して，悪辣を極めた一連の侮蔑をおこなった」。

画面には資料が映しだされ，ナレーションがどの部分を読んでいるか追うことができる。監獄の報告書は普通，事実にもとづいて書くものであり，獄中において「血で」文章を書いたこと，および獄中でも政府批判を口にして自由を主張したことが，伝説による誇張ではないことを証明している。このような映像は，生資料を映している点，文字に転写した資料より信頼性が高い。しかもナレーションは「私が見た」と，胡傑の一人称で語られる。つまり監督個人が調査したことを自分で語るというスタンスである。

この点は，本作が映像による歴史研究の実践であることを示しているの

図6．檔案資料、上部に「密」とある

図7．林昭の血書の写し

で，本論では強調すべく，もう一例を挙げておこう。それは，林昭が関わった甘粛の地下出版物についてである。画面には蘇州らしき街角が映り，それを背景に次のようなナレーションが流れる。

　　ナレーション：林昭は，北京から上海の母親のもとに戻り転地療養となったが，頻繁に蘇州の実家に戻った。そこで父親を再認識するようになり，よく徹夜で話しこんだ。このころ，『かもめの歌』を読んで天水の農村から林昭を慕って来た蘭州大学歴史系の右派学生の張春元と物理系の院生の顧雁と知り合った。この林昭の罪を記した書類にこうある，「張春元が蘭州に戻る前，林昭は『現代修正主義綱領草案』と自作の反動的な詩『プロメテウス受難の一日』を張春元に贈った。張春元と顧雁はこれらを参考に『中国に平和と民主と自由の社会主義社会を実現すべきだ』と公然と提示し，そして林昭の反動的な長詩を反動雑誌『星火』に発表した」。

続いて，このナレーションに見える顧雁へのインタビューが始まる。

　　胡傑：この小冊子を印刷したのは，当時では命がけだったのでは？
　　顧雁：そりゃそうだ，はっきりしている。さっきも話したが，ある教師は『紅旗』雑誌社に正規ルートで投稿しただけで，まったく合法的なのに，懲役10年になるんだ，私たちも当然……

ここで「林昭の罪を記した書類」が，前述のように普通見られない檔案資料であるばかりか，1960年の中国に「平和と民主と自由の社会主義社会を実現すべきだ」と公然と提示する『星火』という地下刊行物が存在したことが示されている。しかも，それを裏打ちするために，その事件の当事者である顧雁の証言が示されている。この事実は，中国国内で隠匿されてきただけでなく，日本を含めた世界の中国史研究で知られていなかった。胡傑のこの映

第4章　中国映像歴史学の挑戦　127

像によって，はじめて明示された事実である。さらに，その地下刊行物を具体的に認識するために，匿名の人物への取材から，今では見ることのできないその雑誌の目次を復元する。

ナレーション：ある匿名希望の人が，彼らを逮捕・監禁・死刑に追いやった『星火』の目次を見せてくれた。……（画面には筆で目次を書くのが映る）

ナレーション：『星火』の目次は 7 篇，幻想を放棄して戦闘に備えろ—顧雁，食料問題—張春元，現在の形勢とわれわれの任務—苗慶久・向承鑑，右傾機会主義のフルシチョフ—胡暁愚，農民と農奴と奴隷—張春元，右傾の由来—苗慶久，そして林昭の詩『プロメテウス受難の一日』全363行。詩にはこうある，「……もし鷹の爪と牙によって，囚人に勝利者の栄光を明示するなら，笑おう，稲妻をも握る神ゼウス，おまえを哀れんでやろう。ついばめばよい，命令を受けて私を責めにくる禿鷹め，この潔白な心臓を思うがまま。犠牲者の血と肉は日々にもたらされ，食いあき，おまえらの羽はさぞかし光沢を増すことだろう……鷹が胸をついばみ，鎖が肉体をさいなもうとも，魂は風よりも自由に，意志は岩よりも硬い」。

図8．顧雁の証言

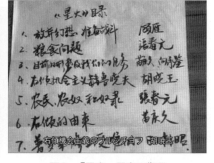

図9．『星火』目次の復元

この取材により，『星火』第1号の目次が明らかになった。さきほど登場した顧雁が巻頭の文（発刊の辞）を書いていることに気がつく。つまり，顧雁はこの事件の中心人物だったのである。その彼が林昭と連絡をしていたことがわかる。

じつは，本作のあと，胡傑はこの地下刊行物とそれに関わった人々に取材して，『星火』（2013年）を制作する。その撮影の途上で『星火』のコピー版を入手し，それを画面に映している。この雑誌は，当該事件の関係者が逮捕された段階ですべて没収されたから，おそらく甘粛省の警察当局に保管されているはずで，それを胡傑がどうして映像に撮れたのかは不明である[41]。本作の段階ではまだ『星火』の実物コピーを目にしていなかったので，上のような手法になったのである。

以上のように，本作では徹底的な資・史料調査をおこない，それに関わる人物に取材して裏を取る，という歴史学の基礎調査をおこない，かつそれを映像に撮って画面に示しているのである。文字に起こすより信憑性が高いし，観察したければDVDの画面を止めればよい。この方法は，一般の歴史論文のように文字に転写して記述するより信頼性が高いのである。

資・史料が示されるだけでなく，それらにもとづいて，歴史事件の原因について，監督なりの見解を提示しているのも特徴である。たとえば，反右派闘争について次のように説明している。

まず1950年代のニュース映像をバックにナレーションが流れる。

　　ナレーション：1956年，国際共産主義の形勢が激変した。ソ連ではフルシチョフがスターリン批判の秘密報告をおこない，ポーランドやハンガリーでは知識人が導いた民主運動が勃発した。フルシチョフの秘密報告は，中国の知識界にもひそかに伝わり，これが毛沢東に知識分子への警戒を喚起させた。

次に「フルシチョフの秘密報告は，中国の知識界にもひそかに伝わ」った

ことを，もと北京大学数学系学生で退職教師，もと北京大学『広場』編集責任者の陳奉効の証言によって裏打ちする。

　陳奉効：ソ連共産党第20回大会以後，スターリンの暴虐が暴露された。北京大学には当時，Worker's Daily というイギリスの労働者新聞があり，そこにフルシチョフ秘密報告の全文が載った。当時私は外国語ができたので，読んで，私と北京大学数学系の助手だった任大修と唐茂琪の３人で読んで，この報告の翻訳まで作った。任大修はその後，労働改造所で亡くなったが……。

　続いてまた当時のニュース映像を背景に，ナレーションが「国際的な情勢変化に対して，毛沢東は蛇を穴から誘い出すやり方をとった」と説明する。すると，その「誘い出すやり方」が，当時のニュース映像と吹き替えで示される。「４月27日，中共中央は整風運動の指示を出した。広範な大衆と愛国人士が積極的に対応し，個別の党員や幹部に有益な批判と意見を大量に出している……」。「『人民日報』：褚安平，毛主席と周恩来総理に意見を提出」。次に，これらがじつは毛沢東の作戦の実行にほかならないことを，文献によって証明する。

　ナレーション：毛沢東が中共中央起草の党内指示でこう言っている。「党の機関誌は，党のプラス面の文章を少なめに載せる。大字報は，かならず大衆に反駁させなければならない。大学では，教授の座談会をひらいて，党への意見を出させ，できるだけ右派に毒素を吐かせて，それを新聞に発表する。彼らに学生のまえで演説をさせ，学生に自由に態度表明させたらよい。反動的な教授，講師，助手，学生に毒素を大いに吐かせ，言いたいことを存分に言わせるのがいちばんよい。彼らは，いちばんよい教師なのである」。

これは，1957年6月8日の毛沢東「力を結集して右派分子の気違いじみた攻撃に反撃をくわえよう」にもとづいている[42]。画面には『毛沢東選集』第5巻の映像が映され，引用部分を目で追うことができる。引用はさらに続く。

　　ナレーション：「ある人はこれを陰謀だというが，われわれはこれを陽謀だという。なぜならこれはあらかじめ敵に告げてあったからである。妖怪変化は隠所から出させてはじめて殲滅しやすくなるのだ……」。「要するに，これは一大合戦であり……この戦いに勝たなければ，社会主義はきずきあげられないのだ。そのうえ，「ハンガリー事件」がおこる危険性もいくらかある」。

　これは，1957年7月1日の「文匯報のブルジョア的方向は批判すべきである」[43]，「要するに」以下は，同巻「力を結集して右派分子の気違いじみた攻撃に反撃をくわえよう」[44]である。このような長文の引用を何度もおこなうのは，ドキュメンタリーとしては特殊なことだ。この引用によって，反右派運動はもともと毛沢東によって企まれていたのであり，毛沢東は知識人に党への意見を出させておいて，それをもとに打撃を与える考えだったこと，毛沢東が知識人に打撃を与えたのは，フルシチョフのスターリン批判やハンガリー事件が，中国国内の知識人たちに伝わっていたからだったこと，などを証明している。とくに後者については，実際にフルシチョフの秘密報告を翻訳したという人物の証言であり，当時このようなルートで西側の情報が中国国内に流れ込んでいた具体的な例として興味深い。
　ここには，毛沢東が知識人に党への意見を出させたのは，もともと打撃を与えるためだったのか，それとも当初は意見を受け入れるつもりだったのか，という問題がある。たとえば，胡傑もインタビューをしている銭理群は，次のように述べている。

毛沢東は「百花斉放，百家争鳴」を発動したとき，知識人と民主党派の力を借りて，彼が不満をもっていた党内の官僚に攻撃を加えようと考えた。ところが上層と下層の民主運動に発展し，両者が結びつく勢いとなった。そこで毛沢東は転換し，党内の官僚と連合して「反右派運動」をおこし，民主を要求する知識人，民主党派，学生および社会の各層に対して，容赦ない弾圧を加えた[45]。

　これによれば，毛沢東は民主運動が勢いづいたために知識人弾圧に転換したことになる。これに対して胡傑は，毛沢東は当初から知識人を打撃するために仕組んだと考えているのである。

　このような部分は「道行き」のストーリーからは離れることになる。たとえば，毛沢東の性格を述べる次のシーンなどもその例である。

　　李鋭：毛沢東は，自分の主観と客観だけに責任を持つ。自分の認識した
　　主観と客観，それだけにしか責任はとれない，ほかはどうでもよい。そ
　　んな人間だ。

　反右派闘争が毛沢東の主観によって引き起こされた点を指摘しており，毛沢東の側近にいた人物（李鋭）の洞察として貴重な証言である。このようなシーンでは，本作の主旋律である「道行き」から離れても，歴史的原因を認識し表現しようという意欲を優先する。

　第4に，取材対象を現地に連れていき，もとの場所に立たせて回想を語らせるという手法をとること。これはおそらくクロード・ランズマン（Claude Lanzmann）監督『ショア（*SHOAH*）』（1985年）の影響を受けている[46]。たとえば，林昭とともに土地改革工作隊・政治工作指導員だった李茂章への取材は，現地へ赴く車中から始めて，現地では李が記憶を想起するシーンも画面に採用している。

李茂章：彼女は口がきつかった。人に容赦ない。でも自分をうらぎることは言わないしやらない。舌鋒は鋭く，筋が通っていた。（車中で話している）

ナレーション：ここは，林昭が土地改革に参加したときの太倉八里郷。

農民：もともとの部屋はあそこにあった。（現地の人々と話し合う）

李：真ん中が母屋で，左右が脇部屋だった。（現地に立っている）

ナレーション：工作隊はここの教会にいたが，今は更地となっている。

李：ここはいつ取り壊された？

農民：文化大革命の「殴打・破壊・略奪」で取り壊された。

李：当時，教会のなかは信徒でいっぱいだった。われわれはパンパンとピストルを撃った。そこの牧師が出てきて話をした。あなた方は共同綱領違反だ，共同綱領では人民には信仰の自由があるというのに，あなた方は私たちの信仰の自由を侵していると。

倪競雄：林昭はどう答えたのか？

李：林昭は，われわれが共同綱領に違反していると牧師が言ったのを聞いて，立ち上がって言った。「そうだ，共同綱領には信仰の自由があるが，中央の通知では，土地改革期間に宗教活動は普通，停止しなければならないとある」と。すると牧師は逃げていった。

倪：これが彼女だよ。（現地の人に見せる）

　林昭の思い出に話が進むと，倪競雄がおもむろに懐中から林昭の写真を取り出す。これはおそらく監督が準備させた演出だろうが，身を乗り出してその写真を見る農民たちの反応が興味深い。現地の農民たちからも忘れ去られた歴史の事実を探っている。このような手法は，胡傑の他の作品（たとえば『グラーグの書』2013年）にも見られる。

　第5に，ナレーションが事件の具体的な状況を詳細に語ること。たとえば，林昭がいったん保釈されたあと，黄政と「中国共産主義者青年戦闘聯盟」を立ち上げるまでのシーンは，ナレーションとその関係者へのインタビューが

第 4 章　中国映像歴史学の挑戦　　133

交互に置かれている。

　ナレーション：1962年 3 月，林昭の獄中での病状は悪化，母親が戦前以来の統一戦線対象（革命貢献者）に入っており，その時『星火』の中心人物だった張春元が逃走中だったため，公安は張春元へのおとりとして，林昭の保釈治療に同意した。

　次に許覚民（林昭のおじ，もと中国社会科学院文学研究所長）へのインタビューが入り，保釈のときに林昭が監獄を出ようとしなかったことを語る。

　ナレーション：保釈された林昭は蘇州に戻り，そこで知り合ったのが労働改造農場から戻ったばかりの右派の黄政だった。

　次に黄政へのインタビュー，蘇州の飢餓のことが語られる。こうした話題が林昭と黄政の相互理解に結びついたという意味である。

　ナレーション：黄政は1950年に志願軍で朝鮮戦争へ，1955年に出身家庭が悪くて除隊，1957年に右派にされ江蘇省の浜海農場で労働改造をした。1960年に農場で病気や飢えで死んだ者の埋葬を専門に担当。

図10．現地で資料を示す　　　　　図11．実物資料（林昭の絵画）をうつす

次に黄政が餓死者の埋葬について具体的に語る。そのあと，林昭の自由と民主の思想が再度取り上げられ，それが黄政と「中国共産主義者青年戦闘聯盟」を立ち上げることに結びつく。

　　ナレーション：林昭と黄政は共同して中国改革案を起草，8項目の主張を出した。だが彼らの活動はとうに監視されていた。林昭は再び入獄，黄政も続いて逮捕されて懲役15年となった。

　ここで黄政本人にインタビューできたのは価値が高いが，彼らの聯盟と改革案の具体的な事柄について証言がとれなかったのは惜しまれる。この部分でナレーションがストーリーを引っ張っていく傾向が顕著なのは，材料の不足も原因の一つと思われる。
　第6に，林昭とは直接関係のない研究者にインタビューして，歴史や思想を解説してもらうこと。たとえば，北京大学中文系の銭理群教授が林昭の思想を解説するシーンがある。

　　銭理群：彼女は理想を抱いて（共産党の）組織に参加し，組織のために自分のものを犠牲にできた。組織とはそういうものだ。その一方で彼女には良心もあった。最も基本的なことは奴隷化に反対すること，奴隷的現象を見ると必ず反対した。自身を奴隷にさせることにも反対だ。それで良心と組織性の矛盾を来した。57年の反右派以後，彼女には根本的変化がおこった。この政権への基本的立場の変化だ。以前は政権を擁護することを承認し，その前提で自分なりに批判を出した。その後，自分が直面しているのは一人一人の問題ではなく，制度全体の問題だと気づいた。そこで彼女の思想は質的飛躍をとげた。全体主義への反抗となった。これは彼女が反右派から踏み出した重要な一歩だ。この一歩を踏み出せた人は多くない。それで彼女はその後変わったのだ。

第4章　中国映像歴史学の挑戦　135

　銭理群は研究者として林昭の思想を解説しているのであり，林昭のクラス
メートや関係者たちの証言とは性質が違う。とはいえ，これも胡傑からすれ
ば，林昭理解のための「道行き」の一環ということになるのだろう。
　第7に，林昭の事実だけでなく，関係者の苦悩や悲惨な経験を個別に取り
上げており，登場人物それぞれに対して関心をひきおこすように作っている
ことである。たとえば，反右派運動で批判された林昭が，人民大学の資料室
で同じく労働改造となった甘粋と知り合うシーンでは，視聴者は林昭より甘
粋の人生に思いをいたすことになる。


　　　ナレーション：林昭は右派にされたが農村には送られず，学部長だった
　　　羅列氏のおかげで，人民大学新聞雑誌資料室で労働改造となった。この
　　　資料室にはもう一人，帳尻あわせで右派にされた甘粋がいた。
　　　甘粋：出勤も退勤も一緒だった。男と女がいつもこうしていると，人目
　　　につくものだ。組織が私をつかまえてこう言った，「おまえら右派の恋
　　　愛はだめだ」と。恋愛と言ったって，自分たち2人が——今なら恋愛関
　　　係を結ぶという——そういうのじゃない。組織が私たちをそう配置し
　　　た。そう配置したから，もともとそういう関係じゃなかったのに，それ
　　　がうそから出たまことで，恋愛するなと言われれば言われるほど，彼女
　　　と私の性格だから，俺たちはもっと見せつけてやろうと，意識的に手を
　　　つないだり，当時は腕組みだ，今と違って，男女が腕組みしながら，人
　　　民大学のキャンパスを歩いて見せつけた。
　　　ナレーション：ここで林昭は『かもめの歌』と『プロメテウス受難の一
　　　日』を創った。そして，毎日曜に甘粋をつれて王府井教会で礼拝し，キ
　　　リスト教を知らない甘粋に聖書を物語った。


　ここで劇伴の音楽が突然流れ始める。劇伴の音楽は本作でここが初めて
で，しかも画面に映るキリスト教会および林昭がキリスト教徒だったことに
合わせて，教会音楽が使われている。林昭の詩『プロメテウス受難の一日』

からの連想もあり、林昭がイエス・キリストのような犠牲・殉教の人であるかのようなイメージが作られる。その劇伴とともに、当時の「1958年大躍進、土法高炉」などのプロパガンダ映像と、「生産の発展と集団主義思想の成長を促進……農業社の食堂経営は一石二鳥」「新疆の小麦が空前の大豊作、寧夏地区は昨年比で八倍」などの新聞記事(プロパガンダ)が映る。そして画面は甘粋に戻り、次のような語りとなる。

甘粋：当時、結婚には組織を通して許可が必要だった。許可をもらって、紹介状を持って行かなければ婚姻届を出せなかった。私が紹介状をもらいに行ったら、何と言われたと思う？　党総支部書記はこう言った、「おまえら右派が結婚とは何事だ！」と。彼の管轄下なのに恋愛して、彼を無視した。むしろかなり反抗していた。だから、こうなるのは当然だった。結婚できない、許可がないんだから。

プロパガンダ映像のような全体主義社会と甘粋個人の幸せとが対比させられ、個人の幸せなどは問題にならないことが強調される。そしてナレーションはこう述べる、「結婚が学校側から拒絶されてすぐ、甘粋は新疆の農二師労改営に配置換えになり、そこで彼は地獄の22年を過ごした」。ここでは、ナレーションは監督の道行きではなく、甘粋の人生の説明者となっている。しかし「新疆の農二師労改営」「地獄の22年」については説明せず、劇伴の音楽と甘粋の後ろ姿などで余韻を持たせている。ここには、林昭だけでなく、他の人々も悲惨な経験をしていることに対する監督の配慮が感じられる。そして、甘粋の人生、「地獄の22年」を知りたいという気持ちにさせられるのである。

**図12. 後ろ姿で余韻を出す**

要するに，歴史を扱うドキュメンタリーとして，胡傑はナレーションが画面を引っ張っていく手法を採った。これは『河殤』で使われたような手法である。ナレーションだけでなく，研究者が講義然とした解説をするのもそうである。

このような1980年代までのプロパガンダ的な手法は，ほかにも指摘できる。上述の第7の特徴でとりあげたシーンの劇伴がそうだ。また，空中に白いネッカチーフが舞うシーンが突然挿入されるなどもそうである。これは「自由なる精神の飛翔」といったイメージを表象しているのであろうが，80年代までの映像に多用された手法である。この点について，2003年に自宅で本作を上映し，胡傑もまじえて討論をした崔衛平は，次のように述べている。

> （胡傑の作品に賛意を持つ）意見と違うのは，何年も民間の映像を進め，民間ドキュメンタリーを育ててきたような人たちだった。彼らはドキュメンタリーのかたちから入り，この作品（本作）は，80年代のテレビ制作の「文芸もの」に似ていると指摘した。いわく，当時の「傷痕文学」の痕跡を帯びており，抒情的な成分が多い。たとえば，満天の大雪の景色や白いネッカチーフが青空に舞うシーン，ときどき急に音楽が鳴り始めるなど，あたかも観衆に起こすべき感情を準備させているかのごとく，ドキュメンタリーが要求する材料だけのナラティヴの客観性・冷静さに欠けている。また，林昭を当時迫害した当事者も画面に出すべきで，加害者と被害者の双方が画面で自分の意見を表明する部分が必要だ，と[47]。

このような意見を受けて，加害者への取材の問題は，新たに「林昭の獄中での状況については，監獄の職員は誰もわれわれの取材を受け入れてくれなかった」というナレーションのある1シーンが入れられた。しかし，大雪の景色，白いネッカチーフ，音楽などは，現行の本作でも使われており，上述のような批判を受けつつ，胡傑はこの表現を捨てられなかったわけである。

この批判は決して主観的な好みの問題ではなく，インディペンデント・ド
キュメンタリーのあり方として退行だというのである。確かに，胡傑は一方
で，カメラ一つで現地に取材に行くスタンスを冒頭に示し，体制内のドキュ
メンタリーでは決して扱われない歴史タブーを扱い，歴史上の個人にフォー
カスをあてている点では，インディペンデント・ドキュメンタリーの精神を
貫いているのに，なぜ，表現形式的には退行ともされかねない，プロパガン
ダ的な表現を使ったのだろうか。

　おそらく，対象である林昭の清廉さ・道徳的高さ・関係者の彼女に対する
愛慕の深さを知った胡傑は主観的となり，ドキュメンタリストとしての冷静
さを若干失ったのだろう。胡傑はこの題材で職を失った。経済的困窮のもと
で取材に出かけるときは「風蕭々として易水寒し」という，皇帝を暗殺に出
かける刺客（行ったきり戻ってこられない）のようで，旅行中は「まるで蒼
天から見られているよう」な奇妙な精神の昂揚を味わったという[48]。要は，
強烈な使命感を持っていたのである。こういう課題に対して，冷徹・客観的
に材料だけを示すという手法では物足りなさを感じたのであろう。

　さらに，この課題は歴史的に隠匿されてきたことに問題の一端があるのだ
から，これを映像化したあとに，多くの人々に鑑賞してもらわなければ意味
がない。そのためには，一般人の映像リテラシーにかなった形式を使うべき
である。そうなると，むしろ80年代からなじみのある表現を使って情緒に訴
える側面も必要となる。

　ナレーションが引っ張っていく構成や，研究者が出てきて解説する手法な
ども，このような配慮によるのであろう。ただし，本作のナレーションは監
督本人の道行きにもとづく設定になっており，体制内ドキュメンタリーのナ
レーションとは位相が違う。冒頭の監督本人の映像と語りが，監督の道行き
とあいまって，ナレーションが画面を引っ張っていくことを自然に感じさせ
る。その意味では，プロパガンダ的なナレーションとは違う，インディペン
デントならではの独自の手法なのである。

　以上を要するに，本作は新ドキュメンタリーの動向を承けながらも，それ

以前の古いプロパガンダ映画の手法と独自の特徴とを備えているととらえて
よいだろう。古いプロパガンダの手法は，無意識のうちに使ったのではなく，
歴史の隠匿に抗するためには広く受容されなければならないという目的のた
めに自覚的に選択されたものであろう。いわば，体制の洗脳を，その洗脳に
使われた手法によって解くことになる。以後，歴史を扱った胡傑のドキュメ
ンタリーでは，以上のような手法が基調となる。

## 5．『林昭の魂を探して』以降の諸問題

本作が紹介される以前，1998年に『南方週末』および『今日名流』で林昭
を記念する回想録が発表され，2000年に許覚民編『林昭不再被遺忘』（長江
文芸出版社）が出版された。それまでほとんど顧みられなかった林昭の事跡
であるから，これだけでも大きな展開だが，出版物の拡散はそれほど大きい
ものではない。

前述のように，本作が広く鑑賞されることを胡傑は期待したと思われる
が，インディペンデントである以上，劇場公開はなく，DVDの販売もでき
ない。しかし書物に比べると，2時間弱の時間で，視覚と聴覚を通して大量
の情報を得ることができ，しかも事件を探索する知的欲望と感動を得られる
映像作品の拡散力は大きい。2004年にごく狭い範囲で上映されると，あっと
いう間にインターネットに本作の感想が書き込まれ続け，コピー版が広く伝
わった。2004年ころに北京で聞いた話によると，本作を入手したければ，夜
間に露天商を探せば手に入るとのことだった。ある人は，この作品のDVD
を入手したあと，自力でコピー版を1000部も作って勝手に配布したという。
そのうちインターネット上に動画として流れるようになった。ゼロ年代にお
ける中国インディペンデント映画の実態と社会的影響のあり方を示す好例で
あろう。

かくして，現代史に関心を持つ多くの中国人が，この作品から大きな影響
を受けることとなった。と同時に，映像作品が回想録や研究論文などの著述

活動を刺激した。2004年に蘇州に林昭の墓が建てられ，林昭を記念する第2
評論集『走近林昭』（明報出版社，2006年）が許覚民によって編集された（こ
の本は大陸では出版できず，香港で出版された）。傅国涌が2008年に編んだ
『林昭之死』には，30名近くが投稿しているが，ほとんどの人が本作で初め
て林昭を認識し，感動して，文章を綴ったのである。ほかに，海虹という女
性教師が，林昭をモデルにした長編小説『中国紅豆詞』（中国国際文化出版
社，2008年6月）を発表した。主人公の名前は「林萍」とされ，小説になっ
ているが，素材は虚構ではないとのことである。趙鋭という女性記者は『祭
壇上的聖女──林昭伝』（台北秀威資訊公司出版，2009年3月）という単行
本を出した。林昭とともに右派とされ，彼女と結婚しようとした甘粋は『北
大魂─林昭与「六・四」』（台北秀威資訊公司出版，2010年1月）を出版して
いる。本書は1989年4月15日から6月4日までの日記の形式で，叙述は1957
年の北京大学の民主化運動と1989年の民主化運動のあいだを行ったり来たり
しながら，中国の政治社会を議論している。

　こうした林昭に関する言及や研究のなかで，最も注目すべきは傅国涌の
「林昭とその時代」という論文である[49]。以下，この論文によって，林昭に
ついて本作以後に理解が進んだ点を挙げておこう[50]。

　第1に，林昭個人の性格づけについて。傅国涌は，林昭が政治思想家とい
うより詩人的な資質の持ち主だったことを強調している。この点について，
個人の第1次資料を丹念に調べる手法を使って，林昭のメモや手紙を検討し
ている。そして，当時の革命ロマンチシズムと相容れない，プライベートな
日常生活を愛する彼女の資質が，必然的に悲劇へと導いていったとみる。「こ
れまで林昭を考えるとき，おもに彼女がすでに外に出した個別の詩文や片言
隻句にもとづいていた。私がはじめて林昭に注意するようになったのは10年
あまり前だが，当時は林昭をほとんど政治的に，闘士のように考えていた」。
つまり，林昭の個人的な資料を読んだ傅国涌は，『人民日報編集部への手紙』
のような公開的な文献から知られる林昭とのギャップに驚かされ，個人とし
ての側面から林昭を再考したのである。

第4章　中国映像歴史学の挑戦　141

　傅国涌はその一例として，林昭が親友の倪競雄に出した手紙を示している。その手紙で林昭は，倪競雄の住む地でシルクが作られていることを聞き，シルクの具体的な値段や製品の色，耐水性があるかなどを細かく尋ねて買おうとしている。こうした事例にもとづき，林昭の性格は政治志向というより，日常生活の細やかなものに対する愛着が濃厚にあるというのである。この点については，胡傑の本作でも，林昭が獄中で50種類以上の食品名を挙げて，それを食べたいと母親に甘える態度で書いたメモを取り上げているのは，同じ方向の指摘であろう。

　第2に，林昭が反右派闘争で右派に認定されたことについて。林昭が北京大学の雑誌『広場』の編集をし，そのグループのなかから民主化運動がおこったことは胡傑も指摘している。しかし，それだけが林昭批判の原因ではなく，むしろそれ以前から共産党員との確執の流れがあったことを傅国涌は指摘している。

　1949年の建国前夜，党員だった林昭は，上海からの撤退を組織から命じられたが，それに従わなかった。それゆえ，国民党は彼女を逮捕しなかった。この件は，共産党員としての彼女の政治的汚点でもある。そののち彼女は，組織から汚点のある人物と目されるようになった。さらに，1950年ころ，南蘇にいた彼女は，土地改革に参加したが，そこに南下してきた党員幹部の下品さに憤慨した。当時彼女は19歳くらいで，友人たちもみなそのくらいの歳だった。そんな彼女たちを既婚の幹部が求めたからだ。とくに，彼女の直属の上司の指導員が，彼女と同じグループの女子を娶ったことに対する不満を半公開で発言した。これが禍根を残したという。反右派運動以前に林昭は批判されたことがあり，その理由は，彼女が涙を流して泣くことが多いのは，プチブルジョア思想の表れだというものである。こんな言いがかりのような理由で，彼女は千人大会で批判された。つまり，彼女に対する人身攻撃が目的だった。

　第3に，北京大学の教授たちと林昭の関係について。とくに1958年，北京大学の教授たちが反右派で批判されたときの游国恩と林昭の関係を，胡傑は

示していない。游国恩は『楚辞』の研究者として有名だが，林昭の文学の才を愛し，彼女を新聞科から国文科に移籍させようとしていた。しかし，反右派運動が彼にも及び，それは実現しなかった。この件が林昭に反右派運動の内実を知らしめ，共産党への絶望感を招いたという。

　第4に，林昭と『星火』の関係について。傅国涌の調査によれば，『星火』を印刷するまえに，張春元は林昭に会っているが，林昭は『星火』の印刷にも，同人による研究会の組織作りにも反対した。『星火』のメンバーで林昭がとくに交友したのは，『星火』の序文を書いた顧雁だった。顧雁との交友は10カ月にも及び，その間，林昭は顧雁に30～40通の手紙を書いた。そこには顧雁に対する林昭の恋慕がしたためられていた。のちに獄中で面会した張元勲に対して林昭は，『情書一束』という本をまとめたいと言ったと伝えられていたが，これまで『情書一束』という本が何を意味しているか，よくわからなかった。傅国涌が顧雁にインタビューしたところ，顧雁は即座に，林昭が自分に送った手紙を本にしたかったのだと答えたという。じつは，顧雁は『星火』が露見して逮捕が迫るころ，林昭が巻き添えになるのを恐れて，林昭から来た手紙をすべて焼却しようとしたが，それを惜しんで，自宅の屋根裏に隠したのだ。顧雁は，自分がすでに警察からマークされていたことを知らなかった。警察は，顧雁の自宅の前に張り込みのための部屋を借りて彼を監視していた。逮捕とともに，顧雁が隠した手紙は捜し出されて，結局，林昭も逮捕されることになった。『星火』に林昭の詩が掲載されているが，それも顧雁が林昭に無断で掲載したのだった。

　傅国涌の意見にもとづけば，本作が，おもに譚蝉雪へのインタビューによりながら，林昭と『星火』の関係を直接的に描いているのは，歴史事実として問題が存在するようである。胡傑はおもに，譚蝉雪の自伝『求索』にもとづいているが，顧雁は譚蝉雪の『求索』にも，胡傑のドキュメンタリーにも批判的であるようだ。私はこの問題について，2017年1月10日に合肥に住む顧雁に会って話を聞いたが，この件は話してもらえなかった。2017年6月29日，専修大学でおこなわれた「中国六十年代と世界」研究会例会で，甘粛の

独立記者である江雪の講演を聞いた。江雪もこの件について言及し，傅国涌と同様なことを顧雁から聞いているようだった。

第5に，林昭の死について。傅国涌の調査によれば，死刑を執行したのは裁判所ではなく，中国人民解放軍上海市公検法軍事管制委員会だった。これは，彼女が文化大革命における秩序維持のための軍事管制の犠牲になったことを意味する。その点では，彼女を文革の被害者とみることもできるが，当該委員会がなぜ死刑執行をする必要があったのかは，さらに検討が必要だろう。また，死刑執行の具体的な場所も不明のままである。

このほかに，傅国涌はあまり詮索していないが，林昭の精神疾患の問題がある。この問題は，林昭の獄中の20万字にのぼる文章『霊耦絮語』の評価にある。このなかで林昭は，上海市書記であり，みずからを投獄する責任者である柯慶施と霊的な結婚をするという話を書いている。このような話をどう評価するか。これを精神疾患による錯乱の結果とみて，林昭の評価からはずすべきなのか。だが，そうしたい欲望は，胡傑が提示した林昭の「聖女」イメージをそのままにしたい欲望に由来するのであり，ジェンダー的な偏向ではないか。艾暁明は，この点を指摘し，そのまま理解すべきだとし，「林昭は妄想と現実の感覚が相互にぶつかりあうなかで，不自由な精神的苦痛と拘禁された現実的経験を転換させて，珍奇な文字の話を創りだした」と述べる[51]。本作がこの問題を扱っていないのは，資料的な欠如で，胡傑が林昭の精神疾患の問題を認識していなかったのか。それとも，林昭の政治思想と信念を強調するために，あえて精神疾患の問題を扱わなかったのか。以上の問題の詳細は，今後の課題とせざるをえない。

## 6．結論

胡傑が当初，身近な個人を撮ったドキュメンタリーを制作したのは，1990年代前半の新ドキュメンタリーの流れを受けたためであった。そこから歴史に足を踏み入れたのは，林昭という対象に出会ったからである。つまり，身

近の個人から歴史上の個人に関心が移った。現在の中国の社会で個人がないがしろにされているのと同様に，中国の歴史でも個人がないがしろにされている。胡傑は，ドキュメンタリー制作の調査と撮影を通して，歴史には個人が存在することを認識すると同時に，個人には歴史が存在することも認識した。新ドキュメンタリーは，社会における個人には注目したが，歴史においても個人への注目が必要だという認識へは進まなかった。歴史における個人への注目は，中国共産党当局が堅持する主流歴史観に束縛された体制内のドキュメンタリーには期待できない。『河殤』が主流歴史観を打破しようとしたが，政治的に批判・封印されたし，作品としても，『河殤』には歴史における個人への注目はなく，大きな歴史だけを扱うエリート主義に立つのが限界だった。胡傑の本作にいたって，はじめて歴史における個人の存在を扱ったドキュメンタリーが登場した。それが可能だったのは，作品がインディペンデント・ドキュメンタリーだったこと，歴史研究としての説得力があったこと，深い感動を呼ぶ表現力があったこと，そしてデジタルデータによって広範に伝達できたこと，などが要因となっている。

　そして，胡傑には歴史に対する強烈な使命感があった。それは民族的な道徳意識にもとづく。彼はあるインタビューでこう述べている。

　　あの苦しみと暴力と恐怖に満ちた時代にも，中国には殺されるのを恐れずに思考する者がいたが，彼らは秘密裏に処刑されてしまった。彼らがこれほど勇敢に死に赴いたことを私たち今の人々は全く知らないのだ。ここには道徳的な問題が存在する。彼らは後の私たちのために死んだのだ。もし私たちが彼らを理解しなければ，悲劇にほかなるまい[52]。

　この道徳意識こそ，作品にみなぎる魅力であり，胡傑をインディペンデント・ドキュメンタリストとして成り立たせる根源である。これがあったからこそ，多くの人々が真摯に証言し，貴重な資料を入手し，それを撮影して作品化できたのであり，その結果，インディペンデント・ドキュメンタリーと

して社会的な変革に寄与したのである。ただし，そこに描かれている表現には，旧来のプロパガンダの手法によって情緒やイメージに訴える側面がある。また，歴史事実についても，その後の調査研究を通して，修訂されるべき点がある。以上のような胡傑の作品の分析から，映像歴史学の方法について多くの示唆が得られると思う。

## 7．付記——本グループ研究後における胡傑作品の上映

　本グループ研究（2013～2015年度）における胡傑作品の上映と討論については，まえがきに提示されている。それ以後，2016年度の研究活動の一環としても，胡傑作品の上映活動をおこなったので付記しておきたい。大学の夜間の時間を使って3作品を日本語字幕つきで上映し，各作品に関する個別の議論をおこなってから，最終日に討論をおこなった。

　作品①『林昭の魂を探して（尋找林昭的灵魂）』2016年5月23日（月）午後6時半～
　作品②『星火』5月24日（火）同上時間
　作品③『私が死んでも（我虽死去）』5月25日（水）同上時間
　作品②と作品③では胡傑監督が質疑に答えた。そのうえで5月28日（土）に「文革の記憶と方法としてのインディペンデント・ドキュメンタリー」と題して，次の作品の上映と討論をおこなった。
　作品③『私が死んでも』午後1時15分～2時35分
　作品④『紅色美術―文革宣伝画』午後2時50分～4時20分

　討論では，胡傑監督のトークを中心に，会場からの質疑に対して監督およびマネージメントを担当する江芬芬さん（胡傑夫人）が応答する時間を1時間半ほどとった。
　5月28日の胡傑のトークでは，自身の映画制作のプロセスが語られた。胡

傑によれば，1995年からインディペンデント・ドキュメンタリーが発展して
きたが，歴史を対象とする監督や作品は多くない。それは，世代的な問題が
関わるのかもしれない。自身は文革についていくぶんかの記憶があり，歴史
に対する内発的な動機がある，とのことである。

　以上の一連の活動以外に，東京の複数の大学で胡傑作品の上映と胡傑監督
のトークがおこなわれた。

　5月27日（金）午後3時～6時，青山学院大学の陳継東ゼミ・狩野良規ゼ
ミ・林載桓ゼミの主催で，授業の一環として作品④を上映し，狩野良規氏と
林載桓氏がコメントして胡傑監督と討論した。

　同日，午後6時半～9時半，早稲田大学ジャーナリズム研究所の主催で，
「中国・歴史の闇を記録する～文化大革命から50年」と題して作品①を上映
し，胡傑監督のトークと質疑がおこなわれた。世話人は当該研究所幹事の野
中章弘早大教授（アジアプレス・インターナショナル代表）。

　5月28日（土）午前9時～12時，専修大学の土屋担当の「総合科目」で，
胡傑と江芬芬両氏が講義をおこない，胡傑が依娃『尋找人吃人見証』（明鏡
出版，2015年）の挿絵に作った版画を編集してスライドショーを上映した。
この授業では，前週に作品①を全篇上映して歴史背景を解説し，その上で監
督本人の講義に臨んだ。

　5月29日（日）午前10時～12時，胡傑監督講演「インディペンデント映画
と歴史の省察」およびパネル・ディスカッションが，科学研究費挑戦的萌芽
研究「カルチュラル・アサイラム―中国インディペンデント・ドキュメンタ
リーの生成と流通―」（研究代表者：秋山珠子，課題番号：15K12846），早
稲田大学「現代中国インディペンデント映画研究部会」の主催，早稲田大学
アジア太平洋研究センターの共催でおこなわれ，午後には作品②の上映と質
疑もあった。

第 4 章　中国映像歴史学の挑戦　　147

## 8．胡傑フィルモグラフィー

題名は日本語訳，（　）内に原文，制作時期，作品時間。

01　円明園の芸術家（圓明園的艺术家）1995年5月〜12月，33分

02　遠き山（远山）1995年6月，48分

03　引っ越し（迁徙）1995年6月，20分

04　なこうど婦人（媒婆）1995年8月，48分

05　生生してやまず（生生不息）1996年〜2007年，20分

06　農民出稼ぎ短編シリーズ（农民进城打工系列短片）1997年〜1998年

　　　足場組み立て工（架子工）12分

　　　廃品回収業者（收废品的人）10分

　　　清掃業者（清洁工）10分

　　　解体業者（拆房工）20分

　　　農民工の工場（农民办工厂）10分

07　芝居一座（戏班子）1997年，20分

08　聖なる光（圣光）1998年，18分

09　民選村長（民选村长）2000年〜2004年，50分

10　海辺にて（在海边）2000年，50分

11　平原の山歌（平原上的山歌）2002年，70分

12　日光浴（晒太阳）2002年，50分

13　林昭の魂を探して（寻找林昭的灵魂）1999〜2005年，115分

14　小さな天使（小天使）2003年，30分

15　大切なもの（宝宝贝贝）2003年，30分

16　生存か滅亡か（生存还是毁灭）2005年，120分

17　天国の花園（天堂花园）2004〜2007年，150分（監督：胡傑・艾暁明，
　　撮影・編集：艾暁明，胡傑）

18 『ヴァギナ・モノローグ』幕後の物語（阴道独白　幕后故事）2003～2004年，40分（監督：艾暁明・胡傑，撮影・編集：胡傑・艾暁明）

19 戸県農民画—革命のための絵画（为革命画画—户县农民画）2005年，52分（監督・撮影・編集：胡傑・艾暁明）

20 記者王克勤（记者王克勤）2005年，40分

21 沈黙する怒江（沉默的怒江）2005年，30分

22 私が死んでも（我虽死去）2007年，70分

23 紅色美術—文革宣伝画（红色美术）2007年，70分（監督・撮影・編集：胡傑・艾暁明）

24 国営東風農場（国营东风农场）2009年，104分

25 大飢饉記念碑（粮食关）2007年～2009年，110分

26 私の母・王佩英（我的母亲王佩英）2009年～2011年，68分（企画：張大中，監督・編集：胡傑，撮影：胡傑，胡敏）

27 グラーグの書（古拉格之书）2013年，38分（監督・編集：胡傑，撮影：胡傑・楊文婷）

28 星火（星火）2013年，100分

29 麦地沖の歌（麦地冲的歌）2016年，102分（企画：熊景明）


〔注〕
1）経歴は本人の教示による。土屋昌明［2013］も参照。
2）胡傑作品の原名などについては，章末のフィルモグラフィーを参照。
3）このときの政府関係者には，当時の最高指導者であった胡錦濤も入っていたという。胡傑［2008］242頁。
4）朱日坤のインタビューによる。文海［2016］99頁。
5）詳しくは，土屋昌明［2015］。
6）単万里［2005］117頁。
7）興味深いことに，文化大革命時期の1972年9月から中国全土で上映された北朝鮮映画『花売り娘（卖花姑娘）』（金日成原作のミュージカルを映画化）が大ヒットしたのは，可憐な少女が，あらゆる不幸にも家族兄弟を思って耐え続けるシーンが感動を呼んだからであった。「このようなセンチメンタルな表現は，文革期までの中国映画では絶対に

第4章　中国映像歴史学の挑戦　　149

許容されないものであった」（劉文兵［2006］53頁）。これは逆に，当時の中国映画がいかに主流イデオロギーに充ち満ちていたかを如実に語っている。

8）「『愚公　山を移す』は1988年以前の全国の人民がすべて見た」とテレビディレクターの陳真は述べている。李幸ほか［2006］10頁。

9）エリック・バーナウ［1978］。楊弋枢［2012］。

10）呂新雨［2003］171頁。

11）呂新雨［2003］17頁によれば，テレビ局制作の特集番組が外国には通用しなかったことがショックとなって，新しいドキュメンタリーを制作する実験が進んだため，体制内でこれを始めた人々は国際部の所属が多かったという。

12）蘇暁康［1989］。

13）蘇暁康［1989］144頁。

14）楊弋枢［2012］。

15）陳暁卿によれば，彼はナレーションが画面を引っ張っていく『河殤』の方法に強く影響されたという。呂新雨［2003］170頁。段錦川によれば，『河殤』の影響は，1991〜92年ころもかなりあり，多くの機構やテレビ局で政治論的なドキュメンタリーを制作していたという。呂新雨［2003］70頁。

16）本学社会科学研究所特別研究助成「フランスと東アジア諸地域における近現代学芸の共同主観性に関する研究」で2011年12月10日にシンポジウム「映像としてのアジア」を開催し，当該映画の上映と討論をおこなったが，そのときに作成した下澤和義氏の翻訳による。この翻訳は，フランス語字幕から日本語に翻訳し，イタリア語のナレーションとの対照をおこなっている。

17）土屋昌明［2012］。

18）新田順一［2012］。日本でもほとんど知られていない。

19）李幸ほか［2006］11頁。

20）呂新雨［2003］13頁。

21）呂新雨［2003］13頁。

22）単万里［2005］411頁。

23）この時期の日本のドキュメンタリーの影響も考慮すべきだが，別の機会に譲る。段錦川によれば，1993年に山形国際ドキュメンタリー祭に参加し，大きな影響を受け，その後，この映画祭の背景である小川伸介の作品を系統的に鑑賞したという。呂新雨［2003］71頁。後述の蒋樾も1992年に初めて小川伸介の『三里塚の夏』を見てショックを受けたという。呂新雨［2003］107頁。

24）尹鴻ほか［2015］。

25）欧雪冰［2004］。

26）土屋昌明［2013］。

27）胡傑から2012年3月25日に聞いたことだが，具体的には未調査である。

28）これにはラース・フォン・トリアー（Lars von Trier）の「ドグマ95」の影響があっ

たと思われる。

29) 崔衛平［2003］。

30) 銭理群［2012］下巻411頁。

31) 土屋昌明［2013］では「民間ドキュメンタリー」という語を使った。この語は胡傑監督の教示による。以下に述べる諸点も胡傑監督の教示によるところが大きい。

32) 2003年，孫志剛という若者が，広州でホームレスとして公安当局に身柄拘束された後，警察職員らの暴行で死亡した事件。「収容遺送制度」については「都市浮浪者収容送還弁法」にもとづき，都市において定職，住居を持たず物乞い等している者を農村に送り返す制度。田中信行［2013］を参照。

33) 土屋昌明［2013］。

34) 土屋昌明［2013］。

35) 矢吹晋［1989］。

36) 以下，字幕は当該ドキュメンタリーから翻訳した。

37) 胡傑［2008］242頁。

38) 日本でも，1999年第1刷『岩波中国現代事典』に「林昭」という項目はない。銭理群［2012］は林昭のことを「すでにわが民族の誇りとなった」と断言し，あたかも林昭の評価が市民権を得たかのごとく述べているが，実際にはそうではない。最近では，土屋ほか［2016］所収の陳継東「林昭の思想変遷」は林昭の残した文章を分析している。王友琴ほか共編共著『中国文化大革命「受難者伝」と「文革年表」』（集広舎，2017年4月）所収の小林一美「林昭―文革受難者を象徴する人物として最も有名な元北京大学女子学生」は，胡傑監督の本映画について「内外に大きな反響をよんだ」という。

39) 銭理群［2011］。

40) 土屋昌明［2013］55頁。

41) フランス現代中国研究センター（Centre d'études français sur la Chine contemporaine）主催による討論会「毛沢東時期の民間記憶とその歴史的衝撃」（Popular Memory of the Mao Era and its Impact on History）が，2014年12月15・16日にパリでおこなわれ，胡傑が招かれて『星火』を上映，会場からこの疑問を問うた研究者がいたが，胡傑は説明しなかった。この時期にいたっても，まだオープンにはできないのである。

42)『毛沢東選集』第5巻，1977年，外文出版社日本版，666頁を参考に改訳。

43) 毛沢東［1977］673頁を参照して改訳。

44) 毛沢東［1977］668頁を参照して改訳。

45) 銭理群［2011］207頁。

46) 胡傑はあるインタビューでランズマンの『ショア』から多くを学んだと述べている。Ian Johnson［2015］。

47) 崔衛平［2008］264頁。

48) 胡傑［2008］244頁。

49) 傅国涌［2014］。

第 4 章　中国映像歴史学の挑戦　151

50）土屋昌明［2017］で紹介したことがある。

51）艾暁明［2013］。

52）Ian Johnson［2015］。


〔参考文献〕

エリック・バーナウ［1978］『世界ドキュメンタリー史』近藤耕人訳，日本映像記録セン
　　ター，1978 年（Erik Barnouw, Documentary : a history of the non-fiction film. New
　　York : Oxford University Press, 1974）

銭理群［2011］「中国民主運動の歴史」鈴木将久訳，『情況』2011年 6・7 月合併号，204
　　〜215頁。

銭理群［2012］『毛沢東と中国―ある知識人による中華人民共和国史』阿部幹雄ほか訳，
　　青土社，2012年12月。原書名：銭理群『毛澤東時代和後毛澤東（1924―2009）：另一種
　　歴史書寫』。

蘇暁康［1989］『河殤――中華文明の悲壮な衰退と困難な再建』辻康吾・橋本南都子訳，
　　弘文堂，1989年。

田中信行［2013］『はじめての中国法』有斐閣，2013年。

土屋昌明［2012］「日本人からみたアントニオーニ『中国』」『専修大学社会科学研究所月報』
　　No. 591，46〜58頁，2012年 9 月20日。

土屋昌明［2013］「中国の「民間ドキュメンタリー」とはなにか―胡傑監督へのインタ
　　ビュー」『専修大学社会科学研究所月報』No. 598，42〜67頁，2013年 4 月20日。

土屋昌明［2015］「胡傑監督『星火』初探」『専修大学社会科学研究所月報』No. 623，6
　　〜17頁，2015年 5 月20日。

土屋昌明ほか［2016］『文化大革命を問い直す』勉誠出版アジア遊学，2016年11月。

土屋昌明［2017］「傅国涌の仕事」〈中国60年代と世界〉研究会編『中国60年代と世界』第
　　2 期第 5 号（通巻第12号）2017年12月16日。

新田順一［2012］「中国における『中国』―「帽子をかぶせる」から「帽子をはずす」ま
　　で―」『専修大学社会科学研究所月報』No. 591，11〜26頁，2012年 9 月20日。

毛沢東［1977］『毛沢東選集』第 5 巻，1977年，外文出版社日本語版。

矢吹晋［1989］『文化大革命』講談社現代新書，1989年。

楊弋枢［2012］「見られている観察者―『中国』と屈折する眼差し」土屋昌明訳，『専修大
　　学社会科学研究所月報』No. 591，35〜45頁，2012年 9 月20日。

劉文兵［2006］『中国10億人の日本映画熱愛史』集英社新書，2006年。


艾暁明［2013］「林昭的生死愛欲―读林昭灵耦絮语」『中国之春』2013年12月号。

尹鴻ほか［2015］「中国独立影像发展备忘(1999-2006)」『爱思想』更新時間2015年12月26日。
　　http://www.aisixiang.com/data/95630.html

欧雪冰［2004］「安东尼奥尼的中国之痛」『第一财经日报』2004年12月10日第D07 版。

单万里［2005］『中国纪录电影史』中国电影出版社，2005年12月

胡傑［2008］「尋找林昭的靈魂拍攝經過」傅國湧編『林昭之死』香港：開放出版社，2008年。

崔衛平［2003］「中国大陸獨立製作記錄片的生長空間」『二十一世紀』2003年6月号，総77
　　期，84〜94頁。

崔衛平［2008］「傳唱英雄的故事」傅國湧編『林昭之死』香港：開放出版社，2008年，264
　　〜268頁。

傅國湧［2008］『林昭之死』香港：開放出版社，2008年。

傅国涌［2014］「林昭和她的时代」『悦读』第38卷，二十一世紀出版社，2014年6月。

文海［2016］『放逐的凝視』台北：傾向出版社，2016年。

李幸ほか［2006］『被遗忘的影像』中国社会科学出版社，2006年。

吕新雨［2003］『记录中国—当代中国新纪录运动』生活・读书・新知三联书店，2003年。

Ian Johnson［2015］China's Invisible History, MAY 27, 2015, The New York Review
　　of Books. http://www.nybooks.com/topics/talking-about-china/

謝辞：本論文をまとめるにあたり，胡傑監督と江芬芬さんから多くの教示を得た。記して
　　謝意を表したい。

## 第5章
# 中国宗教儀礼における映像人類学

## 三田村圭子


## 1. はじめに

　本章では，中国宗教儀礼と宗教的活動の記録を映像資料の視点から論じ，特に筆者の専門と関連のある中国宗教儀礼の記録の現状と注目すべき点を取り上げる。近年，中国では映像人類学[1]を展開していくうえで，新しい視点をもった手法が模索され議論されている。この問題については，日本ではあまり紹介されたことがないと思われるので，その議論の大きな契機となったと考えられる作品を具体的に取り上げて考察してみたい。

　儀礼の多くは普遍的な問題を扱い，信仰の有無から宗教行為の是非まで各自の信条が異なっていたとしても生活の中に習慣や習俗として根ざしている。特に宗教的儀礼は，人生で遭遇する不可避の重大事，病気・死そして予測不能の不幸を解決し，より平穏で幸福な生活と人生を取り戻し，維持しようとする行為が凝縮されて表現される場と言ってよい。これまでに公開された映画[2]の中でも宗教的儀礼が一つの象徴的な情景として表現されることは多々あり，特別な知識がなくとも，その場面が完結した物語の中でどのような役割を果たしているのかを文脈の中で理解することができる。映画が個々の記憶や感情を刺激し，普遍的な問題に辿り着けるよう映像と脚本が導いてくれるからである。

　その一方で，調査記録としての宗教儀礼の映像資料は，研究会や学会の場

で上映されない限り一般で観る機会は限られている。しかし，現在ではこのような映像資料を見るにあたりさまざまな方法がある[3]。飛躍的な撮影機材の進歩に伴い手法も変化し，撮影する側の裾野も拡大した。また並行して，観る側が専門知識を持たない状態であったとしても興味を引かれるような内容の作品が制作されるようになり，少数ではあるが劇場での一般公開もされるようになってきている。

それでもなお上映の機会は限られ，内容の全体像が把握できないことも多くある。中国宗教を専門にしている筆者は，中国宗教儀礼に関連する映像資料を観る機会に比較的恵まれてはいる。しかし解説や資料を併用しなければ十分な理解は得られないのが現状である。こうした困難の原因は，フィクションの映画とは異なり，基本的に映像資料に求められるのは整合性や物語の完結性より，記録の正確さや貴重性が重視されることに由来している。ここで言う「正確さ」が何を示すのかは依然として大きな問題で，個人のレベルでもさまざまな見解がある。研究者のあいだでも幾度も議論されてきた問題であろう。断片としての映像資料ではなく，正確な記録でもあり物語としても成立するのか，二律背反する問題を模索する製作者と現状に関して，まず中国における映像人類学の観点から考えてみたい。

## 2．中国における映像人類学

中国の映像人類学の歴史と現状については，2009年に昆明で開催された国際人類学・民族学連合会（IUAES）第16回大会影展のために制作された『文化之眸 Cultural Glimpses』[4]と題された資料に詳細な報告がある。これは中国映像人類学会主席である庄孔韶教授[5]主催の映像人類学分科会で議論された諸問題を総括したものである。ここにその内容の概要を紹介しておきたい。

冒頭から前半では中国映像人類学の歴史を3期に分けて，各時期に主に行われていた活動と目的を解説する。「映像人類学の早期の実践」と見なされ

るのが1900～1950年の壁画・絵画・写真などを利用して研究を行っていた時期で，「中国映像人類学の黎明期」1950～1970年には少数民族社会と歴史についての大規模な調査が主な活動として行われた。その後，文化大革命によって撮影計画や研究は中断していたが，1978年に再開された。これを「80年代以降の中国映像人類学の発展」とする。また時代の変遷に伴い，人類学の映像制作が研究機関主体であった段階から，映画やテレビ，さらにオーディオ・ビデオ会社という新たな参入により，その目的も多様化し視聴者の層も拡大した。加えて1985年に「影視人類学」と中国で翻訳・紹介されたことが大きな転換を促したことを指摘する。

　後半では，中国での「映像人類学」の展開を，①映像人類学の意味と位置②人類学の撮影原則　③映像人類学の撮影における中国思想探索（ファヴァ教授と庄教授を紹介）④映像人類学の教学　⑤専門研究所や学術団体の創設⑥国際的な学術交流の拡大，以上の6項目に分け，理論や研究の経緯を示す。これらを踏まえ「中国映像人類学の撮影手法の特色」を分析し，現在の活動状況までを総括するものである。

　それでは，③映像人類学の撮影における中国思想探索とは，具体的に何を示しているのであろう。『文化之眸　Cultural Glimpses』からの引用を見てみよう。

　　庄孔韶とフランス人研究者，范華 (Patrice Fava) は，中国明代の「公安派」の「独り性霊を抒べ，格套に拘らず」「自己の胸臆より流出するに非ざれば肯て筆を下さず」[6]の文章から理論の本質を抽出し，映像人類学を転換し新理論をもたらした。彼らは撮影における主体・客体を貫く意識，「体悟」「霊感」「直感」などが湧き起こり，「性霊」の状態——すなわち「真」「性霊」「趣」が生じるのを見出した。その中の「趣」が意味するものは，すでに「共有人類学」[7]の内包するものを超えていて，「人」と「物」との「互趣」[8]に到達し，文化理念の束縛を克服して，自然・無憂・神入の状態を追求している。

ここでは，撮影者と被写体は能動・受動の範疇に括られるのではな
く，視覚は一つの感知で，伝達と文化を超えた理解のための重要な経路
となっている。これにより中国の研究者は中国の文学理論の中から映像
人類学の新しい理論を探求し始めたのである [9]。

　筆者が中国語から訳したこの引用文は，中国文学史で用いてきた語をその
まま残しているので不明瞭な個所があるだろう。ここに示される自国の文学
理論に映像人類学の新しい理論を求める観点は，従来の中国研究者が持ちえ
なかったもので，外部から段階的にもたらされた「映像人類学」という概念
や手法をどのように成熟させ変容させてゆくのかという問題に対する現段階
での一つの答えとなっている。中国映像人類学会の中心人物である庄孔韶教
授とファヴァ教授が，同様な見解を示していることは興味深い。この引用に
関しては，ファヴァ教授の作品製作に関する項でさらに詳しく考察する。

## 3．監督パトリス・ファヴァ

　フランス国立極東学院北京センター（École Française d'Extrême-Orient
Center de Pékin）の教授であるパトリス・ファヴァ（Patrice Fava）は30
年近く中国に滞在し，中国地域社会で行われている宗教儀式や宗教的行為を
記録し，映像作品を発表している。フランス国立極東学院（EFEO）[10]の解
説によると「宗教人類学のセクションでは3名の研究者が活動しており，
2003年から〈道教と地域社会〉のプロジェクトが開始した。このテーマに関
しては，地域社会との関連をミシガン大学の2名の研究者と，湖南の神像本
体の分析を他1名の研究者とで行っている。また作品の撮影前後，継続して
湖南の神像の収集が行われていた」とある。このサイトの文章が書かれた後
に，収集物はPatrice Fava Collection[11]として公開され，またファヴァ教
授は湖南神像に関連する研究をまとめ，*Aux portes du ciel — La statuaire
taoïste de Hunan*（『天国の門―湖南道教神像』）[12]として出版した。ファヴァ

教授が神像や文献資料と連動して映像作品を撮影していたことがわかる。このことは，ファヴァ教授の映像製作の手法と密接な関係があり重要である。

　日本では限られた作品しか上映されていないので，参考までに発表された（一般に販売され観ることが可能な）作品 [13] について列挙しておく。（　）内の日文は，筆者による翻訳。


　　Patrice Fava 監督の作品　フランス国立科学研究センター（CNRS）製作
　　・1977年　Les Dieux de la Chine（中国の神々）　48分
　　・1977年　Inauguration d'un temple　Série: Les Traditions populaires
　　　　　　　chinoises　（道教寺院の開山）32分
　　・1986年　Mazu déesse de la mer　Réalité d'une légende
　　　　　　　（媽祖の伝説）　35分
　　・1988年　Journal d'un ethnologue en Chine
　　　　　　　（中国での民族学者の日記）　46分
　　・1997年　Hakka　Les Chinois tels qu'en eux-mêmes...
　　　　　　　（閩西客家游記／客家―ありのままの中国人―）　80分
　　・2005年　La Revanche de HanXin　Un mystè taoïste
　　　　　　　（韓信復仇記　還都猖愿―道教儺愿／
　　　　　　　韓信の復讐：ある道教の教理）　95分
　　・2006年　The one hundred Day Exorcistic　Talisman
　　　　　　　（百解符）　11分
　　・2010年　Le Canon taoïste　（『道蔵』）　10分
　　・2011年　Oratorio pour Doumu　La Mère du Boisseau
　　　　　　　（斗母／禮斗科儀）　59分
　　・2013年　Nouvel an chinois chez les Fan
　　　　　　　（ファン家の中国の春節）　58分


　筆者がパトリス・ファヴァの作品を初めて観たのは，2005年6月15日，日

仏会館の民族学ドキュメンタリー特集のシリーズ上映においてである。この前後の週には，ジャン・ルーシュ（Jean Rouch 1917〜2004）の作品[14]が上映されていた。ファヴァ作品は１本のみの上映で，中国湖南の道教儀礼を撮影した『韓信の復讐：ある道教の教理』（これは日仏会館のフランス語の題名から訳された表記に従っている）である。ナレーションはフランス語版と中国語版の２種類あるが[15]，この時はフランス語版のナレーションであったため，同時通訳を介して観た。湖南の文化に不案内であるうえに，儀礼の特殊な専門用語の翻訳の問題などもあり，全体的な内容の把握のみで終わってしまった記憶がある。幸いなことに，ファヴァ教授が参加されており，上映後，質疑応答の時間や懇親会が設けられた。この作品は後に2009年昆明国際人類学映画祭で優秀賞を受賞している。

　今回の研究グループでファヴァ作品について報告するにあたり，改めて全体の作品群を概観すると，前述に挙げた作品の中でも1997年に発表された『闔西客家游記』と2005年の『韓信復仇記』は特に重要な２作品で，映像人類学の手法への再考が反映されたものであることがわかる。また，ファヴァ教授御本人が理解の助けになるようにと提供くださった制作に関する文章やコメントによって，筆者が初見の際に新しい手法の試みを全く理解できていなかったことも再認識した。

　この問題は，先に述べた「映像人類学の撮影における中国思想探索」と直接関係するものだが，次では，現在の中国における映像人類学に大きな刺激を与えたと評価される「中国思想を映像手法に反映する」という新しい視点が，どのような経過を辿って生み出されたのかをインタビューなどを参考に考えてみたい。

## ４．対話から——新しい視点が生み出されるまで

　2012年に胡鋭氏（当時，四川大学道教・宗教文化研究所の研究員）がフランスで行ったインタビュー[16]では，ファヴァ教授（以下敬称略）が中国研

究をするようになった経緯や人類学者としてどのような考えを持っているかが語られている。このインタビューは，先に挙げた『天国の門―湖南道教神像』の出版直前に行われ，『韓信の復讐』に到るまでの調査と思索についても知ることができる内容である。

　ファヴァは，大学卒業後パリで中国語を教えていたが，そののち北京に赴き1970年から73年までフランスの駐中大使館で働く。この期間に処女作であるドキュメンタリー『中国』[17]（1970～1972年撮影，1973年公開）を発表した。1973年に帰国し，クリストファー・シッペール博士（Kristofer Schipper）に師事し，多大な影響を受けたとしている。シッペール博士は台湾において道教文化のフィールドワークを7年にわたり行い，また道士の授籙をも受けて，自らが道教の正式な宗教職能者となった人物である。博士からは，特にフィールドワークと文献資料の関連性を分析し確実なものとするという手法を学んだとしている。この考え方はファヴァの基盤となっているもので，「私は自分を映画人とは思っていません。映画は私の道具で，記録を用いて文化の現象を理解するのです。映像は私の道教研究の手法を補うものであり，目的ではないのです。通常，私は映画に文献を連係させています」と，映像が記録と理解の一手段であり，文字以外のものを伝達するのに非常に有効であると評価しながらも，それだけでは不十分であることを強調する。

　現在，シッペール博士の研究方法はフィールドワークを伴う道教研究方法として確立し，広く行われている。直弟子であるファヴァは，さらに映画という手法を獲得し，調査を通じて，もう一つの新しい視点を発見するのである。それは神像である。湖南中部を中心に調査をしながら，明代から現在までの神像を蒐集する契機となったのは，1992年に桂林の市場で湖南の神像を入手したことである。そして，これらがデ・ホロート（Jan Jakob Maria De Groot）[18]が1886～90年の約4年間中国を調査し，福建厦門周辺で収集して持ち帰った300件ほどの神像と酷似していることに気がついた。神像の内部に文書があり「元皇派」が製作した作品であることと，湖南中部の新化と安化の神像であることが判明した。また，道士の造像と祭祀について宋代の

文献にすでに記載があることを考察した。これが湖南中部を中心とする地域社会の信仰を10年間あまり調査する端緒となり，『韓信の復讐』という作品を生み出す背景となったのである。

　湖南中部では，法師・仙娘・薬王・風水師という宗教職能者は独自の活動を行う。しかし，道士ではない彼らが使用する経書の一部が道教儀礼で使用されるものと同一である事実は，道教信仰に密接な関係があり，道教の伝統の継承を反映していると考える[19]。調査・映像・文献という異なった手法を総合的に駆使できたからこそ，地域社会における経書の伝授が，その他の地域の宗教活動のシステムと共通性を持つ可能性を示すことができた事例と言える。

　ファヴァは，中国の現状についても一般に認識されていることと現状には相反する面があることを指摘する。「人々はマルクス主義を信奉し宗教はないと思っていますが，実際には中国人は宗教からは離脱していません。中国の文化と社会を理解したいと思うなら中国人の信仰を無視することなどできません」とし，祖先崇拝・血縁・儒家など，それ以外にも中国社会と固く結びついている要素を（特に信仰について）分析することが必須だとする。そして，自身の道教研究は，中国社会・文化・歴史をよりよく理解するための一環であると位置づけている。

　また，このインタビュー最後の部分では西洋の研究者たちにも言及し，歴史学者ジャック・ジェルネ（Jacques Gernet 1921〜）が道教には言及していないことを遺憾とし，20世紀の中国研究において最も革新的で成果があったのは道教の分野であったとする。そして人類学の新しい動向として比較宗教学者フィリップ・デスコラ（Philippe Descola）[20]を挙げる。デスコラ教授は，著書 *Par-delà Nature et Culture*（『自然と文化を超えて』）の中で，欧米で一般的な「自然と文化」の二元論的な解釈は世界を捉えるのに普遍的思想ではないとする。人間と非人間を区別する考えには反対し，両者の関係を統合的に捉えるべきとしたうえで，トーテミズム（图腾 totémisme）・アニミズム（万物有灵 animism）・類推主義（类比法 analogisme）・自然主義

（自然主義naturalisme）の4種の分類に言及している。人々はこの4つから，属する社会に最も適した組み合わせを意識的に選択し，形成してゆくのだと言う。

ファヴァは，中国の主要な思想である陰陽五行は一種の類推主義と言えるが，陰陽五行の理論は「天人合一」に由来し，「天人合一」を解釈するには，むしろラテン語の「continuum」（連続合一・連合）が最もふさわしいのではないかという考えを示す。つまり，デスコラの4つの存在論でも中国の社会形成や形態を括りきれない要素を示唆しているのである。

胡鋭氏とのインタビューでは触れられていないが，2000年の庄孔韶教授との対話[21]では，すでに中国思想の理論を映像人類学に応用する意味と必要性が別の観点から検討されている。それは共有人類学の理論が反映されたジャン・ルーシュ（Jean Rouch）の作品にも関連することを指摘するものでもある。

## 5.『閩西客家遊記』と『韓信の復讐』に通底する新しい視点

### （1）『閩西客家遊記』（本編では資料としてシナリオ全訳を掲載）

本節からは，ファヴァ作品の中でも新しい手法を試みた特色ある2作品を取り上げ，提供いただいた制作の目的や手法に関する資料[22]に基づいて考察してみたい。『閩西客家遊記』は福建省，『韓信の復讐』は湖南省で撮影された。2つの作品は日本でも上映されたことがある[23]。2017年8月，専修大学の上映会ではスカイプで質疑応答をする用意があったが，ファヴァはフィリピンで調査中ということで残念ながら実現しなかった。

中国語で『閩西客家游記』と題されるこの作品は，ナレーションはフランス語でフランス語タイトルでは『客家―ありのままの中国人』としている。

福建土楼群は，客家土楼とも言われ，半円形・四角形・五角形といろいろな形があるが，最もよく知られているのは円形の土楼であろう。これらは円楼や円寨とも呼ばれ，一般のものでも直径50m近くあり3〜4階建てほどの

高さがある。土の壁でつくられた土楼は防湿耐震にも優れる。土楼の構造も独特で下部には窓がなく，下堂が出入口，中堂が家族や客が集う部屋，上堂は祖先の牌位を祀る場所となっていて，一般的に「三堂制」と呼ばれる。一族で異なる土地に移住した客家が安全に配慮し，このような建築様式を生み出したのである。作品の前半では，直径80ｍにもなる濟原楼と土楼群でも最も有名な円楼の一つ，承啓楼の内部と生活の様子を映す。「この映画は中国社会の３本の支柱：祖先・神霊・氏族を表現するもの」と述べられるように，ここでは個々の土楼の中で祖・神・族が融合し共存共栄の社会を形成し，彼らの生活が特別な建築様式と一体化している様子を示す。

さらにこの主題を明瞭にするために「映画の構成は３種類の儀式――家族・共同体・宗族のもの」とし，客家が行う特色ある儀式，①中秋節に先祖の墓参をする。②農暦７月末，女性たちが中心となって準備をし，村人たちがあの世での債務を返済するための「塡庫」の儀式を行う。③李氏一族が盛

地図１　福建と湖南の位置

大に 3 年に 1 度の大福（大醮）を挙行する様子を撮影している。

①は家族が行う祖先崇拝，②は共同体，③は宗族が主催者である。

客家自身は単に古くからの習慣を漠然と繰り返しているのではない。これらの儀式が自分たちにとって重要なことを十分に意識し，彼ら自身の生活が中国人の本質を体現化したものであることの自覚を持っている。映画の中での数世代の先祖の肖像画・族譜・牌位・祠堂は，彼らの矜持を暗示している。

ファヴァは人類学研究者の観点からも，家族・共同体・宗族は典型的なテーマであり人類学の題材に関連するものだとする。また『閩西客家遊記』と『韓信の復讐』は同様に血腥の祭祀で締めくくられるが，これも人類学研究者の考察の一つの大きなテーマであるとする。これは 2 作品に通じる主題である。

それでは，『閩西客家遊記』と『韓信の復讐』の異なっている点は何であろうか。ファヴァは，①撮影機材，②映画の手法，この 2 つを理由として挙げている。

　それぞれの映画には特別な歴史がある。『韓信復讐記』を観たなら，この 2 本の映画が随分違うと感じるだろう。一つ目の理由として，2 本の映画の撮影前後に技術面での変化があった。私は16ミリフィルムで『客

図1　土楼群

家』を撮り，完全に状況が違っていた。

最も大事なことは文学日記の形式で撮影したい，特に明の袁宏道に倣ったものにしたいということだった。だから本作品の中国語の題名は『闽西客家游記』である。

唐代から盛行したこの「遊記」（旅行記）という文学形式は，宋代の欧陽脩・蘇軾など著名な人物によっても広く行われていた。袁宏道は山水や庭園を愛し，呉に赴任中に『園亭紀略』を書いている。また「写景文」に分類される遊覧の記録である「遊記」[24]を多数残している。ファヴァは庄教授との対話の中で『尋風問俗記』[25]と『闽西客家遊記』の２作品は中国の「遊記」文学の特徴を持つ作品であるとし，自身の考える「遊記」の表現について，「中国の「遊記」は人間の風景や大自然に対する反応や感想だけではないのです。私は闽西に行き，私が見た土楼や環境，客家人の伝統文化を，カメラを用いて描写しました。「遊記」と違う点は，人類学研究者の視点でカメラを選んだということです。私の映画ではインタビューの取材形式をとったことはありませんし，この種の調査方法を用いません。その場に行ってみて彼らの文化を理解し，それからカメラを取り撮影します。ただし，中国の儀式と西方の文化には大きな違いがありますから，更にナレーションを用いて解釈するということを考えつきました」[26]と詳しく述べている。

福建のこの地区は，特に天と人が一つだという感覚がある。土楼の生活は素朴で詩意があり，棚田は幾重にも重なり，山々が取り囲んでいる。夜，月明かりの下で友人と酒を飲み，詩を作る。ここの旧社会の雰囲気，豊かな伝統文化，宗族の求心力は，袁宏道の時代ととても近い。このような環境で文学的な映画を作りたいと思った。

16ミリで撮られた『闽西客家遊記』は，景観全体をロングで，ゆったりと流れている時間まで映すかのように撮っている。袁宏道の生きていた時代の

景色や時間の流れが，現在でも同様に存在していることを表現するという構想は，光線の具合を見たり撮影地点の下見をしたりする中で練られた。結果的にこの作品の内容を表現するには，カメラの設定に時間を要し，現在のカメラよりも制約の多かった16ミリは適していたのだろう。2017年8月，専修大学での上映会後には，土屋昌明教授と筆者がコメントや解説を述べ，そののち質疑応答の時間が設けられた。そのときには10名以上の中国人参加者があり，とても熱心にコメントしてくださった客家人の女性がいた。土屋教授が「この映画を撮ったときに，このような素朴な生活が本当に残っていたのでしょうか。監督は古い時代を思い起こさせるような情景を特に選んで撮影したのではないでしょうか」と逆に問い返した。女性は「本当に懐かしいです。実際，このような生活でした」と評したのである。ほぼ同時代に近隣に住んでいた客家人が違和感なく，この作品を受け入れたことからもわかるように「天人合一」の世界の一端を切り取った「遊記」形式の撮影の試みは成功だったと言える。

　それにしても，なぜ袁宏道なのか。「遊記」形式の作品2本を撮り終えた後，ファヴァは袁宏道の詩歌や散文を再読して，袁の提唱した重要な概念が映画の新手法と理論にも応用できることを発見し，袁の概念や理論が自分自身の潜在意識にすでにあったことを確信した。袁の「遊記」は単なる見聞録ではない。山水の中に人生を観て，人生の苦悩の何らかの答えや慰めを見つけるための旅であり，心情的葛藤の記録が「遊記」なのである。『閩西客家遊記』は「遊記」の本質を映像で表現したものであり，「ありのままの中国人」というフランス語の題名は，この作品の核心部を表現している。

　実際，ファヴァは映画完成後に1篇の文章を書き，意図を解説し，若干の文化的背景をも暗示した。それはドキュメンタリーや人類学の映画に対して，中国人の監督や研究者の関心を引きつけ討論するためだったという。そして，これがきっかけとなりドキュメンタリー作家の劉湘晨や庄孔韶教授と交流を持つようになる。

## （2）　公安派の視点から

　先に『閩西客家遊記』と『韓信の復讐』との大きな違いは，外部からの変化である撮影機材の変化と，「遊記」形式で文学的作品を撮りたいという製作者の内面からの欲求の2つであったことを指摘したが，次に『閩西客家游記』から『韓信の復讐』へと通底する視点は何であったのかを具体的に考えてみる。

　筆者が「はじめに」で，あえて「記録の正確さ」という平易な言葉で表現したもの——それは多くの人類学研究者や映像製作者たちが，彼らの方法で「真」を探し，「真」を体現している全ての事物を探求して，他者の精神や観点あるいは社会を理解しようとすることである。ファヴァが特にこの点に注目したのは，映像人類学では「真性」と呼ぶ問題をどのように表現するかということが大きなテーマであるからだ。袁宏道は新しい観点で，「真」という概念と「性霊」を関連づけた。ファヴァは従来の「真」への探求の手法ではなく，袁宏道の「性霊」という概念から新しい視点を拓く。ファヴァ自身に潜在的にあったこの概念は，袁宏道の「遊記」に倣う作品を作り上げることで表出し，袁宏道の作品を熟読することによって，より明確なメルクマールとなった。

　ここでは，公安派[27]に関しての説明が少し必要であろう。明の万暦に入るとそれまでの礼教や古文辞派に対する強い批判が展開された。その中心人物が袁宏道（字は中郎 1568〜1610）である。兄弟である袁宗道と袁中道も含め，彼らが湖北の公安の人であったので「公安派」と呼ばれ認知された。彼らは創作の最も重要なものは「真」の有無だとし，この概念を用いることで新文学の潮流の先駆けとなる。このような斬新な説が受け入れられたことは，当時の様相をよく表している。

　袁三兄弟が活躍していた時代も依然として，優れた過去の文学の蓄積から表現を獲得する方法が主流であったことに変わりはない。しかし従来の方法では，新しい表現を生み出すほどの活力は失われていて，現実に，明の文人たちの思想や感情の表現には旧套の形式はそぐわなくなっていた。それに替

わる待望された新しい概念が「真」(性霊を体現化するもの)であったのである。

公安派の先駆けとなったのは,「童心説」(人の先天的な自由な本性や感情)を提唱した李贄(1527～1602)で,彼は陽明学にも傾倒していた。作為的な手法に強く異議を唱え,それまで評価に値しないと見なされていた「白話」という新しい文学形態を,真実の言葉が用いられていると高く評価した。李贄と袁宏道は,自国の民俗に宿る「真」の価値を認識していたのである。李贄が獄死した後に,袁宏道はこの「童心説」を発展させて「性霊説」を生み出し,自然な感情の発露を肯定する陽明学への傾倒をも李贄から継承したのである。ファヴァは次のように述べる。

　　彼ら(袁三兄弟)は「性霊」「真」「趣」の3つの概念を打ち出した。「性霊」は精神の文学的自由を示すもので,この三大概念はドキュメンタリーを監督する上での指針ともなる。また「性霊」は多面的な概念で,それは感情的精神と霊感的経験を表している。「性霊」は主観性と客観的状況の間に誕生する。「性霊」は学んで修得することはできないし,伝授することもできないもので,一種の第六感である。

そして,「性霊」は欧米言語にも完全に対応する訳語がないが[28],訳すのであれば「sentiment」「émotion」「âme」に相当するという。そして,この概念が映画の領域に移植されると,まず自我とその対象の相互関係に反映される。また「性霊」は主導的で,作品の初めに発生して電流のように最初から最後まで制作過程を貫くものだとする。

これは言い換えるなら,映像人類学で思索されてきたさまざまな手法に対する根本的な問いかけであろう。撮影機材は進歩した,それに伴って多様な手法も確立してきた,撮影の理論も映像に表現される概念も十分に検討されてきた。しかし,それを根本的に突き動かす霊感的力もなしに新しいものが生み出せるのだろうかと。

この問いかけに，袁が示した「趣」の働きを示して次のように言う。

　　袁宏道は更にもう一つの概念，「趣」[29]を加えた。この概念も映画の撮
　　影にとって重要である。この種の性質の形容は，作品を評価するのに主
　　要な基準となる。一つの著作のスタイル，品格と力量は「趣」で決定づ
　　けられる。「趣」は「理」を矯正するものだ。それは詩詞のダイナミク
　　スである。ダイナミクスが大きくなれば，理性は淡薄になる。
　　「趣」の概念は，人類学研究者と社会，カメラマンと被写体との間にも
　　適用される。

　袁宏道の述べる「理」は朱子学的なものであり，「理」の働きである文化
の諸々の規範様式や作為に対する逆説としての「趣」が想定されている。己
の心にこそ理があると考える陽明学を高揚する立場であった袁にとって，こ
の「趣」という概念に到達したのは自然なことと言える。
　言語を超えた「趣」は，心でしか感得できないものだ。しかし，それだけ
では不明瞭なのでファヴァは「趣」についてフランス語と漢字の両方で説明
を加えている。フランス語には完全に一致する語「ravissement」があり，
この語の理解を助けるために，品詞は異なるが自動詞的な働きの「ravir」
と「ravi」（無理矢理奪い取るの意）に分解して解説する。これは，一つの
語に取り込んだり，取り込まれたりする両方向性があることを示す。また漢
字の「趣」は，「走」と「取」で構成されて，やはり持ち去ったり，取り戻
したりと，フランス語と同じ意味を含んでいると指摘する。ここでは「趣」
と言っているが，「互趣」[30]とも言い換えていることから，二者の間で自由
に両方向の動作が行われ変化することを示している。
　また美学の領域では，この種の概念は常に用いられることを，10世紀に書
かれた『筆法記』の作者であり，唐末の画家である荊浩の絵画論を引いて述
べる。

「真」は「似」と「華」と対立するものだ。「真」に到るためには，画家はただ事物の相似形を追求するべきでも美しさを求めるべきでもない。画中で「霊」と「情」を伝え，事物の隠された本質を掲げるべきだ。もしも一幅の絵画で「気」と「韻」を捉えることに成功したなら，「真」と成るのである。

　このように絵画における「真」を述べ，映画と絵画は表現するときに用いる道具が違うだけで，根本的には同様の問題があるのだと示す。それは荊浩の分類した「無形病」と「有形病」の作品のことである。「真」が正しい方法で体現化できていないのが「無形病」で，表現の形は整っていても「真」が欠乏していれば「有形病」に属する。ファヴァの考える「趣」「性霊」「真」のトライアングルとは，現象の関連を検証する過程で，全体を構成する部分を連結するということである。それは「性霊」に貫かれた，言い換えるならば，感性を生かしながら思考し，社会とのつながりを考慮しながら表現することを指す。

　そして中国美学や文学理論を用いて，映画の手法を刷新することが，新しいスタイルの創出，また新しい理論を用いて現実を理解することの可能性を広げると述べるのである。

## 6. 『韓信の復讐』 北京大学の講演から

　本節では，北京大学での講演原稿の中国語翻訳を読み解き，併せて質疑応答の内容も紹介する。はじめに韓信の復讐譚とこの作品の概要を述べておく。

　韓信は漢の高祖・劉邦のために策略をめぐらし，楚の覇王項羽を滅ぼした。しかし，劉邦は即位後，韓信の謀反を恐れて毒を盛り暗殺してしまう。韓信は幽冥でこれを不服とし，復讐しようと魔物を遣い，劉邦に取り憑かせ病気にして苦しめた。高祖は冤罪で韓信を殺害した後，病に臥して手の施し

ようがなかった。全国に立て札を立てて医者を求めた。法師・朱鶴は張り紙を引き剥がして高祖に謁見し病を治した。急いで龍虎山の天師府に行ってこれを報告した。天師は烏風洞府を指さして十大都猖を呼び出した。そして韓信が使役する，生肉を食べる魔物を捕らえさせ，法場に連れ出して即刻殺し，韓王を祭祀した。そうしてやっと高祖の病は癒えたのである。

　昔から湖南では韓信を法師の最高神としており，毎年白露の時季には彼が天上で10日間皇帝となるという伝説がある。現在でも，この作品で撮影した「還都猖大儺愿」の法事を村民も参加して盛大に執り行っている。「起首」から「送聖回鑾」まで4日間の儀礼を行う。その間，道士は前段に記した韓信の神話を述べて十大都猖に魔物を捕らえるようお願いして，あわせて「太牢」を行い，韓信を祭祀する。

## 【北京大学でのファヴァの講演】

　私はこの映画を『韓信復仇記』と名づけました。シェークスピアで最も有名な悲劇『ハムレット（*Hamlet*）』の中国語の翻訳が「王子復讐記」であるのを参考にしました。韓信の物語はすばらしいシェークスピア式の悲劇です。湖南の道士は，この法事を「還都猖愿」とし，当地の最も盛大な法事と

図2　韓信

図3　還都猖大儺愿

しています。みなさんが観た映画は長くて複雑です。私は道教研究者・宗教研究者を対象として創作しました。戯劇の専門家や古代社会の歴史学者にも関心を持ってもらえるでしょう。なぜなら道教は文化の中心の位置を占めているからです。

韓信は大変有名ですが，湖南の地方道教の最高神になったことを知る人は少ないのです。全ての法師の壇には韓信の頭像があります。私の知る限りでは，江西では韓信も儺儀の大元帥の一人です。彼の面具は儺廟でよく見られます。

湖南道士は，宋代道教の直接の継承者です。『道法会元』を見れば，彼らの儀式が宋代のものと非常に近く，雷法に属しているとわかります。『道法会元』は，私たちに多くの雷法の儀式を伝えてくれます。明朝皇帝の勅令の下に編纂された『正統道蔵』所収の『道法会元』は268巻あり，39の法派の法事が所収されています。

地図2　湖南省新化と安化

私が『道蔵』を持ち出したのは，いわゆる現代道教や民間道教などと言われるものは存在しないことを強調したいからなのです。道教は深遠で，伝統文化をいまだ途切れることなく伝承しています。この映画は「道教とは何か」というような問題に答えることはできません。湖南道教の伝統についてなのです。別の場所ではおそらく「都猖愿」を見ることはできないでしょうが，当然道教に属しています。フィールドワークをすると，道教は中国全土で異なることがわかります。

　たとえば，福建では陳靖姑の閭山派，湖南では元皇法派です。私は映画のナレーションですでに提案していますが，国家の道教と湖南元皇教の区別を明瞭にすべきだと思います。国家の道教は正一道あるいは天師道（四川鶴鳴山で創立した道教）です。私たちは，この映画の大部分が元皇法教の法事に属しているのを見ます。ただし，その中にたくさんの道教の科儀もあります。韓信は元皇教の神明です。私は簡潔に理解するために文・武の概念を用いて道教と法教を解釈しています。

　道教には宮廷の儀式の方法があり，法教は消災と治病の小法をもっぱら行います。この２つの相違は多いのです。彼らには違う法事があり，神々がおり，違った奏職があります。ただし，道士の多くは法師でもあります。湖南も２つの奏職が同時に行うのを見ることができますし，徒弟が同時に道士と法師に変身することができます。

　次に，映画を撮影することに関して若干お話しします。何年か前に私は「法事を撮影するを論ず」という文章を書いたことがあります。ある有名な教授が提出した「法事を撮影するために何の誤りを避けるべきか」を意図とする文章「撮影すべきではない法事を論ず」に答えるためで，この映画は私の文章の理論を明らかにしたものです。

　「都猖愿」は４日間も続く大法事です。私は４日間で30時間撮影しました。オリジナルの法事の完全な構成という条件の下，どうしたら１時間あまりに編集することができるでしょう？　最も困難だったのは，どのように全体の法事の構造を保つことができるかということです。私が初めにするべきこと

は，全ての科儀書を明確に理解することでした。陳徳美道長は私に「都猖愿」を手抄し，全ての科儀書15本をくださいました。民国時期のもの，現在のものもあります。映画を編集する際には，これらの本を主に使いました。

道教科儀は詩歌・音楽・舞踏・戯劇および秘儀を含む一つのすばらしい総合芸術です。ただし多数の重複があり，ある科儀は特別長くて複雑です。専門外の人はすぐに頭が痛くなるでしょう。作品では，韓信の物語のプロットの完全性を保持することには注意しました。ナレーションは道教の言語を用いるべきだと考えました。

私の目的は道士の眼差しで彼らの儀式を撮影することです。傍観者の視点で彼らの儀式を見ないよう腐心しました。私は，湖南道士の万益林に特別にお願いして，一緒にナレーションと字幕を書きました。この映画の編集には1年間を要し，編集の作業を終える前後2回は，陳徳美道長の意見をうかがうために湖南へ行きました。毎回，陳道長は非常に重要な問題を提議してくださいました。

私は，かつてヨーロッパ・アメリカ・日本でこの映画を上映しました。今回，北京大学で上映できて本当に光栄に思います。この映画が新しい窓を開き，人々に知られていない中国文化の一面を知る助けとなることを願っています。


ここで，上映後の質疑応答の一部を紹介しておきたい。日仏会館での質疑応答に関しては筆者の記録であり，北京大学での分はファヴァ教授が書き留められたものである。


（日仏会館において）

**Q.** 儀式が行われてきた状況についてはどうでしょうか。また，どのような方法で伝承されてきたのでしょうか。

**A.** 1949年以降2003年まで，この儀式は一度も行われていません。伝承は口伝で，儀礼で使われるテキストを記憶していたから復元が可能でした。

**Q.** 監督自身は具体的にどのような行為があれば道教徒と考えますか。

**A.** 金銭のみの援助でも道教徒と認識しています。

**Q.** この儀式の特徴を挙げるとしたら，どのような点ですか。

**A.** 村人参加で上演するのも特徴の一つでしょう。ギリシャ神話の犠牲にも類似しているのではないかと思います。


（北京大学において）

**Q.** 「なぜ韓信の冤魂が神に封じられたか」を取り出しテーマにされていますが，『韓信の復讐』は，何度も繰り返されてきた神話の主題を演繹したものではないですか。

**A.** 韓信について言うなら，彼は他のたくさんの神のように不慮の死を遂げています。寿命を全うできませんでした。命を断たれていわゆる孤魂となりました。しかし，彼は無双の勇敢な大将軍で，死後にも彼の気や力が留まり存在し続けました。これは人々や社会にとって大変危険なことです。それに彼は復讐したいと思っていました。それで，彼の精神を慰め詫び，彼を尊崇し供物を献げて祭祀などをするようになったのです。

　『封神演義』で姜子牙に封じられた神は，ほとんど全て不慮の死を遂げた英雄です。関羽もこの類いの神です。しかし，関公は全国で信仰される神となり，韓信は一地方の神です。中国ではまず初めに地方神があります。文昌帝君はもともと四川梓同の地方神で，中国では各省各県で自分たちの地方神を持っています。山東では各々の家庭で家を守る神を祀っています。

　私は湖南で10年のフィールドワークをし，地方の神像の彫像を通じて，地方の信仰を理解しました。神像の中には，その他の神仙がいます。これは豊潤な地方社会の人々の信仰によって自然に生じてきたものなのです。


## 7．おわりに

　筆者は「方法としてのドキュメンタリーとそのアジアでの発展」の研究グ

ループに加わってから初めて映像人類学に触れたといえる。2005年に『韓信の復讐』を観たとき，従来の映像資料とは全く性質の異なる作品であることは漠然とわかっても，その新しさや差異については何も言語化できないでいた。中国の映像人類学の状況が日本にほとんど紹介されていない中，ジャンルを問わず可能な限りのドキュメンタリーを観ることで，その多種多様になった手法の一部でも知ることが必要であった。そのような過程を通じて映像人類学という分野を理解しようとしたのである。

　その中でもファヴァは，異色の存在と言える。人類学研究者が調査対象の場所に長期滞在するのは常であるが，30年間にもわたっての滞在調査というのは，他でもほとんど例を見ないであろう。そして30年という歳月は，中国思想の理論を映像にも応用するという新しい手法を生み出した源泉になっているように思われるのである。「性霊説」とは，当事者の文化の中に「性霊」から生み出される「真」を再発見し，文学を再創造するという新しい試みであった。ファヴァは中国文学史における刷新と中国美学の影響までを視野に入れて，映像にもその手法が適用可能であることを作品において証明して見せた。作品の編集過程において，湖南文化の担い手である道長・道士の参加と意見を取り入れ，ファヴァ自身は道長から与えられた手抄本を読み解き，相互に理解し，働きかけるという「趣」の作用を存分に発揮したのである。北京大学での講演でも述べられているように，そこには当事者や傍観者という区別はない。撮影者も被写体も，同じ場に立ち会い感応する。そして，文字では表現不可能な各自の経験，感覚の断片でしかないものを統合し，映像という手法によって表現する。これは基本的にジャン・ルーシュの，撮影者も被写体も同様の経験を共有するという手法を継承したものである。そのうえで，多層の文化に普遍性や規則性をことさら発見しようとする作為を極力加えないことで，その場所で暮らしている人々の「性霊」から生じた「真」を，その場と時を共有し感応した者が映像の中に留めるという試みをした。「continuum」（連続合一・連合）の中に自分自身も存在していることを再認識し，観察者の立場を超えてゆくのには，中国滞在30年という歳月なしに

は成しえなかっただろうし，この点が映像人類学の新しい局面を拓いたと言ってよいであろう。

　最後に，筆者が映像人類学とファヴァの作品を考察する中で，特に刺激を受けたドキュメンタリー３作品について言及してまとめとしたい。セバスチャン・サルガド（Sebastião Salgad 1944-）の写真撮影の現場とサルガド自身が作品の解説をした『サルガド　地球へのラブレター』（The salt of the Earth, 2014年，監督ヴィム・ヴェンダース Wim Wenders／ジュリアーノ・リベイロ・サルガド Juliano Ribeiro Salgad）は，サルガドのナレーションなしには成立しない作品である。サルガドの撮影風景の合間に随時挟まれる，切り取られ静止した表現形態の写真という作品にサルガドが撮影時のエピソードを加えてゆくシーンは，サルガドの表情を映し，撮影時の心情の揺らぎを如実に捉えている。その中でサルガドは，写真を撮り続けることが苦痛になったことが，故郷ブラジルの実家の荒れ果てた農園へ植樹をする遠因となり，農園の再生とともに新たな写真のテーマに到達するという経過を語っている。

　この作品とは真逆の手法で撮影されたのが『大いなる沈黙へ──グランド・シャルトルーズ修道院』（Die Grosse Stille, 2005年，監督フィリップ・グレーニング Philip Gröning, 日本公開2014年）である。ナレーション・音楽・照明は一切なしで，撮影も監督一人のみで行うという条件の下で撮影された。グランド・シャルトルーズ修道院は，カソリックの中でも最も厳しい戒律を持ち，監督自身も隠修士として修道院で暮らし，隠修士の各自の仕事の一部として撮影を行った。つまりこの作品は何の説明もなく，観た者が不明なことは何も解決されることなく進行していく。監督は，パンフレットのインタビューの中で，隠修士たちの行為について解釈を加える必要がないと判断したこと，不明な点は各自が自発的に調べることを勧めている。

　最後に映像人類学に直接関連する作品，『リヴァイアサン』（Leviathan, 2012年，監督ルーシャン・キャステーヌ＝テイラー Lucien Castaing＝Taylor／ヴァレナ・パラヴェル Véréna Paravel）を挙げておこう。この作品は，

第 5 章　中国宗教儀礼における映像人類学　177

ハーバード大学感覚民族誌学研究所[31]に所属する研究者 2 名で製作された
もので，漁船の船上を撮影したものである。GoPro という超小型カメラを
使用し，まるで自分が漁船に投げ込まれた魚のような感覚になる斬新な映像
の作品である。インタビューでは，身体的に没入するような映像の新しさを
追求したということだが，この没入感覚は一瞬性を認識させるもので，それ
はいかに自分が部外者で通過者であるかを気づかせる——視点の二面性や多
面性を表現したと語っている。このようにドキュメンタリーと映像人類学の
手法の越境はすでに生じているのである。

　現在，前述したデスコラは自然と文化の問題を図像や美術・芸術における
景観論として考察する研究を進めているそうだが，奇しくも同時代のファヴァ
は湖南神像の研究という新たな視点を加え，文献解釈と映像という手法の再
構築を試み，映像人類学から美術の領域までを越境してゆこうとしている。


## ［シナリオ全訳］

### 闽西客家游记（导演：范华）閩西客家遊記（監督 Patrice Fava）1997年

　2017年 8 月26日，専修大学で上映した際は，このシナリオ全訳からオリジナル
版に日文字幕をつけた。（　）内は筆者が翻訳の便宜と場面の展開を明瞭にするた
めに補ったものである。


（山々と土楼の全景）

中国のどのようなところにも，閩西の客家のように村々に 1 つの祠堂があ
り，さらに少なくとも 1 つの神廟のあるところはない。

中国のいかなるところにも閩西の客家のような，円型・方形の土楼に全家族
が集まっているところもない。

山頂から山谷まで村落から田野まで，年代は異なり，様式は全く異なってい
て，強烈な吸引力を放つ。美しい山水に映える土楼は，移動民族である客家
人の歴史と精神を凝縮させている。

彼らが閩西に来たのは約600，700年前で，土楼を建設し，侵略を防ぎ長期間，

囲いとした。

これら城堡は，古代の軍営を模倣し，1つだけ門を設けて下層には窓がなく，庭には井戸・穀物倉庫，家畜小屋もあり，まるで閉ざされた農場のようだ。統計によると，このような土楼は2万戸余りある。


(古竹　土楼の内部へ・蘇家の様子)

古竹鎮[32]の瀋原楼は直径80メートル。この楼は19世紀末に建てられ，蘇姓の家族がすでに4代ここで子孫を増やしている。

目の前の楼中には70戸あり，約500人が住んでいる。土楼に住むのは，十分に快適で落ち着きがある。なぜなら，土は親しみがあり自然だから。なぜなら，楼は外部と隔絶しているが直接天に通じているから。なぜなら，家族自身が安心感を与えているから。

大きな庭では人間関係が良好で，客家人はまさに家族という観念を理解している。

住居の配分は，長幼の序で決められ，門を入って両側の住居は，慣例により長子である。

土楼は天文を模倣して建てられ，4つのハシゴは別個に東西南北と春夏秋冬を示す。

家ごとに垂直方向1列を占め，1階は台所，2階は穀物倉庫，さらにその上は住居である。

各土楼は1つの小さな村で，庭には2つの井戸があり，昼は東側を使い，夜は西側を使う。

水位はこちらの井戸が下がるとあちらは上がる。理由はわからない。


(中秋節の様子)

中秋節に私は蘇家に1袋の白米ともち米を持っていった。もち米は非常に細かくされてから砂糖とピーナッツ[33]と混ぜる。

台所には竈王爺が祀られ，伝統的な年画はあまり見かけない。

新年が過ぎると門に貼った対聯はすでに色あせている。門に貼った符命・怪獣[34]は辟邪と家を守るためだ。

各家では茶・穀物・塩を自家生産する。

9月はタバコの収穫の季節で，古竹では，この300年，大量にタバコ草を植えている。

当地のタバコ草の品質はすばらしく，かつては皇帝の献上品とされていた。

(承啓楼[35]・江家の様子)

承啓楼は有名な土楼で，1709年に建てられた江家のものである。その独特な点は，中間に祠堂が建てられていることだ。彼らは現在に到るまでの家系図と貴重な先祖の肖像画を所有している。家族の祠堂ではあるけれども観音も奉っている。

土楼の開基祖は，江継成，号は玉振，字は佩瀾。傍らには彼の後裔の江盛宣。生前は富貴栄華を極め，子孫にも恵まれた。江は誠実で学識があり法は公正に執行した。身に纏っている官服から，彼の官職がわかる。

向かい側に掛けられている婦人の肖像は，始祖・江継成の妻で1659年に生まれ，92歳まで生きた。右側は第19代・江盛宣の妻の蘇婦人である。蘇家は他にも5代の先祖の肖像を1幅所有している。第14・15・16代の先祖の傍らには2人の妻が立っている。

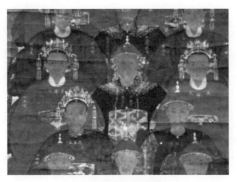

図4　先祖の肖像画

(墓参り)

客家人が先祖を尊崇するのは，孝心を表明するだけではなく，その血縁が高貴であることを誇りとするからだ。現在，おおむね客家人にだけ農暦の中秋に亡霊の祭奠がある。

礼に従って祭食，1羽の鴨・3斤の肉と1匹の魚を供える。その他に酒・香燭・紙銭・爆竹及び紅色の「望子紙」があり，子孫が代々家系を継承し，家族が増えて食物が絶えないことを表している。

「福神」は墓地を守る土地爺。新しい紙銭は冥府の銀行で発行され，米ドルを模していて1000元札である。黒いのは先祖へ，紅いのは神に差し上げる。儀式が終わると，爆竹を鳴らす。

生産は，水・土・木の大自然に完全に依っていて，技術には古い歴史がある。紙銭の製造の方法もやはり約2000年前のものだ。山に入って竹を切り，皮を剝いで浸し，叩いて紙漿をつくり，さらに水を加えて希釈して，そして紙ができる。

(「塡庫」[36]還銭の準備と儀式の当日の様子)

7月末，女性たちは古竹に赴き，紙銭と線香・蠟燭を買い求め，「塡庫」(俗称「還銭」)を準備する。おそらく客家人だけが今なお「塡庫」の儀礼を維持している。

図5　墓参り　　　　　　　　図6　塡庫

箱の中には紙で作った衣服・靴・時計・傘・首飾り・元宝などを入れ，蓋の上に氏名，住所と出立日を書き，合わせて「本人受け取り」と「封」を明記する。巻いた紙銭は，特に村の土地爺（土地公）に差し上げて郵送費とする。昼食後，全ての箱は1カ所に集められ，各自が天庫に金銭を返し，併せてこの機会を借りて死後に必要な金銭と物品を送る。瞬く間に，作り物の金銭と品物は本物へと変化する。線香を焚いて礼を終えてから，外を拝し，万物に向かって祈禱し，大自然を奉る。

（紙銭などを）焚きあげている間に，経を読み，仏を讃え，生前に銭を返済して，無量の功徳を得るのである。


土楼を建築するには，周囲の環境に配慮するだけでなく風水もみる。太極図や神獣像（獅子）は防御しにくい所にあり，建物を護り，風水を変え，災いを消滅する。李広将軍は祛魔降妖の神である（土楼を鎮守する）。無事息災・福禍・成功と失敗・貧富・後継ぎ・災難の全ては風水によって分析解釈する。


（初渓　女性たちの収穫の作業と男性たちの版築の様子）
山の上の初渓には10余りの大きな土楼が残り，村民はずっと自給自足である。

90年代初めに村民の半分が街へ出稼ぎに行き，現在は年寄りと女・子供だけが残っている。

秋の収穫時になると，女性は5キロ以上離れた高地から粟を担いでくる。


4カ月前の稲はすでに実った。山里は1年に1回，収穫する。土地は肥沃ではなく灌漑も困難だ。1980年，個々の農家が生産量と連動して生産を請け負うやり方（包産到戸）で，その時には2700人の住人がいた。今日，人口は半分になったが少しの荒地もない。初渓では人口過多と耕地不足が均衡を保てるようになり，都市への比重が増した。

女性たちは、大部分の生産と労働を一手に引き受け、経済を掌握している。母系社会の特色をこの部分に多く留めている。客家の女性たちは自分たちが纏足をしたことがないことを強調する。

客家人は独特な漢人で、彼らは自らの歴史を編纂し、自分たちは代々読書人の家柄に属し、（名門で）高官で権勢を極めた末裔で、祖先は中原からやってきたと認識している。このような黄金時代は過ぎ去ったものの、彼らは自分たちが文化と風俗を依然として保持していると堅く信じている。
土楼は客家人にとっての理想の桃源郷で夢想の故郷を実現したものではないだろうか。

（湖坑　各村から参集し、李家が「大福」を行う）
湖坑は土楼地区の中心にあり、李氏の一族は3年に1回「大福」を挙行する。李姓の人々が8つの村から参集して「大福」を行うとき、神と新たに盟約を結び、平安を希求する。そして、当地最大の李一族の威光も顕示するのである。
楽隊と轎（こし）は早くに出発する。村ごとに自分たちの龍旗がある。神を迎えるとき、競って爆竹を鳴らす。馬額宮は李一族の祖師爺（開祖・創始者）を祀る

図7　「大福」への村民の行進

ために建立されたものである。

神が出巡するとき，祖師爺は最後にいて轎は庭で待っている。両側には左右大臣と2人の夫人がいて，壇の下では李鉄拐がちょうど居眠りをしている。土地爺は古くから住民を管理している。民主本頭公王は李氏の先祖で神として奉られている。彼は国外からたくさんの富を持ち帰った。少しして祖師爺も出巡する。保生大帝[37]はもともと医者で，神々の中でも最も霊験がある。

廟の外に1つの碑（1740年，清・乾隆5年）が建っていて，いくつかの田地の収穫から3年に1度の大醮の費用を支出するという一つの決議が記載されている。村の帳簿によると，この大醮が始まったのは明代である。その当時，脳膜炎が流行し，死者が多数出た。保生大帝は童乩（タンキー）に「邪を去り禍を避けるためには必ず5日間の斎醮を行うべし」と言い伝えた。

今年の李一族の最大の集まりは，保生大帝が300年前に村ごと救済したことを記念することも含まれている。

諸神が轎に乗り，「大福場」に向かうとき，村ごとに先導の楽隊がいて，おのおの，自分たちの旗を掲げ，彩車もある。遊行の隊列には何合二仙人[38]・獅子舞・孫悟空・八仙過海などが含まれる。

村民は門前に壇を設けて，神に祈る。大福場に祭卓・劇の舞台・神壇を設営

図8　「大福」での供物

する。客家人は先祖を祀り、神を敬い、家族の精神を継承している。中国のいかなるところにも、彼らのように3つの重要な柱である祖・神・族が完全に結合している例はない。客家人が自分自身を本来の中国人であるとみなす所以である。客家人は最も古い伝統文化を保持している。

(神壇を整える)
元の場所に神を安置する。あるものは神像で、あるものは牌位だ。布娃娃は後の「送子儀式」のために準備したものである。
現在、李氏は単独で「大福」を行っている。原因は、かつて供物を並べることで別の家族と争いが生じたので、それから別にするようになった。もしも供物の品が人と神を交流させることができないというなら、全く不思議なことである。
(「大福」主催の一族の代表が拝拝する)
会主・香主・大施主の各々、香、茶、花、果物、点心を献げ、奠酒する。司儀は官話で神々に、主たるは劉漢公王に辞を述べ、祭酒の虔誠であることを表す。
劇の舞台では音楽が一斉に鳴らされて、神が降臨したことを宣言する。仙女は布娃娃を抱いて神壇に置き、子供が欲しい男性に願掛けをさせる。招かれ

図9 「大福場」に向かう保生大帝

第5章　中国宗教儀礼における映像人類学　　185

た道士は，神と人を媒介し，疏を読み上げる。道士は卦を占い，神の出現を
証明する。

（道士は）自らの法名を告げ，意図を述べ始める。「大福」を行う理由を表明
し，続けて皆の氏名を読み上げ，最後に神に平安の加護，五穀豊穣，疫病を
封じることを希求する。疏を焚きあげた後，爆竹を鳴らし始め，最も遠くの
人にも功徳が円満に終わり，喜ばしい気持ちと李一族が隆盛であることを知
らせる。

1949年，湖坑の「大福」は禁止されたが，現在は復活し，このように賑やか
である。半世紀も封じられ損なわれていたが，儀式は次第に再興しつつある。

（トラックに乗せられて保生大帝が登場）
数日間に及ぶ人々の興奮した気分は，最終日の保生大帝が到着するに及んで
最高潮に達する。保生大帝は祖廟から来て，人々は村の入り口で迎え，高官
を拝するかのようである。
保生大帝は轎に乗せられて，大福場に赴き，祭牲に参加する。まるで数百年
前の打醮を行っているかのようだ。

〔注〕

1) 映像人類学については次の文献を参照。
  ・伊藤俊治・港千尋編『映像人類学の冒険』せりか書房，1999年。
  ・新井一寛・岩谷彩子・葛西賢太編『映像にやどる宗教，宗教をうつす映像』せりか書
  房，2011年。
  ・村尾静二・久保正敏・箭内匡編『映像人類学（シネ・アンスロポロジー）人類学の新
  たな実践へ』せりか書房，2014年。
2) 一般公開された作品で，特に葬儀に関連した題材を扱った映画を挙げておく。韓国映
  画『祝祭』1996年，監督イム・グォンテク（林權澤）では，主人公である人気作家の母
  親の伝統的な葬儀の準備・進行と，そこに参列する親戚や近所の人々の様子がともに描
  かれる。中国映画『涙女』（哭泣的女人）2002年，監督リュウ・ビンジェン（劉冰鑒）
  では，北京から故郷に戻り，夫の借金を返済するために葬儀のときに雇われる「泣き女」
  に偶然なってしまった女性が主人公である。台湾映画『父の初七日』（父後七日）2009年，

監督ワン・ユーリン（王育麟）では，主人公の父親が急逝し，道教式の葬儀が行われるのを描く。邦題は『父の初七日』となっているが，死後七日目に行う法要のことではなく，葬儀を執り行うまでのさまざまな近親者が守り行わなければならない事柄と葬儀後までの物語である。前に挙げた２つの作品と違う点は，葬儀を執り行う道士が亡くなった父親の親しい友人で，道士自身の生活や心情も細やかに描写されているところである。

3）映像資料検索は比較的容易になったとはいえ，資料が分散しているので，全体の様相を把握することは難しい。最も簡便な方法としては，① NII（国立情報学研究所）の CiNii Books や② Online Computer Library Center（略称 OCLC）に参加している図書館の目録である WorldCat で検索することであろう。さらに，③個々の博物館・美術館のアーカイブでも映像資料が公開されるようになってきている。また，アジアの宗教や日本の祭りについては『映像人類学シリーズ１・２』（Visual Folklore 制作）に，国立民族学博物館撮影・制作の『みんぱく映像民族誌』のシリーズには，雲南少数民族の宗教儀礼，ペー族の葬送儀礼，ナシ族の宗教的職能者トンパ，ミャオ族の伝統文化などが所収されている。本章で特に言及した道教儀礼の映像資料は，ネット上で公開されている，④ Daoist Studies の New! の中の Recent Video からも観ることができる。しかし，こちらで公開されている映像の多くは，先に挙げた①②③のように学術的資料として利用することを考慮したものではなく，専門家が撮影したものでもない。解説も字幕もないので不便な点が多数ある。

4）『文化之眸』国際人類学与民族学联合会第十六届大会影展，2009年，64-151頁の資料を含め，後述する『闽西客家游记』と『韩信复仇记』の創作に関する資料と論文，上映会における質疑応答については，全てファヴァ教授から御教示・提供いただいた。ここに記して謝意を表したい。

5）庄孔韶『文化与性灵』湖北教育出版社，2001年，『人类学通论』（修订版）山西教育出版社，2004年。映像作品は『虎日』2002〜2004年，『回声』2003〜2005年などを発表。

6）袁宏道，明万暦24年「小修詩に叙す」。

7）「共有人類学」については，注１で挙げた『映像人類学（シネ・アンスロポロジー）人類学の新たな実践へ』を参照。

8）「互趣」は解釈が難しいが，『文化之眸』の英文では「mutual attraction」とされ「相互作用しあう誘引する力」という意味で翻訳されている。

9）『文化之眸』影視人类学中国本土拍摄思想探索，136-137頁。中文・英文で記述。

10）フランス国立極東学院（EFEO）のサイト http://www.efeo.fr を参照。Religious Anthropology の項では Taoism and Local Society の研究班に関する調査状況についての報告がある。

11）Patrice Fava Collection は神像だけではなく，儀礼画なども含まれる。コレクションの一部は，次の書物で見ることができる。Vincent Goossaert / Caroline Gyss, *Le Taoïsme La révélation continue,* Éditions Gallimard, 2011。このガリマール発見叢

書の日本語翻訳版は，『道教の世界——宇宙の仕組みと不老不死』「知の再発見」双書150，創元社，2011年。湖南の神像については，http://www.efeo.fr/statuettes_hunan/base/info_search_2.php にデータベースが公開されている。

12) Patrice Fava, *Aux portes du ciel — La statuaire taoïste de Hunan*（『天国の門—湖南道教神像』）Les Belles lettres École française d'Extrême-Orient, 2014. 中国語では「入天门」と訳している。また，ファヴァ教授は，北京大学で『韓信复仇记』が上映されたときの質疑応答で，湖南の神像については李淞教授編著の『道教美術新論』にも発表していることを述べている。

13) フランス国立科学研究センター（CNRS）製作リスト以外にも Chine La mémoire d'un peuple (2010年)，『寻凤问俗记』（発表年不明）がある。

14) 6月13日『メートル・フ』(1955年)，『ライオン狩り』(1965年)，6月20日『少しずつ』(1972年) を上映。

15) 『韓信の復讐』は日仏会館上映の後，専修大学では中国語版で上映された。

16) 胡锐『宗教学研究』「范华（Patrice Fava）：耕耘在道教的田野上」2012年第4期。

17) Les grands films de Connaissance du monde. Patrice Fava, *Les 3 Chine* (La Chine de Mao, Taiwan, Hong Kong), http://www.europacorp.com あるいは http://www.connaissancedumonde.com。

18) 19世紀末から20世紀初頭までヨーロッパの中国学に大きな影響を与えたデ・ホロート（1854〜1921年）は，通訳として中国に赴任し，民間信仰についても調査した。アモイの年中行事や風水に関しての著書がある。神像は，リヨンの Museum d'histoire naturelle に所蔵。関連文献に Dieux de Chine, Le panthéon populaire du Fujian de J. J. M. de Groot, 2003。

19) 「李遠国教授からも，四川でも同一の現象が見られ，授籙の際に『鬼名経』と呼ばれる同様の経書が授けられると指摘された」と述べている。

20) クロード・レヴィ=ストロース（1908〜2009）に師事したフランスの社会科学高等研究院（Collège de France, École des Hautes en Sciences Sociales）のフィリップ・デスコラ教授（Philippe Descola 1949〜）は，1976〜79年，南米アマゾンのアシュアールの人々と自然との共生について調査を行った。*Par-delà Nature et Culture*（『自然と文化を超えて』），Éditions Gallimard 2005では，「自然と文化」という分類だけでは世界に対する普遍的理解は不可能で，従来の人類学・宗教学・哲学などの成果を発展させた4つのスキームから総合的に解釈することを提言している。この項目に関しては2014年11月に国立民族学博物館で「イメージの人類学」(Anthropology of Images) と題して行った講演と2014年コスモス国際賞受賞理由も参考にした。

21) 庄孔韶/范华［「现代人类学的理论寻觅——由明代公安派的文论引起」『民族艺术』第4期25-31頁，2000年。

22) 第5・6節はファヴァ教授が中国語で書かれた資料を筆者が翻訳したものを引用する。

23) 筆者の知る限りでは，2018年までに『韓信の復讐』は2回，『客家』は2017年8月26

日の専修大学で開かれた時代映像研究会で上映されている。

24) 散文の分類は，任訪秋『袁中郎研究』上海古籍出版社，1983年に拠る。また，優れた「遊記」が書かれるまでの経緯は，内山知也「蘇州時代の袁中郎」『筑波中国文化論叢』6，筑波大学中国文学研究室，1985年を参照。

25) 資料に *Journal d'un ethnologue en Chine* がある。

26) 注21を参照。

27) 公安派と袁宏道については以下を参照した。章培恒・駱玉明主編，井上泰山・四方美智子共訳「第七編　近世文学・復興期　第二章第四節　袁宏道の詩文と明末小品の特色」『中国文学史新著（増訂本）』下，関西大学出版会，2014年。

28) 注21を参照。

29) 西村秀人「袁宏道の趣の説」『文教國文學』30号，広島文教女子大学国文学会，1993年。

30) 注 8 も参照のこと。

31) http://sel.fas.harvard.edu

32) 「古竹」に関しては，羅勇・勞格文（John Lagerwey）主編『贛南地區的廟會與宗族』，John Lagerwey・仲紅衛訳「福建客家人的道教信仰」國際客家學會，海外華人研究社，法國遠東學院，1997年，229頁～「永定縣」の項に詳しい解説がある。

33) 米粉を固めてつくるお菓子。亀粿の一種。ピーナッツを入れた花生糖亀などいろいろな種類がある。10個前後から時には数百個供えることもある。本編では山のように高く積んである「粿塔」と呼ばれるものも見ることができる。

34) 「怪獸」と原文にはあるが，映っているのは辟邪のための獅子。

35) 承啓楼は，四環式圓寨の土楼。江氏宗族に関しては，楊彦杰主編『閩西的城郷廟與村落文化』楊彦杰「永定縣古竹郷高頭江氏與媽祖信仰」國際客家學會，海外華人研究社，法國遠東學院，1997年，402頁，に『江氏族譜』が詳しく紹介されている。

36) 「塡庫」の際に必ず用意される「庫錢」とは，閻王に返済するお金のこと。誰もが生まれてくるときに閻王にお金を借りていて，死んだときには返済しなくてはならないという民間の伝承がある。王詩琅『艋舺歳時記』によると，子10萬　丑38萬　寅12萬　卯12萬　辰13萬　巳11萬　午36萬　未14萬　申 8 萬　酉 9 萬　亥13萬と生れた年の干支によって数量が違う。一般的には，広く行われている中元の普渡のときに，子孫によって「庫錢」が用意され，孤魂や野鬼にも別に用意される。

37) 医神。

38) 寒山と拾得。

（図版出典）

図 1 ・図 4・5・6・7・8・9 『関西客家游記』DVD より。

図 2 ・図 3 　注12 *Aux portes du ciel* 106頁・111頁より転載。

## 第6章

# 日本における中国映画の受容史
### ——徳間康快主催の「中国映画祭」を中心に

## 劉文兵

　本論文は，徳間康快主催の「中国映画祭」（1977～1997年）に焦点を合わせて，このイヴェントをつうじて日本に紹介された中国映画が，どのように流通・受容されていったのかを明らかにするとともに，日本における中国映画の上映・受容の歴史における「徳間康快」の位置づけを検証し，政治から離れた日中文化交流のあり方や，脱政治的な中国・中国人イメージの再構築の可能性を探ることを試みる[1]。

## 1．アンバランスな日中映画交流——研究の背景と問題提起

　文化大革命（1966～1976年）終結後の中国では，空前絶後の日本映画ブームが起きた。すなわち，1970年代後半から1980年代前半にかけて，『君よ憤怒の河を渉れ』（佐藤純彌監督，1976年），『サンダカン八番娼館　望郷』（熊井啓監督，1974年），『愛と死』（中村登監督，1971年），『人間の証明』（佐藤純彌監督，1977年），『砂の器』（野村芳太郎監督，1974年）といった日本映画が続々と中国に輸入され，センセーションを巻き起こした。

　これらの日本映画の中国への輸出は，主に1978年から1991年に至るまで継続していた「日本映画祭」を媒介としていた。「日本映画祭」は定例行事として，中国各地でほぼ毎年開催され，そこで毎年，7～8本の日本映画が上映された。「日本映画祭」で上映された作品は，その後，中国の各都市へ配給されるというルートが確立された。このイヴェントの開催にあたって，中

核的役割を果たしたのは，中国関連事業も手掛けていた徳間書店の子会社，東光徳間であった。

この時代の中国における日本映画受容をめぐる言説は数多く存在し，拙著『中国10億人の日本映画熱愛史——高倉健，山口百恵からキムタク，アニメまで』（集英社新書，2006年），植草信和，玉腰辰己，坂口英明編著『証言日中映画興亡史』（蒼蒼社，2013年），拙著『日中映画交流史』（東京大学出版会，2016年）をはじめ，多くの映画研究によっても紹介されてきたのである。

徳間グループを一代で築き上げた徳間康快は，日本映画の中国への紹介に精力的に動くいっぽうで，中国映画の日本での上映にも力を入れていた。すなわち，中国での「日本映画祭」と並行して，日本において1977年から計20回「中国映画祭」を開催し，東京，大阪，名古屋などの大都市に加え，地方都市でも映画祭を開いた。ただ，それらの映画は映画祭開催期間中の特別上映に留まり，配給されることがほとんどなかった。そのため，中国における日本映画の上映の規模と影響にははるかに及ばなかった。

とはいえ，日本において中国映画にたいする関心の薄い時代に，その地道な努力が一部の根強い中国映画ファンを生みだしたことは確かである。さらに，彼によって日本に紹介された数多くの中国映画はヴァリエーションに富んでおり，日本で流通していたステレオタイプ的な中国のイメージを大きく書き換えた。

しかし，そうした映画史的事実は，ほとんどクローズアップされておらず，日本における中国映画の受容を，めぐる研究もきわめて貧弱なのが現状である。日本映画，中国映画がそれぞれ相手国に及ぼした影響力の格差が，そのまま研究の厚みの非対称性を生みだしているのではないだろうか。このような映画史研究の空白を埋めることが急務である。

本章は，徳間康快の中国とのパイプがどのようにしてできたのか，中国映画祭が開催されるに至った経緯，映画祭の運営，日本人観客の反応といった映画史の細部を，一次資料や関係者の証言に基づいて検証することによっ

て，商業的大作映画のみならず，等身大の中国人を映しだす中国映画の上映や，日中映画の人的交流の可能性を探ることを試みる。

なお，執筆にあたり，鈴木一（元東光徳間事業本部プロデューサー），山本洋（元大映専務取締役），佐藤正大（元大映プロデューサー），佐高信（徳間康快評伝の著者）ら関係者にそれぞれ取材を行った。

本論に入る前に日本における中国映画上映の歴史について，戦前，戦中，冷戦時代というように時代を区切ってコンパクトにまとめてみよう。

## 1.1　日本における中国映画上映の歴史

### (1)　戦前

中国映画が初めて日本へ紹介されたのは1926年だった。儒教的価値観を称揚するホームドラマ『紅情怨』（原題『忠孝節義』，邵醉翁監督，1926年），モダンガールの不幸を描くメロドラマ『人面桃花』（陳寿蔭監督，1925年）がそれにあたる。1926年9月11日付「朝日新聞」の「新映画評」欄に掲載された『人面桃花』評では「(同映画が) 去る5月公開された『紅情怨』に次いで二度目にもたらされた支那映画である」と記されている。

それに続いて，翌年にアレクサンドル・デュマ・フィスの原作を翻案した

図1：『紅情怨』の新聞広告

図2：『人面桃花』の紹介記事

『椿姫』（原題『新茶花』邵醉翁監督，1927年）も輸入された。1927年10月12日付「読売新聞」朝刊の「試写室」欄では「支那の映画は既に度々輸入上映されてゐるが，何れも餘り評判にはならなかったようだ。今度神戸に設立された七星影片洋行提供の『椿姫』はそれ等から見ると俄然一頭地を抜いた感がある。（……中略……）主演椿姫に扮する胡蝶嬢は性的魅力はないが先づ綺麗」と評している。いっぽう，日中合作による中国初の本格的なトーキー映画『雨過天青』（夏赤鳳監督，1931年）も，1931年5月に日本で，そして6月に上海でそれぞれ公開された[2]。

しかし，その直後に起きた満州事変（1931年9月18日）によって，日中映画交流は打ち切られてしまったのである。


## （2） 戦中

中国映画が再び日本で上映されたのは，戦時中の1938年12月に封切られた『椿姫』（李萍倩監督，1938年）である。しかし，この場合の「中国」は汪兆銘が率いる傀儡政権（南京政府）を意味する[3]。

そして，太平洋戦争が勃発したあと，『木蘭従軍』（卜万蒼監督，1939年），『萬世流芳』（卜万蒼，朱石麟，馬徐維邦，楊小仲監督，1943年），長編アニメーション『西遊記　鉄扇公主の巻』（万古蟾，万籟鳴監督，1941年）が立て続けに輸入され，劇場公開された。

年老いた父親の代わりに兵役に服し，北方の異民族の侵略と戦う中国人女性をヒロインとする上海の時代劇映画『木蘭従軍』は，明治天皇が「教育勅語」のなかで訓示する「義勇奉公」の精神を体現した作品であるとして輸入された[4]。1942年7月23日より，東京，横浜，京阪神において一斉に封切られ，続いて中部地方では名古屋白系中京劇場，大須宝塚劇場の2館でも上映された[5]。配給とプロモーションはまさに大作映画扱いだったが，大東亜共栄圏のスローガンのもとでの「日華親善」を演出するためのイヴェントにすぎなかった。

日本側の映画評もおおむね社交辞令的な賛辞だった。たとえば，大阪商大

教授の奥平造世による論評は、主演女優の陳雲裳（チェン・ユンシャン）の美しさ、そしてトーキー映画ということで北京語の美しさだけに留まっており、作品に踏み込んだ論述がほとんど見当たらない、表面的なものだった[6]。『木蘭従軍』をめぐる日本側の言説の多くは、同映画のテンポの緩慢さや、物語展開の単調さ、セット・美術の稚拙さなどの問題点を、「支那的」なほほえましいものとして捉えている。その「寛容さ」の背後には「アジア諸国は兄弟であり、日本はその兄である」という類の傲慢さがにじみ出ている。

日本の上海での国策映画会社である「中華電影」と「満州映画協会」の合作による『萬世流芳』は1944年8月10日より日本で公開され、その配給とプロモーションは『木蘭従軍』以上の規模で大々的に展開された。日本絡みの製作背景にくわえ、アヘン戦争を題材とすることで鬼畜米英の暴虐を暴くという国策的な内容も、「時局」に合わせたものであった。

これらの中国映画が当時の日本人の心に届くものがあったとすれば、それは戦時統制で厳しく制約された日本映画に欠けていたエンターテインメント性だったのかもしれない。ミュージカル調の『木蘭従軍』、イデオロギーをメロドラマに忍ばせた『萬世流芳』、さらに少年時代の手塚治虫の目を開かせたアニメーション『西遊記　鉄扇公主の巻』は、厳しい戦局に気を張り詰

図3：『木蘭従軍』

めていた日本人に憩いのひとときをあたえたといえるかもしれない。

　だが，これらの中国映画の日本への輸入は，既成の中国イメージ，すなわち欧米列強の搾取に喘ぎ，日本に救済を求める「哀れな中国人」というイメージを確認する，あるいは増強するという目的によるものであったのは言うまでもない。


### （3）　冷戦時代

　戦後の日中映画交流は，「日本中国文化交流協会」（1956年に東京で設立）と「日本中国友好協会」（1950年に東京で設立）という2つのルートを通して進められていた。前者が主に中国への日本映画の輸出と映画人交流に重きを置いていたのにたいして，後者は日本国内での中国映画の上映を精力的におこなっていた。

　1950年代から60年代にかけて，日本で上映された中国映画の多くは，「日本中国友好協会」などの団体が，中国との文化交流活動のなかで，中国側から寄贈，または日本映画との交換などの形で提供してもらったものだった[7]。その主な上映形態は自主上映であった。すなわち，「日本中国友好協会」など日本共産党の外郭団体や，日中友好団体が公会堂などで中国映画を上映し，毛沢東の平等社会の理念を広めようとした。

　また，一部の作品は単館上映の形でロードショーがおこなわれたが，その影響力はやはり限定的だった。たとえば，1966年1月に封切られた『不屈な人びと』（原題『烈火中永生』，水華監督，1965年）は，それまでに日本でもっともヒットした中国映画であると評されたが[8]，その興行収入は2000万円程度で，同時期に公開されたハリウッド映画『007　サンダーボール作戦』（テレンス・ヤング監督，1965年）の10億1857万円にははるかに及ばなかった。

　文化大革命中でも，中国映画の上映は続いていた。たとえば，記録映画『ピンポンは国境を越えて　友情開花』（原題『友誼花開』，1972年）が東宝東和によってロードショーがおこなわれ，『紅色娘子軍』（1970年），『智取威虎山』（1970年）などのプロパガンダものも自主上映や，ロードショー，テレビ放

映の形で上映された。しかし，中国との本格的な映画交流は，文革後，徳間康快によって推し進められるようになったのである[9]。

## 2．徳間康快と中国

徳間康快（1921～2000年）の生涯を振り返れば，彼が日中映画交流に情熱を傾けたことが偶然ではないことがわかる。徳間康快は，1942年に早稲田大学卒業後，出版界に入り，読売新聞社，東京民報社，真善美社を転々としたのち，1950年に新光印刷（現・徳間プレスセンター）を設立。1954年に東西芸能出版社（現・徳間書店）を，そして1970年にミノルフォン音楽工業（現・徳間ジャパンコミュニケーションズ）を，さらに1974年に大映を買収することによって，出版・音楽・映画にまたがる徳間グループを形成した。

### 2.1　評伝に描かれた徳間康快

徳間康快の人間像を知るうえにおいて，佐高信著『飲水思源　メディアの仕掛け人、徳間康快』（金曜日，2012年）は重要な文献である[10]。雑誌『週刊金曜日』への連載を基にした本書は，「俺はだまされた」という徳間康快の最期の言葉をひもとくという形で，若い頃の読売新聞社員時代から出版界，映画界を渡り歩き，映画界に風雲を起こし，ついには中国との交流に至

図4：『ピンポンは国境を越えて　友情開花』長谷川信彦選手

るまでの彼の波瀾万丈の一生を跡づけている。それは「バラのつぼみ」という謎の言葉をつぶやくオーソン・ウェルズが演出・主演した映画『市民ケーン』(1941年) を連想させる構成となっている。

　本書によると，当時の一流の左翼活動家，鈴木東民や，良識派文化人の代表ともいえる松本重治から受けた影響は，「官の飯を食うなかれ」，「冒険し続け，敗者復活戦を繰り返す」という徳間の「人生哲学」を形作ったと言っても過言ではないという。

　「中国からもうけてはいかん。日本人は散々悪いことをしたんだから」[11]という日本の戦争世代の一人としての贖罪意識が，徳間のメンタリティーの基礎となっていた。たとえば，二十数年間にわたって，採算を度外視してまで，中国との映画交流を続けたことや，「人脈はあくまでも情けの厚い性格からひとりでに出来上がったものであり，事業のための布石というけちなものではなかった」[12]という中国との向き合い方が，この評伝によって浮き彫りにされている。

　いっぽう，出版事業において，徳間康快は1960年代から，中国学者の竹内好を通じて中国関係書籍の出版に携わっていた。なかでも，竹内がオーガナイザーだった「中国の会」の雑誌『中国』の出版を引き受け，後に『中国』は徳間書店から月刊誌として出版された。これが徳間と中国との具体的な接点となった。

　さらに，徳間は日刊紙「東京タイムズ」を買収し，社長となったが，それによって日本の保守政界とのつながりを築いた。日中国交回復後，中国が重視した田中角栄を通じた政界人脈も，徳間が日中映画交流の中心人物となったことに寄与しただろう。これらの経緯については，同書も言及している。

## 2.2　徳間康快の文革体験

　徳間康快と中国とのかかわりに関しては，『飲水思源　メディアの仕掛け人，徳間康快』では『君よ　憤怒の河を渉れ』の対中輸出や，日中合作映画『敦煌』(佐藤純彌監督，1988年)の製作の経緯について触れているとはいえ，

中国とのパイプがどのようにできたのか，とりわけ日中映画祭の相互開催に至った経緯や，運営の実態などについての記述は皆無である。したがって，徳間康快と中国の関係をめぐる事実関係の整理という作業はいまだ端緒についたばかりであるように思われる。

たとえば，徳間康快が文革中に複数回，訪中したという事実は，彼の中国とのかかわり方を考察するうえで，きわめて大きな意義をもっている。すなわち，1966年9月に日本出版代表団，1971年10月に日本中国文化交流協会代表団，さらに1974年5月に日本出版編集者友好訪中団に加わって訪中し，さらに1976年10月に森繁とともに中国側に特別招待されたのである。1974年の時点で彼は次のように語っている。

　　1966年，日本出版代表団の一員として最初に訪問したときはプロ文革のある意味での初年度であった。つづいて1971年に日本中国文化交流協会代表団の一員として訪問したときは，これまたある意味でのプロ文革仕上がりの年でもあった。そして今回（著者註：1974年5月）の批林批孔運動をつうじて見た新中国のいぶきは，重厚にして沈着，なおかつ人間のすさまじい活力ある姿を素肌に強く感じた[13]。

そして，訪中の際に，徳間康快は知日家のベテラン政治家であり，中日友

**図5：徳間康快（左）と廖承志**

好協会会長の廖承志と会見し，日中映画交流について話し合ったのである。

すでに紹介したように，1950年代から，日本共産党やその外郭団体，および，日中友好団体が公会堂などを借り，自主上映などの形で中国映画を上映していたが，日本社会にあたえたインパクトは限られていた。そして，日本共産党との関係の破綻を受けて，中国側は新たな中国映画の対日輸出ルートを探す必要が出てきた。その際に，日本社会により大きなインパクトをあたえうる，よりダイナミックな日中映画交流を中国側は青写真としてイメージしていたのかもしれない。

## 2.3　なぜ白羽の矢が徳間康快に立ったのか

事実，中国側が早くも文革中に次世代の日中映画交流の担い手として目をつけたのは川喜多長政，徳間康快の2人だった。たとえば，1974年12月に川喜多長政・かしこ夫妻は，「中国人民対外友好協会」に招かれて訪中し，廖承志と中国映画の輸入について意見交換した。

それまでに川喜多長政が社長をつとめる東和映画（東和東宝の前身）は，いち早く社会主義新中国の映画の輸入を試み，1957年に人形アニメ『魔法の絵筆』（原題『神筆』，靳夕監督，1955年）を，1961年に記録映画『東洋画への誘い』（原題『画家斉白石』，陳健監督，1956年），1973年に北京で開催された第1回「アジア・アフリカ卓球友好招待試合」の様子を映しだした記録映画『ピンポンは国境を越えて　友情開花』を配給した実績があった。

訪中の際に，川喜多夫妻は児童映画『閃閃的紅星（きらめく赤い星）』（李俊，李昂監督，1974年），農村映画『青松嶺』（劉国権監督，1973年），戦争映画『南征北戦』（成蔭，王炎，湯暁丹監督，1974年）を鑑賞し，日本へ紹介したいと意欲を示した。

> 中国の映画は，技術的にもなかなかすぐれており，しっかりしていますし，カメラもきれいですしね。内容的にも，今，日本で作られているエロとかグロとはまったく違って，健全でりっぱな内容のものです。中

国から映画を入れ，大ヒットさせ金もうけをしようなどという商売的な感覚ではなく，別の観点，今の新しい中国の映画を日本の人にぜひ見てもらいたい，私たちが中国映画を入れた意義を理解してもらいたい，という気持なのです。

これまでも中国映画はいろいろな組織や団体などが公会堂などで上映していますが，それはそれで立派なお仕事であり，今後も続けていったほうがいいと思います。私たちはあくまでも商業劇場で上映できるような映画を選んでいきたい。上映する以上，大いに宣伝してたくさんの人に見てもらいたいですね。


だが，これらの中国映画の日本への輸入は実現に至らなかった。ここで注目すべきは，川喜多氏も徳間氏もいずれも共産党系でないことである。彼らが中国側の信頼を得ていたことには，いわゆる左翼的・政治的な「親中派」の枠から外れているという彼らの政治的立場が逆に有利に働いたように思われる。徳間の場合，妻だった宮古みどりという当時の日本共産党系の活動家の影響もあり，徳間は一時的に党員となったとはいえ，その後，党と政治的に距離をおいた。そのため，1960年代後半から日本共産党と激しく対立していた中国側にとって，徳間は警戒の対象ではなかった。

それに加え，川喜多氏と徳間氏はそれぞれ東宝東和という大手配給会社，そして，大映という製作会社を支配下に置いていた。それも，日本で中国映画を幅広い層に広めようとした中国側にとって魅力的だったのではないだろうか。

すでに高齢に達した川喜多氏より，戦前戦中の中国とのしがらみのない壮年の徳間が有力候補だったことは誰の目にも明らかだったのであろう。さらに，中国側を徳間のほうへ傾かせた決定的な出来事があった。それは，文革後の日中映画交流の原点でもあった第1回「中国映画祭」（1977年3月）の開催にほかならない。

## 3. 「中国映画祭」の開催と運営

### 3.1 森繁と田村祥子の功績

「中国映画祭」の開催については，キーパーソンとして森繁氏（1931～1997年）を抜きにしては語れない。

中国で生まれ育った彼はバイリンガルで，中国内戦時代において，国民党軍の兵士として共産党軍と戦ったときに，共産党軍の捕虜になり，そのあと共産党軍に参加して国民党軍との戦いに加わったという数奇の運命を辿った人物である。1950年代に帰国し，日本での職歴は以下のとおりである。

1960年，LT貿易乗船通訳
1964年，日中旅行社
1976年，（株）東光徳間取締役
1985年，（株）徳間ジャパン常務取締役
1994年，（株）大映常務取締役
1997年6月，（株）徳間書店取締役 [14]

1960年代，森繁は中国関連の仕事のかたわら，地方の公会堂や学校の講堂などで，中国映画の上映にも携わった。その活動のなかから「中国映画の仕事を本格的に始めたい」という願望が芽生えた彼が，みずから徳間康快に売り込んだのは1976年頃だった。すなわち，同年3月に中国大使館から「中国映画人の視察団に日本映画界の状況を見学させてもらいたい」と要望を受けた森繁は，その案内役を務め，徳間のコネクションを頼りに，映画館や撮影所の見学のみならず，日本映画人との意見交換の機会を用意した。中国側の使節団一行は満足して，帰国した。間もなく，徳間社長と森繁2人に訪中してほしいとの招待状が中国から届いた。

第 6 章　日本における中国映画の受容史　　201

　1976年10月に徳間，森両氏が訪中したときの様子について，東光徳間事業本部の田村祥子氏は，1997年の時点でつぎのように語っている。

　　北京に到着した二人は，盛大な歓迎宴で迎えられたものの，宴の終了後も翌日の日程は告げられず，「明日は部屋で待っていてほしい」の一言でホテルへ帰されました。翌朝，外から聞こえる大きなドラの音，爆竹のたけだけしい音。窓を開けると，これまで見たことのないような大がかりなデモの行列が長安街を埋め尽くしていました。人々が手にする横断幕には「四人組粉砕」の大文字が舞っています。窓から身を乗り出して歓喜のデモを見ていた森さんに，中国電影公司より呼び出しの電話が入りました [15]。

　このように 2 人は北京で四人組失脚と文化大革命の終焉という歴史的瞬間を目撃した。そして，招待側の中国電影公司が，「中国は四人組を粉砕した。われわれは積極的に日本側のあなた方と交流したい」と切りだしたのに対し，徳間と森繁は「映像こそは文化の第一。まず，日本で中国映画祭を開催したい」と申し入れ，即 OK が出た。そのわずか 5 カ月後の1977年 3 月に第 1 回「中国映画祭」が，現実のものとなったわけである。
　第 1 回「中国映画祭」は当時できたばかりの日本プレスセンター（東京内幸町）で， 3 日にわたって新作のドキュメンタリー映画を中心に，旧作劇映画などを 6 本上映し，映画祭開催に合わせて来日した中国映画代表団は，日中映画交流の新しい時代の到来を告げた（上映作品や，代表団メンバーについては表 1 を参照していただきたい）。

　すでに述べたように「中国映画祭」の開催は，森繁の「中国映画の仕事を本格的に始めたい」という強い願望が徳間を動かした結果ともいえる。その後，中国との映画交流をさらに軌道に乗せ，東光徳間を設立するに至ったのである。その際に，「自分は中国とのパイプや語学力を持っていたものの，

映画事業を展開するには専門的な知識が足りない」ということで，森繁は田村祥子を呼んで，2人が中心となって「中国映画祭」を始めた。

田村祥子は，脚本家・田村孟の妻である。田村孟は大島渚とともに独立プロ・創造社を設立し，大島作品を中心に脚本家としても活躍した人物であり，その影響で田村祥子も日本の映画業界に通じていた。さらに田村祥子は文革中に紅衛兵運動に憧れ，27歳のときから中国語を学び始め，森繁と知り合ったのもその頃だったという。

第1回「中国映画祭」以降，日本側は中国映画際をほぼ毎年開き，また開催しないときは相互で映画ロードショーをおこなうこととなった。

たとえば，1981年は山田洋次，古谷一行，中野良子，三田佳子ら17人からなる日本映画代表団を迎えた日本映画祭が中国で大々的に開催され，そして，日本では中国映画ロードショーがおこなわれた。すなわち，11月28日から12月11日まで2週間，東京・新宿の東映ホールでの中国映画ロードショーでは，第1週は文豪・魯迅生誕100周年にちなんで『魯迅伝』（王相武監督，1981年）と『薬』（呂紹武監督，1981年）を，第2週は名匠・謝晋監督の『天雲山物語』（原題『天雲山伝奇』，1980年）に記録映画『ミイラの謎』（原題『新疆古屍』，1981年）が上映されたのである。

## 3.2 コスト・版権・上映館

第1回目の「中国映画祭」は徳間が単独で開催したが，2回目からは日本映画製作連盟との共催の形を取った。日本映画界を巻き込むことで，チケットの販路が確保できるからである。各映画会社は映画祭のチケットの割り当てを受けて，持ち回りで催した。ただ，この持ち回りには，大手映画5社はもともと消極的で，一回りした5回で終わらざるを得なかった。7年目の1983年からは池袋にある独立館の文芸坐で開催するようになった。

文芸坐での中国映画祭は，1983年から90年まで続き，91年に会場は東京・渋谷の「ル・シネマ2」に移った。徳間側が「映画祭＝文芸坐」のイメージを変え，「洗練されたおしゃれなもの」にしたいと考えたからである。しか

し，それは単なる徳間側の方針転換ではなく，「文芸坐は場末の映画館だから，映画祭をもっとおしゃれにしたい」という中国側の要望でもあったようだ。それはこの間に著しい経済発展を遂げていた中国側の意識の変化ともいえよう。

　文芸坐は300席ほどあったが，「ル・シネマ2」は130席ほどしかなく，「中国映画祭」開催中にチケットが売り切れになる日がしばしばあった。しかし，大入り満席に対して，映画館は喜ぶどころか，「人が混みすぎる」「館内が汚くなる」という理由で二度とやりたくないと，1年で契約が打ち切られてしまった。また観客側からの苦情もあった。日本での中国映画ファンは，以前の文芸坐の緩やかな雰囲気に慣れており，「館内での飲食禁止」「立ち見客は入れない」などの「ル・シネマ2」側の制約に不満だった。

　その結果，1992年は映画祭の会場が新宿のテアトル・シネマに変わり，1997年まで継続した。文芸坐としてはずっと中国映画祭を続けたい，中国映画祭をライフワークにしたいと三浦社大四郎社長自らは考えていたようで，徳間側から裏切られたという思いもあったかもしれない。

　「中国映画祭」で上映された中国映画の版権に関しては，著作権の意識が当時の中国側にあまりなく，緩やかだった。日本で外国映画の公開の権利期間は，通常5年から7年が一般的だったが，中国映画は自動延長の形で事実上無期限だった。1977年の第1回「中国映画祭」のときからフィルムを中国側に返却していなかったため，その後の「中国映画の全貌」（1990年〜2012年・表2参照）の企画が可能になった。倉庫が満杯になって，仕方なく中国側にフィルムを送り返したのは近年のことだったという。

　中国映画を買いつける値段は安く，1本当たり2000米ドルから3000米ドルで，「中国映画祭」のために，徳間側は年間6〜7本程度をまとめ買いした。

　映画祭開催では，フィルムを買いつける費用よりも，その際に招待する中国映画代表団に掛かる経費が大きな出費となった。中国映画祭の相互開催は，中国側は国家費用で賄うのに対し，日本側は徳間書店という一会社が費用を出していたため，厳しい面もあった。

## 3.3 ショッキングな日本体験

日本での「中国映画祭」の開催に合わせて多くの中国映画人が招待された。1978年当時の中国の都市生活者の平均年収は614元（約１万円），灰色や紺の人民服を身に着け，自転車で移動する時代であり，映画人も例外ではなかった[16]。また，海外渡航がほとんど認められておらず，日中間の人的交流に至ってもきわめて限られていた。それだけに，中国の映画人にとって，その訪日は外の世界を見聞する貴重な機会であり，そして見知らぬ資本主義社会に接する際の驚きも計り知れないものであった。

第３回中国映画祭の際に，中国映画代表団のメンバーとして来日した当時のトップ女優，張金玲は，2017年５月に筆者によるインタビューのなかで，日本映画界との交流について次のように振り返っている。

　　日本映画人との交流の中で一番困ったのは着るものだった。私が持っているわずかな私服は，もてなしの場で着るにはあまりにみすぼらしかった。1979年９月に中国を訪問した栗原小巻さん，中野良子さんとお会いしたときには，映画撮影所の衣装倉庫から１着の赤いスーツを借りた。それは私が主演した映画，『大河奔流』（謝鉄驪監督，1978年）の中に登場するアメリカ人の女性記者が着た衣装だった。そのアメリカの俳優は私と身長が同じぐらいだったので，「これだ」とひらめいた。

　　同年11月に私は第３回中国映画祭に参加するため訪日することになるが，また洋服に頭を悩まされた。そのときには徳間康快さんの側近だった森繁さんは，その事情を察して，私を含め代表団に加わる女優３人のサイズを聞きだし，あらかじめ日本で洋服をオーダーメードしてくれた。そのうちの一着はひざ下までの黒いワンピースだったが，これは大変，気に入った。その後の数年間，このワンピースは何かの行事があったり，大事なお客をもてなす際に必ず着用した。1986年訪中した高倉健さん，吉永小百合さんを迎えたときにも，このワンピースを着たと記憶

第 6 章　日本における中国映画の受容史　　205

している。

　また，来日中の張金玲は，1979年11月20日付の『朝日新聞』のインタビューにおいて，「日本は街がきれいで，車のクラクションが静かだ」と日本の印象を語りつつ，文革後の中国社会の変化をつぎのように紹介した。

　　中国では映画俳優の収入は，それまで一般人と差はなく，映画が当たっても当たらなくても，出演してもしなくても月給のようにもらっていたが，1〜2カ月前から多少手当が付くようになったそうだ。これからは多少経済的に変わってくるでしょう。その人の演技や観客からの評価によって手当が出るようになる[17]。

図 6：1979年 9 月，北京頤和園にて。（左から）中野良子，張金玲，栗原小巻，劉暁慶

図 7：1979年11月，東京帝国ホテル・桜の間にて。（左から）ジョアン・チェン，張金玲，田華

同じ代表団に加わった当時18歳の女優ジョアン・チェン（陳沖）は後に活躍の舞台をハリウッドに移し，『ラストエンペラー』（ベルナルド・ベルトルッチ監督，1987年）などの大作映画に主演し，国際派女優になったが，「日本訪問は初めての海外体験だった。外の世界に目を開かれた」と1999年の時点で振り返っている[18]。ちなみに，訪日中に日本の印象をマスコミから聞かれた際に彼女は思わず，「素晴らしいわ。もう帰国したくなくなった」とぽろりと本音を言ってしまったことで，同行したメンバーから厳しく叱られたという[19]。

こうした当時の中国人の証言は，たんなる物質的な豊かさにたいする驚嘆に留まらなかった。実際に日本を体験することをつうじて，日本を含めた世界の先進諸国をモデルとし，経済発展を成就しようとするメンタリティーとエネルギーが育まれていったのである。

『芙蓉鎮』で日本でも知られている巨匠・謝晋監督は日本との縁が深い。彼は2006年に筆者によるインタビューのなかでつぎのように語っている。

　　1980年に中国映画代表団のメンバーとしてはじめて訪日した際に，豊かな日本社会を目の当たりにして，大変大きなショックを覚えた。その当時，一般の中国人の家庭には乗用車どころか，テレビや冷蔵庫さえなかった時代だったからだ。見学先から宿泊していたホテルに戻って，俳優の孫道臨さんがため息をつきながら「いつになったら，中国が日本に追いつくことができるだろう」と言っていた。それを聞いた代表団の皆さんは絶望的な気分にとらわれていた。

　　しかし，今回の訪日（2006年）で再び目にした東京の町並みや住宅街は，経済急成長を成し遂げ，高層ビルが林立する上海に見慣れてしまった私の目には，むしろみすぼらしくさえ見えた。それによって，この二十数年のあいだに中国社会がどれほど著しく変化してきたかを実感した[20]。

さまざまな努力を重ねることによって、文革による遅れを取り戻そうとする文革終焉直後の中国人が共有していた心情が、これらの中国映画人の証言によっても表現されているといえるだろう。

当時の中国映画人にとって、訪日の機会は日本人観客との交流や、日本映画人との親交を深めるという目的にくわえ、日本映画のノウハウを学びたいという副次的な目的もあった。彼らが訪日中のハードなスケジュールを縫って、中国国内で観られなかった日本映画や欧米映画を鑑賞し、スタジオでの撮影を見学し、日本映画人との意見交換の場も必ず設けられた。中国の映画人たちは、訪日の機会をつうじて、映画の表現技法などをあらためて学びなおそうとしていたのである（それについて、1980年6月に訪日した中国映画代表団の日程を入手できたので、章末の表4にまとめた）。

## 4．中国映画ブームの到来

### 4.1 『黄色い大地』と『紅いコーリャン』の衝撃

1980年代半ばに、中国映画をそれまでほぼ独占的に輸入してきた徳間の地

図8：謝晋監督と高野悦子，2006年。撮影：劉文兵

位を脅かすライバルが現れた。1985年頃から『黄色い大地』（原題『黄土地』，陳凱歌監督，1984年）や，『紅いコーリャン』（原題『紅高粱』，張芸謀監督，1987年）といった中国第五世代映画監督による斬新な作品が世界市場に進出し，大きな注目を集めたため，日本ヘラルドなど大手配給会社がこれらの配給に乗りだしたからだ。

　1980年代半ばまでは，中国映画の輸入窓口は徳間しかなかった。言い換えれば，中国映画は徳間しか買いつけなかった。中国映画祭の際は，入場券を配ってもらうというスタイルだった。それが変わったのは『黄色い大地』が公開されたときからである。

　そもそも『黄色い大地』が初めて日本で上映されたのは，徳間側による主催で，文芸坐でおこなわれた「85中国映画新作フェスティバル」だった。文芸坐社長の三浦大四郎は，『黄色い大地』との出会いについてつぎのように語っている。

　　1985年5月。私は北京にある中国電影輸出輸入公司の試写室にいた。その年の11月，私の経営する文芸坐でおこなう「中国映画祭」の上映作品選択のため，主催者である東光徳間の森繁さんと一緒に，連日，朝から夕刻まで，試写室の暗闇にこもったまま，次から次へとスクリーンに映し出される新作中国映画を，眼をこらして見ていたのである。ほとんど，試写室とホテルを往復するだけの毎日だった。

　　連日の試写で，いささか疲労と倦怠を覚えるに至った最終日，電影公司の担当官が，「これは，中国では評価がなかなか難しい作品ですが，ご参考までに……」と断って一本の映画を見せてくれた。そして，その映画を見終わったときの衝撃を，私はいまだに忘れることができない。その映画は，「黄色い大地」（原題・黄土地）。監督陳凱歌。弱冠32歳。

　　従来の中国映画的表現を根底からくつがえした全く新しい映像感覚と，全編を貫く力強いエネルギーに私は圧倒された。「すごい作品ですね。この映画が一番良い」と私が言うと，電影公司の担当官は怪訝な顔

をした[21]。

　同映画が文芸坐で上映された際には連日満員だったばかりでなく，日本映画界にも強烈な印象をあたえ，吉村公三郎，大島渚，増村保造らは口をそろえて絶賛した。
　映画祭の後，岩波ホールが『黄色い大地』を配給したいと申し出たが，徳間側がそれを断った。日本ヘラルドが陳凱歌監督を気に入って，今後監督をバックアップしたいということで，シネマスクエアで『黄色い大地』のロードショーをおこなうことになった。
　それに続いて，1989年に張芸謀監督の『紅いコーリャン』が，ユーロスペースで単館ロードショーされた。この作品はほぼ同時期に同映画館で上映された，原一男監督の『ゆきゆきて，神軍』(1987年)とともに大きな話題となり，ユーロスペースがアート系映画館としての地位を確立することに大いに寄与した。中国映画ブームはこのようなアート系映画館を通じて一気に広まっていった。
　そもそも徳間側もそれらの中国映画を買いつけることはできるが，日本ヘラルド，ワーナーといった大手配給会社は，日本国内市場で配給網やコネクションを握っていたため，徳間よりも圧倒的に有利だった。そのため，徳間側は中国映画を商業ベースで配給する場合，大手配給会社に頼らざるを得なかったのである。

図9：『黄色い大地』

図10：『紅いコーリャン』

## 4.2　画期的な『菊豆　チュイトウ』

　中国映画の上映に留まらずに，徳間康快は日中合作映画の製作にも精力的
に携わった。

　『未完の対局』（中国語題『一盤没有下完的棋』，佐藤純彌・段吉順共同監
督，1982年，北京映画撮影所・東光徳間株式会社製作），『敦煌』（佐藤純彌
監督，1987年，八一映画撮影所・東光徳間株式会社製作）はそれにあたる。
いずれの作品も各技術部門から演出に至るまで，日本人スタッフがイニシア
チヴを握った作品ばかりであった。

　しかし，中国第五世代監督が世界的に脚光を浴びるなかで，徳間康快は新
しい日中合作映画のスタイルを模索し始めた。その第 1 作は張芸謀監督の
『菊豆』（1990年）である。製作費と仕上げが日本，メインスタッフとロケー
ションが中国という日中合作映画の新方式がこの作品において初めて実践さ
れたのである。

　前作の『紅いコーリャン』でベルリン国際映画祭グランプリを受賞した張
芸謀監督作品であるということで，大きな期待を寄せられており，日本側 4
社の出資をスムーズに集めることができた。

　1989年 4 月26日に製作発表し， 9 月にクランクイン，安徽省黄山市でロ
ケーションを行い，同年11月にクランクアップ。1990年 1 月から日本での仕
上げ作業を行い， 2 月に初号が完成した。『菊豆』は同年 4 月26日から上野
宝塚劇場で独占先行ロードショーをおこなった後， 5 月26日から全国公開さ
れた。

　この作品は内外ともに高い評価を得た。1990年 5 月にカンヌ国際映画祭第
1 回ルイス・プルミエール賞，同年12月にシカゴ国際映画祭最優秀作品賞を
受賞し，91年には米アカデミー賞外国映画賞にノミネートされた。

　夜景シーンの多い映像で，鮮やかなブルーの色調を出すことが富士フイル
ムによって可能となり，エロチックなシーンの演出も，日本のピンク映画や

ポルノ作品の影響が見て取れる。

日本と中国の興行収入の配分は明らかではないが，中国側が中国国内市場の収入，徳間側が日本および海外の収入というシステムであったようだ。徳間側はこのほか，海外向けのポスターなども製作し，出品と抱き合わせて販売した。

『菊豆』は中国映画にしては大胆な性描写が盛り込まれていたとはいえ，政治的な内容はなく，1930年代の貧しい中国農村を舞台とした時代劇ということで中国国内でも無事一般公開された。

しかし，同じような方式で徳間が出資した『青い凧』（原題『藍風箏』，田 壮 壮監督，1993年）は，そのような幸運に恵まれなかった。

## 4.3 ターニングポイントとなった『青い凧』

反右派闘争や文化大革命という中国近代史の影の部分を題材にしたことに加え，『青い凧』は中国側の映画検閲を受けないまま，第6回東京国際映画祭（1993年9月24日〜10月3日）に出品された。最優秀作品賞と最優秀女優賞（呂麗萍）を受賞したにもかかわらず，中国側は映画祭に抗議し，映画代表団も引き上げるという最悪の結果になった。その年の東京国際映画祭をゼネラルプロデューサーとして仕切っていたのはほかならぬ徳間康快であった。

翌年に中国側に認められていない本作品が日本で一般公開する際には，製作側の東光徳間ではなく，ユーロスペースによって配給された。中国からの批判の矛先が直接徳間に向かわないようにという配慮からだったという。

このように『青い凧』の製作費用を出したばかりでなく，中国側の抗議をよそに，東京国際映画祭に出品したことで，徳間は中国にとって事実上，好ましからざる人物になってしまった。

それにもかかわらず，中国側はそれ以降も，日本で開催される「中国映画祭」に作品を提供し続けていた。それは，森繁が双方の緩衝材の役割を果たし，かろうじてつながりを維持してきたためと思われる。ただ，徳間個人に

対しては，中国側はその後も，忌避し続けたようだ。

　徳間と中国側の関係は『青い凧』によって，完全にこじれてしまったが，それが修復できたのは1997年に，香港返還に合わせて製作された中国の大作映画『阿片戦争』（原題『鴉片戦争』，謝晋監督，1997年）のときだったように思われる。映画のクレジットタイトルには「製作協力・大映」とともに，「日本側総指揮・徳間康快」とも記されたのである。

　『阿片戦争』は，日本で公開する際に岩波ホールでロングランの記録を作った。また，日本テレビでも放映された。初日の舞台あいさつの際に，岩波ホールの支配人，高野悦子はいつになく「これは私の映画です」と紹介し，特別な愛着や思い入れがあったようだが，徳間側は，内心では，「これはうちの映画だよ」と言いたいところだったという。

　『阿片戦争』を徳間側は6500万円の高値で購入したもので，劇場公開だけでは採算が取れない。そのため，徳間康快自ら日本テレビに売り込んだ。日本テレビは深夜に１度だけ放映したようだ。

　以上述べたように徳間康快が決断力と集金力を持ち合わせたからこそ，日中映画交流の大きなプロジェクトを次々と立ち上げることができたように思われる。彼は同時に，「心配するな。金は銀行にいくらでもある」「借金取りは墓場までは来ない」[22)]といった言葉も残している。

　案の定，徳間の死後，徳間グループは数千億円ともいわれる大きな負債を背負うことになったのである。

### 4.4　徳間後の中国映画の上映

　「中国映画祭」は1997年まで継続し，やがて幕を下ろした。それは中国映画そのものの変化によるものだったように思われる。

　1990年代に入り，張芸謀，陳凱歌ら第五代監督は，積極的に海外資本で映画を製作し，中国の国内市場での映画検閲を逃れて，海外市場を狙うようになった。『紅夢』（原題『大紅灯籠高高掛』張芸謀監督，1991年），『青い凧』，『さらばわが愛　覇王別姫』（原題『覇王別姫』，陳凱歌監督，1993年），『活

きる』（原題『活着』，張芸謀監督，1994年）など，第五世代監督が海外資本をもとに手がけた一連の歴史ドラマはそれにあたる。そのため，「中国映画祭」の関係者からも，上映作品をもっぱら中国国内から仕入れる「中国映画祭」の存在意義に疑問を持つ声が上がるようになっていた。「中国映画祭」の終焉は，ある意味で自然消滅であったといえるかもしれない。

いっぽう，「中国映画祭」が打ち切られた後も，「中国映画の全貌」（1990〜2012年）の枠組みのなかで，それまでの「中国映画祭」で上映された作品とともに，中国映画の新作数本が買いつけられ，毎年，特集上映されていたが，尖閣諸島（中国名：釣魚島）問題の影響で，2012年をもって幕を下ろしたのである（表2を参照していただきたい）。

2000年に徳間康快が世を去り，その後の日本における中国映画の上映は大きく変貌した。アート系単館上映という従来の中国映画の配給ルートに乗って，『初恋のきた道』（原題『我的父親母親』，張芸謀監督，1999年），『山の郵便配達』（原題『那山，那人，那狗』，霍建起監督，1999年）がヒットした。とはいうものの，単館上映の興行収入には限界があり，興行収入は4億から6億円程度だったと推測される。

それに対して，張芸謀監督が演出を手がけた『HERO』（原題『英雄』，2002年）はワーナーによって配給され，一般の洋画に負けないほどの40億5000万円を稼ぎ出したという[23]。『HERO』はワーナーが初めて手がけたアジア映画で，日本で数百館という桁違いのスケールで上映されたのである。それに続いて，張芸謀監督の『LOVERS』（原題『十面埋伏』，2004年）も30億円弱の興行収入を得た。

その後，地域や国境を超えた協力関係のもとで製作された大作映画は，日本で上映される中国映画の主流となり，とりわけ，中国本土と香港との合作映画がその大半を占めている。そのきっかけとなったのは，2003年に両地域のあいだで調印された「CEPA（経済貿易協力合意書）」であった。同合意書によって，両地域の合作映画の製作に関する規定が初めて明文化された。すなわち，合作映画を製作するにあたって，メインキャストのうち，3分の

1を中国本土の俳優が占めること，そして合作映画の題材は何らかの形で中国本土に関連を持たなければならないことが義務づけられるようになった。そのため，中国映画と香港映画の境界線がますます曖昧になってきている。

さらに，『天安門，恋人たち』（原題『頤和園』，婁燁監督，2006年），『スプリング・フィーバー』（原題『春風沈酔的夜晩』，婁燁監督，2009年），『無言歌』（原題『夾邊溝』，王兵監督，2010年）などのインディペンデント映画は日本でも話題を呼んでいるが，中国本土では一般公開できない。そのため欧米人の視線を強く意識した，いわば中国人（東洋人）自身によるオリエンタリズム趣向が，インディペンデント映画を特徴づけるものとなっていることは否めない。そういう意味では，現在の中国のインディペンデント映画は，グローバリゼーションのひとつの産物にほかならないのだ。

このように，賈樟柯や，王兵らが手がけた作品は，一部のアジア映画ファンの間で注目を集めている。とはいえ，日本での中国映画ブームが下火になり，中国人イメージの構築において映画メディアが果たした役割も著しく縮小してきた感は否めない。その背景には，メディア環境の変化にくわえて，領土問題や，政治的摩擦，歴史問題によって日中関係が冷え込み，中国に対する日本の国民感情が悪化しつつあるという日中関係をめぐる厳しい現実もある。

## 4.5　徳間が残したものとは

このような中国映画受容の現状を鑑みると，「徳間康快」はむしろ現代的意義を持っているといえる。

すでに述べてきたように，戦前・戦中，または冷戦時代の日本における中国映画の上映は，いずれも公式に企画され，あるいは政治的な狙いをもった文化交流イヴェントの枠から抜けだすことができなかった。そのなかで，「中国」はあくまでも日本人がみずからの欲望をプロジェクトするオブジェであり，中国映画の日本への輸入も既成の中国イメージを確認する，あるいは増強するという目的でおこなわれてきた。

第6章　日本における中国映画の受容史　　215

　それにたいして，徳間康快は中国映画の上映をつうじて，戦後，限られて
いた中国映画の観客層を一般にまで広げ，それまで日本人が中国に抱いてい
た「革命」のイメージを変え，「改革開放に歩みだした新しい中国」に対す
る日本国民への理解と日中関係の改善・拡大に寄与した。さらに政治的状況
に左右されない，等身大の中国イメージを構築し，それまでに両国で流布し
ていた，相互のステレオタイプ的な相手国イメージを大きく転換させたので
ある。それは新たな日中文化交流のモデルの提示であった。徳間康快が，日
中映画交流の歴史に残した足跡を辿ることによって，良好な日中関係を築く
ためのモデル，あるいは萌芽のようなものを見出すことができれば，本章の
課題は成就されたこととなろう。

表1：徳間康快が主催した「中国映画祭」（1977〜1997）で上映された中国映画

| 映画祭名称 | 上映作品邦題（原題） | 開催年 | 上映館（上映日） | 中国映画代表団のメンバー |
|---|---|---|---|---|
| 第1回中国映画祭 | 東方紅、天山の赤い花（天山的紅花）、渡江偵察記、南征北戦、偉大な指導者・毛沢東主席は永遠に不滅である（偉大的領袖和導師毛主席永垂不朽）、敬愛する周恩来総理は永遠である（敬愛的周総理永垂不朽）、江陵漢墓、タケノコ（長在屋里的竹筍） | 1977 | 東京内幸町・日本プレスセンター10階ホール（3月17日〜19日） | 団長・銭筱璋（北京中央新聞記録電影製片廠責任者）、団員、成蔭（監督）、王炎（監督）、龍森林（中国電影公司対外発行処処長）、通訳・張潤昌（中国電影公司対外発行処対日業務詢詢担当）3月15日〜24日滞在 |
| 第2回中国映画祭 | 祝福、農奴、阿片戦争（林則徐）、氷山からの客（氷山上的来客）、上海の戦い（戦上海）、毛沢東主席記念堂（毛主席記念堂）、カエルを守る（青蛙）、世界の屋根（世界屋脊）、蘇州の刺繍（蘇州刺繍）、曲芸と奇術（雑技与魔術） | 1978 | 東京港区・ヤクルトホール（9月2日〜4日）大阪・朝日生命ホール（9月8日〜9日） | 団長・袁文殊（中国映画協会第一書記）、団員、白楊（女優）、王水（北京科学教育電影製作所編集総責者）、王退（中国電影公司対外配給所責任者、黄宗江（八一映画製作所脚本家）、張潤昌（中国電影公司対外配給処日本担当）9月2日〜15日滞在 |
| 第3回中国映画祭 | 将軍（従奴隷到将軍）、戦場の花（小花）、双子の兄弟（他倆和她地倆）、保密局の銃声（保密局的槍声）、舞台姉妹（舞台姉妹）、敦煌の芸術（敦煌芸術） | 1979 | 東京新宿・東映ホール（11月17日〜30日）神戸・県民会館ホール（11月20日〜22日）福岡・明生ホール（11月27日〜29日） | 団長・陳播（文化部電影局局長）、副団長・謝芳（俳優）、団員・李欣（中国電影公司副総経理）、王炎（監督）、孫羽（脚本家）、田華（女優）、張金玲（女優）、陳沖（女優）、王瑞山（中国電影公司通訳） |

| 催事名 | 上映作品 | 年 | 会場・会期 | 代表団 |
|---|---|---|---|---|
| 第4回中国映画祭 | 舞台姉妹、喜劇 ピンポン家族、不滅の星(今夜星光燦爛)、秦のはにわ、美しき雲崗の石窟、秦(雲崗石窟)、中国(中国風貌) | 1980 | 東京・テアトル銀座(10月18日~31日)名古屋・中小企業センターホール(10月20日~21日) | 団長・孟波(上海電影局局長)、胡健(中国電影輸出輸入公司総経理)、謝晋(監督)、陳強(俳優)、李秀明(女優)、孫道臨(俳優)、方舒(女優) |
| 中国映画ロードショー | 秦、天雲山物語(天雲山伝奇)、魯迅伝、ミイラの謎(新疆古屍) | 1981 | 東京新宿・東映ホール(11月28日~12月11日) | |
| 第5回中国映画祭 | 阿Q正伝、牧馬人、駱駝の祥子(駱駝祥子)、遊女・杜十娘(杜十娘) | 1982 | 東京・銀座松竹(11月20日~12月3日)札幌・道新ホール(11月23日) | 団長・丁嶠(国務院文化部副部長)、副団長・胡健(中国電影輸出輸入公司経理)、団員・凌子風(監督)、厳順開(俳優)、斯琴高娃(女優)、潘虹(女優)、趙静(中国電影輸出輸入公司処長)、林鋼(中国電影輸出輸入公司副処長)、張潤昌(中国電影輸入公司副処長) |
| '83中国映画新作フェスティバル | 北京の思い出(城南旧事)、茶館、武林志、炎の女・秋瑾(秋瑾)、逆光、人、中年に到る(人到中年) | 1983 | 東京池袋・文芸坐(11月16日~30日) | 団長・石方禹(文化部電影局局長)、副団長・胡健(中国電影輸出輸入公司総経理)、団員・梁月軍(女優)、潘虹(女優)、李秀明(女優)、郭凱敏(俳優)、文春艶(俳優)、張潤昌(中国電影輸出輸入公司副処長) |
| 第6回中国映画祭 | 三国外史・華佗と曹操(華佗与曹操)、さすらいの果て(漂泊奇遇)、上海にかかる橋(大橋下面)、郷音、寒夜、雷雨、夕照街 | 1984 | 東京新宿・東映ホール(11月9日~22日)福岡・大博ホール(11月12日~15日) | 団長・丁嶠(文化部副部長)、副団長・胡健(中国電影輸出輸入公司総経理)、張俊祥(上海市電影局局長)、団員・潘虹(女優)、顧永菲(女優)、龔雪(女優)、張閩(女優)、張偉欣(女優)、薛淑傑(女優)、王洪生(俳優)、張潤昌(中国電影輸出輸入公司副処長)。 |

| 名称 | 作品 | 年 | 会場・期日 | 代表団 |
|---|---|---|---|---|
| '85中国映画新作フェスティバル | 紅い服の少女（紅衣少女）、黄色い大地（黄土地）、阿混新伝、人生、戦場に捧げる花（高山下的花環）、三峽必殺拳（三峽疑影） | 1985 | 東京池袋・文芸坐（11月14日～12月1日） | |
| 中国映画祭86 | 青春祭、少年犯、絶響、野山、トンヤンシー夫は六歳（良家婦女）、女優殺人事件（一個女演員的夢）、太平天国伝 少年拳士の復讐（天国恩仇）、未亡人の春天（秋天裡的春天） | 1986 | 東京池袋・文芸坐（10月28日～11月10日） | 団長・丁嶠（文化部副部長）、副団長・胡健（中国電影輸出輸入公司総経理）、団員・張潤昌（中国電影輸出輸入公司国外業務部副経理）、李泓冰（中国電影輸出輸入公司国外業務部日本担当）、孫道臨（監督）、潘虹（女優）、顔学恕（監督）、李鳳緒（女優）、夏提古麗（女優）、徐雷（女優）、叢珊（女優）、王静琴（中国広播電影電視部映画事業管理局外事処） |
| 中国映画祭87 | 黒砲事件（黒炮事件）、大関兵、恋愛の季節、最後の冬（最后一個冬日）、スタンド・イン（錯位）、死者の訪問（一個死者対生者的訪問）、古井戸（老井）、盗馬賊 | 1987 | 東京池袋・文芸坐（10月31日～12月1日） | 団長・滕進賢（中国広播電影電視部電影局局長）、副団長・胡健（中国電影輸出輸入公司総経理）、秘書長・張潤昌（中国電影輸出輸入公司国外業務部副経理）、団員・李泓冰（中国電影輸出輸入公司国外業務部日本担当）、黄建新（監督）、烏爾沙娜（監督）、李杭（女優）、王学圻（俳優）、張暁敏（女優）、梁玉瑾（女優） |

第6章　日本における中国映画の受容史　219

| 映画祭 | 公開作品 | 会場・期間 | ゲスト |
|---|---|---|---|
| 中国映画祭88 | 追跡者（最后的瘋狂）、北京物語（鴛鴦楼）、舞台女優（人鬼情）、戦争を遠く離れて（遠離戦争的年代）、太陽雨、晩鐘 | 東京池袋・文芸坐（11月5日〜12月4日） | 鄭洞天（監督）、宋暁英（女優）、趙越（女優）、伊欣欣（女優）ほか3名 |
| 中国映画祭89 | 失われた青春（大喘気）、輪廻、ハイジャック・台湾海峡急指令（代号美洲豹）、狂気の代償（瘋狂的代価）、一人と八人（一個和八個）、胡同模様（小巷名流）*ロードショー：紅いコーリャン（紅高粱）、子供たちの王様（後子王）、孫文（孫中山） | 東京池袋・文芸坐（11月11日〜12月10日） | 張軍釗（監督）、謝園（俳優）、伍宇娟（女優）ほか5名 |
| 中国映画祭90 | 標識のない河の流れ（没有航標的河流）、灕灕・シャオシャオ（湘女蕭蕭）、熱恋：海南島（熱恋）、賭博博漢（賭命漢）、興安嶺娼館故事（山林中的頭一個女人）、ひとりっ子（失去的夢） | 東京池袋・文芸坐（11月10日〜12月10日） | 謝飛（監督）、童克娜（監督）、陶玉玲（女優）、王君正（監督）、原利（俳優）ほか4名 |
| 中国映画祭91 | おはよう北京（北京，你早）、双旗鎮刀客、老店、街角の騎士（街路騎士）、清朝最後の宦官・李連英（大太監李連英）、女人故事、女のものがたり（女人的故事） | 東京渋谷・ル・シネマ2（11月23日〜12月13日） | 田壮壮（監督）、何平（監督）、姜文（俳優）、張文蓉（女優）、徐松子（女優）、馬暁晴（女優）ほか5名 |
| 中国映画祭92 | 心の香り（心香）、血祭りの朝（留守女士）、さよなら上海（血色清晨）、少女小漁（哦，香雪）、太陽山 | 東京・テアトル新宿（11月14日〜12月18日） | |

| | | | |
|---|---|---|---|
| 中国映画祭93 | 北京好日 (找楽), 香魂女—湖に生きる (香魂女), 青鳥アパートの夏 (站直咯別趴下), 四十不惑, 再見のあとで (大撒把), 孔家の人々 (闖里人家) | 1993 | 東京・テアトル新宿 (11月20日～12月24日) |
| 中国映画祭94 | 息子の告発 (天国逆子), 春桃・チュンタオ (春桃), 吉祥村の日々 (雑嘴子), 青春の約束 (青春有約), 少年兵三毛大活躍 (三毛従軍記) | 1994 | 東京・テアトル新宿 (11月12日～12月16日) |
| 中国映画祭95 | レッドチェリー (紅櫻桃), 麻花売りの女 (二嫫), 王さんの憂鬱な秋 (背靠背, 臉對臉), 北京四重奏 (無人喝彩), デッド・エンド 最後の恋人 (周末情人) | 1995 | 東京・テアトル新宿 (11月11日～12月15日) |
| 中国映画祭96 | 項羽と劉邦—その愛と興亡 (西楚覇王), 新北京物語 (混在北京), 正義の行方 (彼岸山積館), 宝物の椅子 (椅子, 硯・すずり床), 草原の愛—モンゴリアン・テール (黒駿馬) | 1996 | 東京・テアトル新宿 (11月14日～12月18日) |
| 中国映画祭97 | 遥か、西夏へ (西夏路迢迢, 離婚のあとに (離了婚就別再来找我), 張り込み (家醜), 悲劇・火の鳥 (大陽鳥), ロンドンの月 (月満英倫) | 1997 | 東京・テアトル新宿 (11月15日～12月19日) |

第6章　日本における中国映画の受容史　221

**表2：「中国映画の全貌」（1990〜2012年）で上映された中国映画**

| 上映期間 | 上映作品（邦題・原題） |
|---|---|
| 1990.4.7<br>〜5.27 | 中国映画の全貌<br>◆最新作特別公開：黒い雪の年（本命年）<br>◆中華人民共和国建国40周年記念映画：開国大典<br>◆年代順：祝福, 家, 林商店, 上海の戦い, 阿片戦争（鄭君里監督）, 氷山からの客, 舞台姉妹, 農奴, 戦場の花, 将軍, 保署局の銃声, ピンぼけ家族, 天雲山物語, 北京の想い出, 人, 中年に到る, 郷音, 黄色い大地, 紅い服の少女, 野山, 少年犯, 盗馬賊, 黒砲事件, 大閲兵, 最後の冬, 紅いコーリャン, 芙蓉鎮, 古井戸, 子供たちの王様, ハイジャック―台湾海峡緊急指令, 一人と八人<br>◆謝晋＆呉天明：牧馬人, 炎の女・秋瑾, 戦場に捧げる花, 人生<br>◆ニューウェーブ：輪廻, スタンド・イン―続黒砲事件, 晩鐘, 絶響, 太陽雨<br>◆名作文学：寒夜, 茶館, 駱駝の祥子, 魯迅伝, 阿Q正伝, 薬, 雷雨<br>◆新中国誕生＆文革：未完の対局, 開国大典, 毛主席・周総理を偲ぶ, 青春祭, 胡同模様, 上海にかかる橋, 未亡人<br>◆現代中国の青春：逆光, 夕照街, 舞台女優, 狂気の代償, 北京物語, 失われた青春 |
| 1992.7.18<br>〜9.15 | 中国映画の全貌92<br>◆最新作特別公開：五人少女天国行（出嫁女）, 女スパイ・川島芳子（川島芳子）, 周恩来<br>◆名作文学：魯迅伝, 阿Q正伝, 茶館, 駱駝の祥子, 瀟瀟, 雷雨, 寒夜, 家, 祝福, 薬, 林商店, 鼓書芸人<br>◆ニューウェーブ：一人と八人, 紅いコーリャン, ハイジャック―台湾海峡緊急指令, 菊豆, 黄色い大地, 大閲兵, 子供たちの王様, 狩り場の掟, 盗馬賊, ロック青年, 清朝最後の宦官・李蓮英<br>◆謝晋：舞台姉妹, 天雲山物語, 芙蓉鎮, 牧馬人, 炎の女・秋瑾, 戦場に捧げる花, 最後の貴族<br>◆これだけは観ておきたい中国映画：阿片戦争（鄭君里監督）, 農奴, 氷山からの客, 北京の想い出, 人, 中年に到る, 上海にかかる橋, 紅い服の少女, 夕照街, 標識のない河の流れ, 古井戸, 胡同模様, 青春祭, 黒い雪の年, おはよう北京, 女人故事―女のものがたり, 老店, テラコッタ・ウォリア―秦俑, 双旗鎮刀客<br>◆エンターテインメント：胡蝶泉, ナーザの大暴れ（哪吒閙海）, 鹿鈴, 不射の射（不射之射）, 三峡必殺拳, 三国志外伝, 太平天国伝　少年拳士の復讐, 黒砲事件, 追跡者 |

| | |
|---|---|
| 1995.4.1<br>〜5.28 | 中国映画の全貌95『戦後50年―移りゆく「中国の貌（かお）」』<br>第1部：開放中国と輝ける中国映画<br>◆最新作特別ロードショー：べにおしろい 紅粉（紅粉）<br>◆心に残る現代名作：北京の想い出，人，中年に到る，芙蓉鎮，春桃，茶館，駱駝の祥子，阿Q正伝，薬，舞台姉妹，古井戸，香魂女―湖に生きる，瀟瀟，心の香り，夕照街<br>◆張芸謀，陳凱歌，田壮壮―世界を震撼させたニューウェーブ：紅いコーリャン，菊豆，紅夢，秋菊の物語，狩り場の掟，盗馬賊，青い凧，清朝最後の宦官・李蓮英，黄色い大地，大閲兵，子供たちの王様，人生は琴の弦のように，さらば，わが愛 覇王別姫（覇王別姫）<br>◆ポスト・ニューウェーブの監督たち：血祭りの朝，四十不惑，吉祥村の日々，北京好日，青春の約束，老店，さよなら上海，哀戀花火，双旗鎮刀客<br>第2部：新中国への道<br>◆30年・40年代の名作／東洋のハリウッド上海映画の輝き：街角の天使，家々の灯，十字路，からすとすずめ，春の河，東へ流る<br>◆新中国誕生・日中戦争／解放戦争：不滅の星，将軍，戦場の花，上海の戦い，晩鐘，一人と八人，紅いコーリャン，女スパイ・川島芳子，乳泉村の子，林商店<br>◆日本が描く日中戦争：戦争と人間 第1部〜第3部完結篇，真空地帯，陸軍中野学校・竜三号指令，独立愚連隊，五人の斥候兵，未完の対局<br>◆新中国の巨人／毛沢東と周恩来：開国大典，毛主席記念堂，周恩来，毛主席・周総理を偲ぶ |
| 1999.12.26<br>〜2000.2.13 | 中国映画の全貌2000<br>◆開催記念公開：榕樹（ガジュマル）の丘へ（安居）<br>◆巨匠シエ・チン（謝晋）：舞台姉妹，芙蓉鎮，乳泉村の子，阿片戦争<br>◆第五世代：黄色い大地，紅いコーリャン，菊豆，青い凧<br>◆文芸作品：阿Q正伝，駱駝の祥子，北京の想い出，茶館，春桃<br>◆中国民族の歴史を振り返る：始皇帝暗殺（刺秦），テラコッタ・ウォリア―秦俑，項羽と劉邦―その愛と興亡，遥か，西夏へ，レッ |

| | |
|---|---|
| | ドチェリー，べにおしろい，さらば，わが愛 覇王別姫 |
| | ◆90年代中国映画傑作選：郷音，北京好日，孔家の人々，心の香り，哀戀花火，香魂女―湖に生きる，王さんの憂鬱な秋，麻花売りの女，息子の告発，朱家の悲劇，スケッチ・オブ・Peking（民警故事），草原の愛―モンゴリアン・テール，ロンドンの月，上海ルージュ（揺啊揺，揺到外婆橋），新北京物語，変臉<sup>へんめん</sup> この櫂に手をそえて，張込み，太陽に暴かれて（太陽有耳），火の鳥 |
| | ◆第六世代と呼ばれる監督たち：青春の約束，デッド・エンド 最後の恋人，正義の行方，太陽の少年，砚<sup>すずり</sup>，離婚のあとに，沈む街（巫山雲雨） |
| | ◆名作香港映画：君さえいれば／金枝玉葉，女人，四十（女人四十），ラヴソング（甜蜜蜜），上海グランド（上海灘），世界の涯てに（天涯海角），冒険王，初恋（初纏恋后的2人世界），メイド・イン・ホンコン（香港製造），ワンス・アポン・ア・タイム・イン・チャイナ＆アメリカ天地風雲（黄飛鴻之西域雄獅），アンナ・マデリーナ（安娜瑪徳蓮娜） |
| | ◆ウォン・カーウァイ（王家衛）：いますぐ抱きしめたい（旺角），欲望の翼（阿飛正伝），恋する惑星，（重慶森林），楽園の瑕（東邪西毒），天使の涙（堕落天使），ブエノスアイレス（春光乍洩） |
| 2002.7.6<br>～9.6 | 中国映画の全貌2002<br>◆最新作特別公開：イチかバチか―上海新事情（横豎横），栄光のフォワード No.9―女子サッカーに捧げる（女足九号）<br>◆謝晋監督作品集：舞台姉妹，天雲山物語，芙蓉鎮，乳泉村の子，阿片戦争<br>◆日中映画交流 日中合作映画：未完の対局，敦煌，菊豆，青い凧，哀戀花火，リトル・チュン（細路祥），プラットホーム<br>◆必見！中国映画の古典：農奴，毛主席・周総理を偲ぶ，将軍，戦場の花，林商店，人，中年に到る，北京の想い出，家<br>◆文芸作品：魯迅伝，阿Q正伝，祝福，薬，駱駝の祥子，茶館，寒夜<br>◆第五世代と中国映画ニューウェーブ：紅いコーリャン，黄色い大 |

| | |
|---|---|
| | 地，一人と八人，盗馬賊，大閲兵，子供たちの王様，人生は琴の弦のように，北京好日，スケッチ・オブ・Peking，ハイジャックー台湾海峡緊急指令，さらば，わが愛 覇王別姫，双旗鎮刀客，心の香り，レッドチェリー，あの子を探して（一個都不能少），初恋のきた道（我的父親母親）<br>◆現代中国映画傑作選：古井戸，榕樹の丘へ，朱家の悲劇，香魂女—湖に生きる，火の鳥，硯，麻花売りの女，王さんの憂鬱な秋，息子の告発，五人少女天国行，太陽に暴かれて，張込み，離婚のあとに，胡同模様<br>◆歴史を描く：始皇帝暗殺，テラコッタ・ウォリア—秦俑，項羽と劉邦—その愛と興亡，遥か，西夏へ，宋家の三姉妹（宋家皇朝）<br>◆新時代の中国映画：山の郵便配達（那山那人那狗），こころの湯（洗澡），しあわせの場所（没事偸着楽），太陽の少年，スパイシー・ラブスープ（愛情麻辣湯），ただいま（過年回家），一瞬の夢（小武），クレイジー・イングリッシュ（瘋狂英語），沈む街，ふたりの人魚（蘇州河），ルアンの歌（扁担姑娘），シュウシュウの季節（天浴）<br>◆香港返還：メイド・イン・ホンコン，花火降る夏（去年煙花特別多），ラヴソング，玻璃の城（玻璃之城），女人，四十<br>◆ウォン・カーウァイ：いますぐ抱きしめたい，欲望の翼，恋する惑星，楽園の瑕，天使の涙，ブエノスアイレス，花様年華<br>◆レスリー・チャン：花の影（風月），上海グランド，追憶の上海（紅色恋人），流星（流星語），恋戦。OKINAWA Rendez-vous（恋戦沖縄）<br>◆上海アニメーション：胡蝶の泉（胡蝶泉），牧笛，琴と少年（山水情），猿と満月（猴子捞月），鹿鈴，ナーザの大暴れ，不射の射 |
| 2004.4.26<br>～6.13 | 中国映画の全貌2004<br>◆開催記念上映：愛にかける橋（芬妮的微笑），思い出の夏（王首先的夏天）<br>◆1980年代：黄色い大地，盗馬賊，大閲兵，紅いコーリャン，子供たちの王様，古井戸，芙蓉鎮，菊豆，欲望の翼，双旗鎮刀客，五人少女天国行，乳泉村の子，心の香り，北京の天使，さらば，わが愛 覇王別姫，青い凧，恋する惑星，朱家の悲劇，項羽と劉邦—その愛と興亡，太陽の少年，活きる（活着），楽園の瑕，香魂女—湖に生きる<br>◆1990年代：火の鳥，宋家の三姉妹，ブエノスアイレス，一瞬の夢，キープ・クール（有話好好説），榕樹の丘へ，阿片戦争，始皇帝暗殺，スパイシー・ラブスープ，追憶の上海，あの子を探して，きれいなおかあさん（漂亮媽媽），草ぶきの学校（草房子），こころの湯，山 |

第6章　日本における中国映画の受容史　　225

| | |
|---|---|
| | の郵便配達，ザ・ミッション　非情の掟（鎗火），流星<br>◆2000年代：栄光のフォワード No.9—女子サッカーに捧げる，初恋のきた道，チベットの女 イシの生涯（益西卓瑪），西洋鏡，鬼が来た！，恋戦。OKINAWA Rendez-vous，プラットホーム，ドリアンドリアン，華の愛 遊園驚夢（遊園驚夢），グリーン・デスティニー（臥虎藏龍），ミッシング・ガン（尋槍），再見～ツァイチェンまた逢う日まで（我的兄弟姐妹），イチかバチか—上海新事情，王様の漢方（漢方道），小さな中国のお針子（巴爾扎克与小裁縫），インファナル・アフェア（無間道），春の惑い（小城之春），英雄HERO（英雄），至福のとき（幸福時光），青の稲妻（任逍遥），北京ヴァイオリン（和你在一起），たまゆらの女（周漁的火車），ショーンヤンの酒家（生活秀），カルマ（異度空間）<br>◆特別有料試写会：ルオマは十七歳（仮題）（婼瑪的十七歳），危情少女 |
| 2006.8.19<br>～9.10 | 中国映画の全貌2006<br>◆特別公開作品：ようこそ，羊さま。（好大一対羊），ニーハオ 鄧小平（小平，您好）<br>◆文化大革命：芙蓉鎮，子供たちの王様，青い凧，さらば，わが愛 覇王別姫，太陽の少年，初恋のきた道，小さな中国のお針子，追憶の上海<br>◆戦争の歴史：紅いコーリャン，乳泉村の子，鬼が来た！（鬼子来了），未完の対局，阿片戦争（謝晋監督）<br>◆文芸大作：駱駝の祥子，阿Q正伝，春の惑い，五人少女天国行<br>◆百花斉放ア・ラ・カルト：盗馬賊，古井戸，菊豆，あの子を探して，北京ヴァイオリン，山の郵便配達，再見のあとで，心の香り，双旗鎮刀客，哀戀花火，イチかバチか—上海新事情，愛にかける橋，思い出の夏，北京の天使，青島アパートの夏，栄光のフォワードNo.9—女子サッカーに捧げる |
| 2007.7.21<br>～9.7 | 中国映画の全貌2007<br>◆開催記念公開：クレイジー・ストーン～翡翠狂騒曲～（瘋狂的石頭），鄧小平<br>◆中国は今，どうなっているのか：イチかバチか—上海新事情，ウォ・アイ・ニー（我愛你），クレイジー・イングリッシュ，ココシリ（可可西里），ただいま，チベットの女 イシの生涯，ふたりの人魚，北京ヴァイオリン，ようこそ，羊さま。，緑茶，わが家の犬は世界一（卡拉是條狗）<br>◆返還10周年—香港特集：エレクション（黒社会），さらば，わが愛 覇王別姫，追憶の上海，ドリアンドリアン（榴槤飄飄），ブエノ |

| | |
|---|---|
| | スアイレス, ブレイキング・ニュース (大事件), マッスルモンク (大隻佬), PTU |
| | ◆張芸謀出演・監督作品特集：紅いコーリャン, あの子を探して, 活きる, キープ・クール, 菊豆, 至福のとき, テラコッタ・ウォリア─秦俑, 初恋のきた道, 古井戸 |
| | ◆田壮壮：狩り場の掟, 盗馬賊, 青い凧, 春の惑い |
| | ◆賈樟柯：一瞬の夢, プラットホーム, 青の稲妻, 世界 |
| | ◆日本映画と中国：君よ憤怒の河を渉れ, 延安の娘, 蟻の兵隊 |
| | ◆名作秀作選：阿Q正伝, 青島アパートの夏, 阿片戦争 (謝晋監督), 鬼が来た！, 思い出の夏, 哀戀花火, 草ぶきの学校, 孔雀 我が家の風景 (孔雀), 孔家の人々, 項羽と劉邦─その愛と興亡, 心の香り, こころの湯, 胡同のひまわり (向日葵), 胡同模様, 子供たちの王様, 五人少女天国行, 再見〜ツァイツェン また逢う日まで, 再見のあとで, 始皇帝暗殺, ジャスミンの花開く (茉莉花開), 上海家族, 宋家の三姉妹, 双旗鎮刀客, 太陽の少年, たまゆらの女, 乳泉村の子, パープル・バタフライ (紫蝴蝶), 芙蓉鎮, 故郷の香り, 山の郵便配達, 駱駝の祥子, 変臉 この櫂に手をそえて, 榕樹の丘へ |
| 2008.10.18 ～12.19 | 中国映画の全貌2008 |
| | ◆開催記念公開：パティシエの恋 (後備甜心), 草原の女 (珠拉的故事) |
| | ◆第五代：単騎, 千里を走る (千里走単騎), 北京ヴァイオリン, 菊チュイトウ豆, 紅いコーリャン, 子供たちの王様, 青い凧, 呉清源 極みの棋譜 (呉清源), さらば, わが愛 覇王別姫, 盗馬賊 |
| | ◆第六代：胡同のひまわり, ジャスミンの花開く, 1978年, 冬。(西幹道), 鳳凰 わが愛 (鳳凰), 太陽の少年, 思い出の夏 |
| | ◆アン・リーの活躍：ラスト, コーション 色戒 (色戒), グリーン・デスティニー |
| | ◆少数民族を知る：トゥヤーの結婚 (図雅的婚事), 雲南の少女 ルオマの初恋 (婼瑪的十七歳), 雲南の花嫁 (花腰新娘), 白い馬の季節 (季風中的馬), 狩り場の掟, 紅い鞄─チベット, 秘境モォトゥオへ─ (心跳墨脱), チベットの女 イシの生涯, モンゴリアン・ピンポン (緑草地) |
| | ◆幻の上海アニメーション：ナーザの大暴れ, 牧笛, 猿と満月, 琴と少年, 不射の射, 鹿鈴, 胡蝶の泉 |
| | ◆中国4000年の歴史：テラコッタ・ウォリア─秦俑, 項羽と劉邦─ |

第6章　日本における中国映画の受容史　　227

| | |
|---|---|
| | その愛と興亡, 阿片戦争（謝晋監督）, 墨攻, ニーハオ 鄧小平, 宋家の三姉妹<br>◆日中戦争の落とした影：鬼が来た！, 北京の恋―四朗探母―（秋雨）<br>◆北京の胡同と農村, 庶民の暮らし：胡同愛歌（看車人的七月）, 幸せの絆（暖春）, 故郷の香り（暖）, 中国の植物学者の娘たち（植物学家的中国女孩）, ようこそ, 羊さま。<br>◆文革のあとさき：芙蓉鎮, 小さな中国のお針子, 玲玲の電影日記（夢影童年）, 孔雀 我が家の風景, 追憶の上海<br>◆中国の映画作家が最も愛する日本映画：君よ憤怒の河を渉れ<br>◆伝統芸能の香り：変臉　この櫂に手をそえて, 心の香り<br>◆巨匠たち：乳泉村の子, 阿Q正伝, 古井戸, 榕樹の丘へ<br>◆香港映画の魂：カンフーハッスル（功夫）, 頭文字D THE MOVIE（頭文字D）, 剣客之恋（老鼠愛上猫）, 少林サッカー（少林足球）, 早熟, ブエノスアイレス, クレイジー・ストーン～翡翠狂騒曲～, フルタイムキラー（全職殺手）, 失われた龍の系譜～トレース・オブ・ア・ドラゴン～（龍的深処 失落的拼図）, ワンナイト・イン・モンコック（旺角黒夜） |
| 2010.7.24<br>～8.27 | 中国映画の全貌2010<br>◆開催記念公開：北京の自転車（十七歳的単車）, シャングリラ（這児是香格里拉）<br>◆経済急成長の波ゆらり：女人本色, 上海家族（假装没感覚）, 榕樹の丘へ, ようこそ, 羊さま。長江に生きる 秉愛の物語（秉愛）<br>◆胡同に生きてこそ：胡同の理髪師（剃頭匠）, 胡同愛歌, ドキュメンタリー 胡同の理髪師, ドキュメンタリー 胡同の精神病院, ドキュメンタリー 胡同のモツ鍋店<br>◆中国少数民族の魂：雲南の少女　ルオマの初恋, 白い馬の季節, 草原の女, チベットの女 イシの生涯, トゥヤーの結婚, 雲南の花嫁, 狩り場の掟<br>◆賈樟柯の映画世界：一瞬の夢, プラットホーム, 青の稲妻, 世界, 長江哀歌（三峡好人）, 四川のうた（二十四城記）<br>◆中国的文芸作品：阿Q正伝, 駱駝の祥子<br>◆古典となった傑作たち：紅いコーリャン, 古井戸, 芙蓉鎮, 子供たちの王様, 菊豆, 青い凧, 双旗鎮刀客<br>◆8月15日戦争忘れまじ：蟻の兵隊, 鬼が来た！, 靖国 YASUKUNI, 乳泉村の子, 北京の恋―四朗探母―<br>◆4000年の歴史の国：テラコッタ・ウォリア―秦俑, 項羽と劉邦―その愛と興亡, 阿片戦争（謝晋監督）, 戦場のレクイエム（集結号）, |

| | |
|---|---|
| | 孫文―100年先を見た男―（夜明），ニーハオ 鄧小平，孔家の人々，敦煌<br>◆伝統芸能に生きる：花の生涯〜梅蘭芳〜，さらば，わが愛 覇王別姫，変臉 この櫂に手をそえて，心の香り<br>◆子供たちの心：思い出の夏，延安の娘<br>◆いつの時代も愛は：愛にかける橋，パティシエの恋，1978年，冬。，ルアンの歌<br>◆永遠のレスリー・チャン：ボクらはいつも恋してる！金枝玉葉2（金枝玉葉2），追憶の上海，キラーウルフ 白髪魔女伝（白髪魔女伝） |
| 2012.10.6<br>〜11.16 | 中国映画の全貌2012<br>◆開催記念特別公開：ロスト・イン・北京（蘋果），私の少女時代（我的少女時代）<br>◆甦る！新中国草創期の中国映画：五人の娘，白毛女，阿片戦争（鄭君里監督），農奴，ニエアル（聶耳）<br>◆若き巨匠賈樟柯VSワン・ビン：一瞬の夢，プラットホーム，青の稲妻，世界，長江哀歌，四川のうた，鉄西区，無言歌（夾邊溝）<br>◆歴史から学ぶ：孔子の教え（孔子），三国志英傑伝 関羽（関雲長），阿片戦争（謝晋監督），ウォーロード 男たちの誓い（投名状），孫文の義士団（十月囲城），宋家の三姉妹，さらば，わが愛 覇王別姫，花の生涯〜梅蘭芳〜，変臉 この櫂に手をそえて，子供たちの王様，運命の子（趙氏孤児），紅いコーリャン，菊豆，サンザシの樹の下で（山楂樹之恋），古井戸<br>◆政治の嵐，そして…：青い凧，1978年，冬。，海洋天堂，再会の食卓（団円），北京の自転車，女工哀歌（China Blue），再生の朝に ある裁判官の選択（死刑執行命令），ジャライノール（扎賚諾爾），胡同の理髪師，我らが愛にゆれる時（左右）<br>◆少数民族の存在：トゥヤーの結婚，チベットの女 イシの生涯<br>◆現代中国恋愛事情：狙った恋の落とし方（非誠勿擾），ソフィーの復讐（非常完美），初恋の想い出（情人結），スプリング・フィーバー（春風沈酔的夜晩） |

備考：企画＆上映館

　　　1990〜2002年，東光徳間が企画・配給。

　　　2004年，シネマウッズ，ワコーが主催，ワコーが配給。

　　　2006年，オフィスサンマルサンが企画，ワコー，グアパグアポが配給。

　　　2007年，ワコー企画制作，オフィスサンマルサンが企画協力。

　　　2008年，2010年，ワコー，グアパグアポが企画。

　　　2012年，オリオフィルムズが企画。

　　　上映館は2006年まで三百人劇場で，2007年以降はK's cinemaとなる。

## 表３：日本でロードショーがおこなわれた主な中国映画（1980〜1997年）

| 上映作品 | 上映年 | 配給 | 上映館（封切日） |
|---|---|---|---|
| 桜 | 1980 | 東宝東和 | 武蔵野館（７月26日より） |
| 西太后 | 1985 | 東宝東和 | 全国東宝系（４月27日より） |
| 黄色い大地 | 1985 | 提供：東光徳間<br>配給：ヘラルド・エース | シネマスクエアとうきゅう（７月11日より） |
| 芙蓉鎮 | 1988 | 輸入：東光徳間<br>提供：東和プロモーション<br>配給：東宝東和 | 岩波ホール（３月26日より） |
| 紅いコーリャン | 1989 | 配給：ユーロスペース | ユーロスペース（１月27日より） |
| 子供たちの王様 | 1989 | 提供：東光徳間<br>配給：ヘラルド・エース | シネ・ヴィヴァン六本木（４月29日より） |
| 孫文 | 1989 | 配給：松竹富士 | 東京・松竹セントラル２，新宿ピカデリー２，横浜オスカー，札幌グランドシネマ（５月20日より）<br>ロッポニカ名古屋，福岡ニュー大洋劇場（６月10日より）<br>大阪・三越劇場，京都・祇園会館（６月24日より） |
| 菊豆 | 1990 | 提供：東光徳間<br>配給：東宝東和 | 上野宝塚劇場独占ロードショー（４月28日より），５月26日より全国公開 |

| 紅夢 | 1992 | 配給：東宝東和 | 4月11日より |
| 人生は琴の弦のように | 1992 | 配給：ヘラルド・エース | 9月12日より |
| 乳泉村の子 | 1993 | 提供：徳間ジャパンコミュニケーションズ，東和プロモーション<br>配給：東宝東和 | 岩波ホール（4月3日より） |
| さらばわが愛，覇王別姫 | 1994 | 配給：ヘラルド・エース | 2月11日より |
| 青い凧 | 1994 | 配給：ユーロスペース | ユーロスペース（2月26日） |
| 上海ルージュ | 1996 | 配給：KUZUI エンタープライズ | 5月3日より |
| 花の影 | 1996 | 配給：エースピクチャーズ | 12月21日より |
| 太陽の少年 | 1997 | 大映東光徳間＝ツイン配給<br>(BMG ジャパン＝テレビ東京＝大映＝ツイン提供 | 4月5日より |
| 阿片戦争 | 1997 | 配給：徳間書店・東光徳間 | 岩波ホール（12月13日より） |

第6章　日本における中国映画の受容史　　231

**表4：中国映画代表団の訪日スケジュール（1980年6月5日～21日）**

代表団メンバー：団長・司徒慧敏（文化部副部長・中国電影家協会副主席），李秀嫺（司徒慧敏夫人），李俊（監督），鄭荃（脚本家），宋暁英（女優），孟広鈞（ロシア映画研究者・翻訳家），陳篤忱（日本映画研究者・翻訳家），計7名

| 日付 | スケジュール |
|---|---|
| 6月5日 | 午後，中国民航925便で来日。成田空港で，日本中国文化交流協会の牛原虚彦，白土吾夫，佐藤純子の各常任理事，川喜多長政東宝東和会長，阿部慎一，熊井啓，吉永小百合ら映画関係者多数の出迎えを受け，宿舎の帝国ホテルへ。 |
| 6月6日 | 午前，一行は日本中国文化交流協会を訪れ，その後，東宝株式会社本社を訪問し，松岡増吉東宝株式会社副社長，川喜多長政東宝東和会長・東宝取締役，佐藤一郎プロデューサー，石田敏彦東宝取締役興行部長ら諸氏の歓迎を受け，懇談した。<br>　一行は，日本映画製作者連盟の岡田茂会長を訪問し歓談した。鈴木進映連事務局長が同席した。<br>　その後，一行は，日本映像カルチャーセンターを訪れ，牛山純一代表取締役社長らの案内で同センターを参観し，関係者と昼食をともにした。<br>　午後，一行は，赤坂の東京放送を訪問し，濱口浩三常務取締役，大越幸夫総務局長，中村利泰放送業務局長ら関係者多数の歓迎を受けた。その後，同放送局の施設を参観した。<br>　夜，一行は，東京・日比谷の帝国ホテルで開かれた日中文化交流協会主催の歓迎レセプションに出席した。レセプションには，映画界をはじめ各界から約250名が出席して一行を熱烈に歓迎した。<br>　席上，木下恵介日中文化交流協会常任理事が歓迎のあいさつを述べ，牛原虚彦同常任理事が乾杯の発声を行った。司徒慧敏団長もあいさつに立ち，今後の両国映画界の発展を願った。<br>　このレセプションには，映画界から阿部慎一，安部鹿蔵，石田敏彦，磯野理，植木等，牛山純一，内田和也，梅津寛益，梅村郁郎，瓜生忠夫，大坂志郎，大谷信義，岡田茂，岡田桑三，小口禎三，柿田清二，川喜多長政，川喜多かしこ，金原文雄，草壁久四郎，熊井啓，蔵原惟繕，佐藤一郎，佐藤忠男，佐藤正之，杉崎重美，鈴木進，高村武次，武田敦，徳間康快，中村登，成島東一郎，西部吉章，波多野憲，浜田光夫，林醇一，原英一，深沢一夫，福島泰雄，福田慶 |

|  |  |
|---|---|
|  | 治，堀内実三，松岡増吉，三船敏郎，持永只仁，森繁，山内久，依田義賢，吉田日出子，吉永小百合，米川寛の諸氏らが出席した。<br><br>さらに文化各界をはじめ，経済界，自治体，日中友好団体などから，浅田国荘，足立龍太郎，池田恒雄，石川晴彦，石丸斉，上埜健太郎，相賀徹夫，大越幸夫，大谷武，大塚浄，大野靖子，尾崎秀樹，尾花剛，加藤勝久，勝田康三，釜井卓三，川手泰二，河原崎しづ江，絹村和夫，木村一三，呉普文，後藤基夫，佐藤楽造，篠弘，渋井玲虹，島田康夫，嶋中行雄，下中邦彦，白水実，杉政隼雄，須佐寛，砂原幸雄，高木卓四郎，田辺徹，辻豊，堤清二，勅使河原宏，寺川榮一，徳永栄一，中川順，中平公彦，中畑義愛，中村利泰，灘山敏，新倉巳貴，丹羽一衛，野呂芙美子，萩原定司，長谷川泉，長谷川正夫，服部光雄，馬場一郎，濱口浩三，林得一，林陽一，林隆章，葉山峻，原清，藤田基彦，真崎貞夫，丸山英二，宮川ちとせ，宗像和，山内勉，山内大介，山岸竜雄，山下辰巳，山本悠夫，吉岡秀夫，李沢民，若林千恵子の諸氏が出席した。<br><br>日中文化交流協会から，井上靖会長，宮川寅雄理事長，中島京子故中島健蔵会長夫人，圓城寺次郎顧問，牛原虚彦，河原崎長十郎，木下恵介，清水正夫，白土吾夫，村岡久平，佐藤純子の各常任理事らが出席した。<br><br>符浩大使をはじめ，中国大使館の金蘇城一等書記官，唐家璇二等書記官，王月琴，徐啓新の各氏，中国駐日記者の陳泊微，李徳安，王大軍の各氏も出席した。 |
| 6月7日 | 午前，一行は，松竹本社を訪問し，木下恵介監督，梅津寛益取締役映画製作本部長らの歓迎を受け，木下恵介氏の案内で，映画『衝動殺人　息子よ』（木下恵介監督，1979）を鑑賞した。この後，木下恵介，梅津寛益，中村登，井手雅人，井上和男の諸氏と昼食をともにし，歓談した。<br><br>午後，引き続き一行は，松竹で，映画『復讐するは我にあり』（今村昌平監督，1979）を井上和男プロデューサーの案内で鑑賞した。<br><br>夜，司徒慧敏団長，孟広鈞，李俊，陳篤忱諸氏は，木下恵介の自宅を訪問し，歓談した。白土吾夫事務局長らが同席した。<br><br>李秀嫻夫人，鄭荃，宋暁英の諸氏は，高峰三枝子氏の自宅を訪問し歓談した。 |
| 6月8日 | 午前，司徒慧敏団長は阿部慎一氏と，陳篤忱氏は成島東一郎氏と宿舎で懇談。その後，一行は，映画『影武者』（黒澤明監督，1980）を鑑賞した。 |

| | |
|---|---|
| | 　午後，司徒慧敏団長，李俊，鄭荃，陳篤忱の諸氏は井手雅人氏と，孟広鈞，宋暁英の両氏は中国から帰国した日本の映画関係者とそれぞれ懇談した。<br>　この後，司徒慧敏団長，李秀嫻夫人は，病気療養中の友人・長瀬直諒氏を病院に見舞った。<br>　引き続き，鄭荃氏も加わり，中島京子夫人の案内で，世田谷・豪徳寺の故中島健蔵日中文化交流協会会長の墓前に花束をささげた。<br>　夜，司徒慧敏団長，李秀嫻夫人，鄭荃の3氏は，井上靖日中文化交流協会会長の自宅に招かれ，夕食をともにしながら歓談した。白土事務局長か同席した。孟広鈞，李俊，陳篤忱の3氏は，映画『クレーマー，クレーマー』（ロバート・ベントン監督，1979）を鑑賞。 |
| 6月9日 | 　朝，司徒慧敏団長，宋暁英の両氏は，吉永小百合氏とともに，東京放送のテレビ番組「奥さま八時半です」に出演。<br>　午前，司徒慧敏団長ら一行は，徳間康快氏を訪問した。その後，砧の東宝撮影所を参観し，西野一役，西山宏東宝映像取締役社長，佐藤一郎芸苑社取締役社長，滝沢昌夫東宝撮影所支配人，河崎義祐監督の諸氏らとともに懇談し，昼食をともにした。<br>　午後，司徒慧敏団長は，東京現像所を参観。<br>　李秀嫻夫人，鄭荃，宋暁英の諸氏は，吉永小百合氏の自宅を訪問し，歓談。孟広鈞，陳篤忱の両氏は，映画『地獄の黙示録』（フランシス・フォード・コッポラ監督，1979）を鑑賞。<br>　夜，司徒慧敏団長，李秀嫻夫人，孟広鈞，陳篤忱の諸氏は，港区の八芳園で開かれた東洋現像所西部吉章専務取締役主催の夕食会に招かれて出席した。<br>　鄭荃，宋暁英の両氏に，映画『クレーマー，クレーマー』を鑑賞した。 |
| 6月10日 | 　司徒慧敏団長は，代々木の横浜シネマと，横浜シネマの横浜本社を参観し，関係者と懇談した。<br>　孟広鈞，陳篤沈の両氏は，午前，日本映画製作者連盟事務所を訪れ，鈴木進映連事務局長，梅津寛益松竹映画製作本部長，窪谷元之松竹国際部長，菊地雅樹東宝国際部長，福中脩東映国際部長，板持隆にっかつ企画部長らの諸氏と懇談した。<br>　午後，孟広鈞，李俊，鄭荃の諸氏はシナリオ作家協会の新藤兼人理事長，山内久副理事長，福田慶治事務局長らと宿舎の帝国ホテルで懇談した。<br>　夜，一行は，銀座東急ホテルで開かれた日本映画製作者連盟主催 |

| | |
|---|---|
| | の歓迎レセプションに招かれ出席した。日中文化交流協会からは，宮川寅雄理事長，白土吾夫常任理事事務局長らが出席した。 |
| 6月11日 | 午前，一行は松竹本社の試写室で映画『五番町夕霧楼』（山根成之監督，1980）を鑑賞した。<br>　この後，司徒慧敏団長，李秀嫺夫人は司徒慧敏団長の東京美術学校の同窓生の諸氏と款談し昼食をともにした。<br>　午後，一行は，帝国ホテルで，日本映画監督協会の牛原虚彦，吉村公三郎，大島渚，木之下晃明，熊井啓，中村登，山根成之の諸氏，同協会の柿田清二事務局長らと懇談した。<br>　夜，一行は，紀尾井町のホテルニューオータニで開かれた日中文化交流協会主催の「故中島健蔵会長をしのぶ会」に出席した。<br>　この後，徳間康快東光徳間社長主催の夕食会に出席し，歓談した。この会には山本薩夫，中村登，山田洋次，森川時久の各監督，佐藤忠男夫妻，瓜生忠夫，栗原小巻の諸氏も出席した。 |
| 6月12日 | 午前，新幹線で京都へ。宿舎の都ホテルへ。<br>　午後，シナリオライターの依田義賢氏の案内で，京都嵐山の亀山公園にある，周恩来総理詩碑を訪れた。その後，金閣寺，平安神宮を参観。<br>　夜，司徒慧敏団長，李秀嫺夫人は，映画『クレーマー，クレーマー』を鑑賞。他のメンバーは，映画『男はつらいよ　翔んでる寅次郎』（山田洋次監督，1979）を鑑賞。 |
| 6月13日 | 午前，一行は南禅寺を参観。<br>　午後，一行は，太秦の東映京都撮影所・映画村を参観し，映画関係者との懇談会に出席した。懇談会には，翁長孝雄京都撮影所所長をはじめ平太郎企画製作部長，映画監督の鈴木則文，シナリオライターの石川孝夫，カメラマンの中島徹らの諸氏が出席した。<br>　この後，一行は「みかく」で開かれた東映主催の夕食会に招かれて出席した。 |
| 6月14日 | 午前，一行は近鉄特急で奈良へ。一行には，白土吾夫事務局長が同行した。一行は奈良市役所に鍵田忠三郎市長を訪ね歓談した。この席には，木山弘，西田栄三両助役，高瀬博通収入役，藤井宗治教育長，小山恭二西安会会長，北尾光二西安会副会長，杉本玉子地婦連会長，広芝義賢奈良新聞社長，本霊元朝奈良テレビ専務取締役，佐野暢信市長公室長が同席した。<br>　その後，一行は，高円山ホテルで開かれた鍵田市長主催の昼食会 |

第6章　日本における中国映画の受容史　235

| | |
|---|---|
| | に招かれて出席した。同会には，河野清晃大安寺貫主，山田法胤薬師寺執事の両氏が出席した。<br>　昼食後，一行は，唐招提寺と薬師寺を参観した。<br>　唐招提寺では鑑真和上の墓前に花束をささげ，森本孝順長老，東山魁夷画伯の案内で鑑真和上像を拝観した。<br>　薬師寺では，安田暎胤執事長らの案内で参観の後，安田執事長宅で懇談した。宿舎の奈良ホテルへ。 |
| 6月15日 | 午前，一行は大安寺を訪れ，河野清晃貫主の案内で参観し，懇談した。<br>　その後，一行は，堀池春峰氏の案内で東大寺大仏殿を参観した後，近鉄奈良駅で，鍵田市長らの見送りを受け京都へ。<br>　午後，福岡から来訪した吉見泰氏と懇談の後，二条城，清水寺を参観した。<br>　夜，一部メンバーは映画『徳川一族の崩壊』（山下耕作監督，1980）を鑑賞した。 |
| 6月16日 | 午前，一行は新幹線で三島へ。三島の「桜家」で昼食。芦の湖，杉並木，箱根関所，大涌谷を遊覧し，宿舎の箱根小涌園へ。<br>　小涌園では，中村登監督，吉永小百合氏が一行を出迎えた。 |
| 6月17日 | 午後，新幹線で東京に到着。<br>　夜，司徒慧敏団長，李秀嫻夫人は，阿部慎一氏と宿舎で懇談。一部メンバーは，映画鑑賞。 |
| 6月18日 | 午前，司徒慧敏団長，李秀嫻夫人は，西部吉章専務取締役らの案内で五反田の東洋現像所を参観，辻留銀座店で昼食をともにした。<br>　孟広鈞，陳篤忱の両氏は，木之下晃明氏の案内で同監督の映画『人間の骨』（木之下晃明監督，1978）を，映倫の試写室で鑑賞。その後，宿舎で懇談した。<br>　鄭荃氏は，脚本家の大野靖子氏と宿舎で懇談。<br>　午後，司徒慧敏団長，李秀嫻夫人，孟広鈞，陳篤忱の諸氏は，岩崎旭氏を世田谷の自宅に見舞った。<br>　この後，司徒慧敏団長らは，故中島健蔵日中文化交流協会会長宅を訪れ，京子夫人に，故中島会長の日中文化交流に果たした貢献と業績をたたえ，おくやみのことばを述べた。<br>　李俊，鄭荃の両氏は，宿舎に熊井啓監督の訪問を受け，懇談した。<br>　夜，一行は赤坂の樓外樓で開かれた東宝東和の川喜多長政会長主催による夕食会に出席した。この会には，川喜多かしこ会長夫人，山下頌政副社長らの諸氏が同席した。 |

| | |
|---|---|
| 6月19日 | 　午前，一行は，映画『スターウォーズ　帝国の逆襲』（アーヴィン・カーシュナー監督，1980）を港区の20世紀フォックスの試写室で鑑賞した。<br>　この後，司徒慧敏団長，李秀嫺夫人は，東麻布の「赤羽」で開かれた岩波映画の小口禎三社長主催による昼食会に招かれて出席した。<br>　午後，司徒慧敏団長は，代々木の横浜シネマで関係者と懇談した。<br>　夜，一行は，茅場町の「いなぎく」で東宝株式会社の松岡功社長をはじめとする東宝関係者と親しく懇談した。<br>　この後，同所で開かれた，東宝株式会社，東京放送主催の『天平の甍』（熊井啓監督，1980）製作関係者による夕食会に招かれて出席した。この会には日中文化交流協会から井上靖会長，白土吾夫事務局長が出席した。 |
| 6月20日 | 　午前，一行は，東映の試写室で映画『動乱』（森谷司郎監督，1980）を鑑賞した。同試写会には坂上順プロデューサー，主演の吉永小百合氏も出席し，懇談した。<br>　午後，司徒慧敏団長は，木下忠司氏の訪問を受け，映画音楽について懇談した。<br>　一行は，東宝試写室で映画『復活の日』（深作欣二監督，1980）を鑑賞した。 |
| 6月21日 | 　午前，司徒慧敏団長は，白土事務局長の案内で，母校の東京芸術大学を訪問した。<br>　午後，一行は，成田空港から中国民航926便で帰国した。牛原虚彦，川喜多長政，中村登，熊井啓，阿部慎一，佐藤忠男，成島東一郎，吉永小百合の諸氏，白土吾夫，佐藤純子の各常任理事ら関係者多数が一行を見送った。 |

〔注〕

1）本研究は，日本学術振興会科学研究費（基盤研究C）を受けている。

2）1931年3月にレコード発声式の中国初のトーキー映画『歌女紅牡丹』が上海で公開されたのに続いて，同年6月頃より，フィルム発声式の本格的トーキー映画として『雨過天青』，『歌場春色』（李萍倩監督）も封切られた。

3）　1937年7月に盧溝橋事件が起き，同年11月に蒋介石が率いる国民党政府は「遷都宣言」を発表し，重慶を「陪都（第二の首都）」としたうえ，首都を南京から重慶に移した。同年12月に日本軍は南京を攻略し，1940年3月に汪兆銘は南京で国民政府を樹立した。

4）辻久一著『中華電影史話——兵卒の日中映画回想記 1939〜1945』，凱風社，1998年。

第6章　日本における中国映画の受容史　　237

5)「『木蘭従軍』中部封切」,『合同通信』昭和17年7月23日号。

6) 奥平造世「陳雲裳と『木蘭従軍』」, 社団法人映画配給社関西支社『「木蘭従軍」感想集』, 1942年。

7)「和平的礼物—中日両国人民団体互贈影片」,『大衆電影』1953年第4号。

8) 石子順「中国映画・日本上映史（1953〜1966）」,『季刊中国』2008年春季号。

9) 戦前の日本における中国映画の受容については, 拙著『日中映画交流史』（東京大学出版会, 2016年）を, 戦時中の日本における中国映画上映については, 晏妮著『戦時日中映画交渉史』（岩波書店, 2010年）を, 冷戦時代の日本における中国映画の受容について拙著『日中映画交流史』, そして四方田犬彦・晏妮編『ポスト満州映画論　日中映画往還』（人文書院, 2010年）を参照していただきたい。

10) 文庫版にあたる『メディアの怪人　徳間康快』は2016年に講談社から出版された。

11) 佐高信著『飲水思源　メディアの仕掛け人、徳間康快』, 金曜日, 2013年。

12) 同上。

13) 徳間康快「批林批孔運動の活力」,『日中文化交流』206号, 1974年6月10日。

14)『徳間グループニュース』1997年7月号。

15) 田村祥子「中国映画祭とともに歩む20余年　森さん, 本当にありがとう」『徳間グループニュース』1997年7月号。

16) 国家統計局編『中国統計年鑑1981年・海外中文版』。

17)「人気の若手女優二人　中国映画祭来日中」,「朝日新聞」夕刊, 1979年11月20日。

18) 厳歌苓『本色陳冲』, 春風文芸出版社, 1999年。

19) 張東『搏撃芸術人生　田華伝』, 中国電影出版社, 2006年。

20) 2006年12月16日におこなわれた謝晋監督と筆者のインタビューによる。東京テアトルと上海電影集団公司（上海フィルム・グループ・コーポレーション）の共催により, 第1回「中国上海映画祭」が東京で開催された際に, メインゲストとして来日した謝晋監督に, 筆者は単独インタビューをおこなった。

21) 三浦大四郎「中国映画に学ぶ」,『日中文化交流』570号, 1996年2月1日。

22) 佐高信著, 前掲書。

23)『キネマ旬報ベスト・テン85回全史 1924-2011』, キネマ旬報社, 2012年。

# 執筆者紹介 (掲載順)

## 下澤和義 (しもざわ かずよし)

[現職] 専修大学商学部教授　[専門] 表象文化論

[著書・論文] 吉川一義ほか編『フランス現代作家と絵画』共著，水声社，2009年。中央大学人文科学研究所編『アルス・イノヴァティーヴァ　レッシングからミュージック・ヴィデオまで』共著，中央大学出版部，2008年，ほか。翻訳書に，ジェラール・ジュファン著『フルトヴェングラー　権力と栄光』音楽之友社，2007年。ロラン・バルト著『現代社会の神話 ロラン・バルト著作集3』みすず書房，2005年，ほか。

## 上原正博 (うえはら まさひろ)

[現職] 専修大学法学部教授　[専門] アメリカ文学・アメリカ文化

[著書・論文] 日比野啓・下河辺美知子編著『アメリカン・レイバー　合衆国における労働の文化表象』共著，彩流社，2017年。「兵士の報酬——ハーマン・メルヴィル『イスラエル・ポッター』」『現文研』第94号，専修大学現代文化研究会，2018年。「法と主体の問題：川島武宜『日本人の法意識』再読」『専修大学法学論集』第123号，2015年。"When a Voice Becomes a Character: Questioning a Northwestern-Newberry Emendation of Chapter 114 in *Moby-Dick*," *Sky-Hawk: The Journal of the Melville Society of Japan*, No. 1 (2013). ほか。

## 根岸徹郎 (ねぎし てつろう)

[現職] 専修大学法学部教授　[専門] フランス現代文学・フランス演劇

[著書・論文] 編著『日本におけるポール・クローデル』クレス出版，2010年。「墨，紙，そして筆—ポール・クローデルが日本で刊行した「書物」をめぐって」『学芸の環流』専修大学出版局，2014年。「ジャン・ジュネにとっての"あなたたち"と"わたしたち"」『現文研』第87号，専修大学現代文化研究会，2011年。「ジャコメッティのアトリエに座るジュネ」『専修大学人文科学研究所月報』第231号，2007年。翻訳書に，マリ・ンディアイ著『パパも食べなきゃ』れんが書房新社，2013年。ジャン・ジュネ著『公然たる敵』共訳，月曜社，2011年。E．ホワイト著『ジュネ伝』共訳，河出書房新社，2004年，ほか。

## 土屋昌明（つちや まさあき）

[**現職**] 専修大学経済学部教授　[**専門**] 中国文学・思想史

[**著書・論文**] 共編『文化大革命を問い直す』勉誠出版，2016年。共編『道教の聖地と地方神』東方書店，2016年。共著『聖と狂：聖人・真人・狂者』法政大学出版局，2016年。共著『人ならぬもの：鬼・禽獣・石』法政大学出版局，2015年，ほか。「胡傑監督『星火』初探」『専修大学社会科学研究所月報』No.623，2015年5月20日。「梁漱溟の東西文化論とデューイおよびラッセル」『学芸の環流』専修大学出版局，2014年，ほか。

## 三田村圭子（みたむら けいこ）

[**現職**] 専修大学経営学部兼任講師ほか　[**専門**] 中国思想・宗教

[**著書・論文**]「唐・宋代の青詞作成の担い手たち」『専修人文論集』第97号，2015年11月。「唐末五代における宗教活動と節度使　―『広成集』を中心として―」『東方宗教』第120号，日本道教学會，2012年11月，ほか。

## 劉文兵（りゅう ぶんぺい）

[**現職**] 東京大学学術研究員，早稲田大学・専修大学兼任講師ほか

[**専門**] 映画論・表象文化論

[**著書・論文**]『日中映画交流史』東京大学出版会，2016年。『日本電影在中国』（中国語）中国電影出版社，2015年。『中国抗日映画・ドラマの世界』祥伝社新書，2013年。『中国映画の熱狂的黄金期――改革開放時代における大衆文化のうねり』岩波書店，2012年。『証言　日中映画人交流』集英社新書，2011年。『中国10億人の日本映画熱愛史――高倉健、山口百恵からキムタク、アニメまで』集英社新書，2006年。『映画のなかの上海――表象としての都市・女性・プロパガンダ』慶應義塾大学出版会，2004年，ほか。

専修大学社会科学研究所 社会科学研究叢書 20

**映像の可能性を探る**
——ドキュメンタリーからフィクションまで

2018 年 3 月 20 日　第 1 版第 1 刷

編　者　　土屋昌明

発行者　　笹岡五郎

発行所　　専修大学出版局
　　　　　〒101-0051　東京都千代田区神田神保町 3-10-3
　　　　　　　　　　　　㈱専大センチュリー内
　　　　　電話　03-3263-4230 ㈹

印　刷　　電算印刷株式会社
製　本

ⒸMasaaki Tsuchiya et al.
2018 Printed in Japan　ISBN 978-4-88125-328-1

# ◇専修大学出版局の本◇

社会科学研究叢書 19
## 変容するベトナムの社会構造──ドイモイ後の発展と課題──
佐藤康一郎 編 　　　　　　　　　　　　　　　A5 判　260 頁　3200 円

社会科学研究叢書 18
## 社会の「見える化」をどう実現するか──福島第一原発事故を教訓に──
三木由希子・山田健太 編著 　　　　　　　　　A5 判　332 頁　3400 円

社会科学研究叢書 17
## ワークフェアの日本的展開──雇用の不安定化と就労・自立支援の課題──
宮嵜晃臣・兵頭淳史 編 　　　　　　　　　　　A5 判　272 頁　3200 円

社会科学研究叢書 16
## 学芸の還流──東‐西をめぐる翻訳・映像・思想──
鈴木健郎・根岸徹郎・厳　基珠 編 　　　　　　A5 判　464 頁　4800 円

社会科学研究叢書 15
## 東アジアにおける市民社会の形成──人権・平和・共生──
内藤光博 編 　　　　　　　　　　　　　　　　A5 判　326 頁　3800 円

社会科学研究叢書 14
## 変貌する現代国際経済
鈴木直次・野口　旭 編 　　　　　　　　　　　A5 判　436 頁　4400 円

社会科学研究叢書 13
## 中国社会の現状Ⅲ
柴田弘捷・大矢根淳 編 　　　　　　　　　　　A5 判　292 頁　3600 円

社会科学研究叢書 12
## 周辺メトロポリスの位置と変容──神奈川県川崎市・大阪府堺市──
宇都榮子・柴田弘捷 編著 　　　　　　　　　　A5 判　280 頁　3400 円

社会科学研究叢書 11
## 中国社会の現状Ⅱ
専修大学社会科学研究所 編 　　　　　　　　　A5 判　228 頁　3500 円

（価格は本体）